高速铁路管理人员和专业技术人员培训教材

案例教材

CRH系列动车组典型故障案例

中国铁路总公司

中国铁道出版社
CHINA RAILWAY PUBLISHING HOUSE

内容简介

本书为中国铁路总公司组织编写的高速铁路管理人员和专业技术人员培训教材之一，是动车组专业案例教材。全书共六章，主要内容包括：CRH1型动车组典型故障案例；CRH2型动车组典型故障案例；CRH3型动车组典型故障案例；CRH5型动车组典型故障案例；CRH380A(L)型动车组典型故障案例；CRH380BL型动车组典型故障案例等。

本书适用于高速铁路动车组专业技术人员培训，也可供高速铁路相关专业的管理人员学习，对各类职业院校相关师生学习也有重要的参考价值。

图书在版编目(CIP)数据

CRH系列动车组典型故障案例/中国铁路总公司编著．—北京：中国铁道出版社，2015.4
高速铁路管理人员和专业技术人员培训教材
ISBN 978-7-113-16916-9

Ⅰ.①C… Ⅱ.①中… Ⅲ.①高速动车—故障修复—技术培训—教材 Ⅳ.①U269

中国版本图书馆CIP数据核字(2015)第076246号

书　　名：高速铁路管理人员和专业技术人员培训教材
CRH系列动车组典型故障案例
作　　者：中国铁路总公司

责任编辑：王明容　**电话**：(路)021-73138　**电子信箱**：tdpress@126.com
封面设计：崔丽芳　(市)010-51873138
责任校对：焦桂荣
责任印制：陆　宁

出版发行：中国铁道出版社(100054，北京市西城区右安门西街8号)
网　　址：http://www.tdpress.com
印　　刷：中煤涿州制图印刷厂北京分厂
版　　次：2015年4月第1版　2015年4月第1次印刷
开　　本：880 mm×1 230 mm　1/32　印张：10　字数：273千
书　　号：ISBN 978-7-113-16916-9
定　　价：40.00元

前 言

党的十六大以来,在党中央、国务院的正确领导下,我国铁路事业得到了快速发展,目前,中国高速铁路运营里程已经位居世界第一。在建设和运营实践中,我国高速铁路积累了丰富经验,取得了大量创新成果。将这些经验和成果进行系统梳理总结,编写形成规范的培训教材,对于提高培训质量、确保高速铁路安全有着十分重要的意义。为此,中国铁路总公司组织相关专业的技术力量,统一编写了这套高速铁路管理人员和专业技术人员培训系列教材。

本套培训教材共分高速铁路行车组织、机务、动车组、供电、工务、通信、信号、客运 8 个专业,每个专业分为科普教材、专业关键技术教材和案例教材三大系列。科普教材定位为高速铁路管理人员普及型读物,对本专业及相关专业知识进行概论性介绍,学习后能够基本掌握本专业所需的基本知识、管理重点、安全关键;专业关键技术教材定位为高速铁路专业技术人员使用的学习用书,对本专业关键技术进行系统介绍,学习后能够初步掌握本专业新技术和新设备的运用维护关键技术;案例教材定位为高速铁路岗位人员学习用书,对近年来中国高速铁路运营实践中发生的典型案例及同类问题的处理方法进行总结归纳,学习后能为处理同类问题提供借鉴。

本书为动车组专业案例教材《CRH 系列动车组典型故障案例》,收集了近年来 CRH 系列动车组发生的典型故障案例,对故障原因进行了系统分析,明确了途中处理要点、注意事项以及库内的检查处理办法。具有案例丰富、图文并茂、内容全面、针对性强等特点,有利于规范随车机械师途中故障的应急处理、提高地勤机械师库内故障处理能力,对于加强故障案例培训教育,提高应急处置水平,确保动车组运行安全具有重要意义。

本书由盛健龙、杨林主编,陈伯施主审,参加编写的人员有:唐尚林、张钦、吴玉石、薛文敏、王启明、文渊(第一章);万成、刘鹏飞、熊志高、陈玉、李鹏飞、邱琛(第二章);伍高飞、张红亮、马柳青、石成、冯伟、付政波(第三章);陶勇、吴昌荣、薛锦波、张果、崔金宝、刘彬(第四章);叶丹、杨四海、廉政武、陈必栋、路遥、王羽(第五章);杨军、杜江波、刘波、宋文彬、陈崔(第六章)。本书编写过程中,还得到了主机厂李亮亮、李宏伟、任广强、刘金柱等专家的大力支持与帮助,在此一并表示衷心感谢!

由于近年来高速铁路技术发展较快,同时编者的水平及精力所限,本书内容存在不全面、不恰当甚至错误的地方在所难免,热忱欢迎使用本书的广大读者以及行业内专家学者对本书提出批评、指正意见,以便编者对本书内容不断地改进和完善。

编　者

二〇一四年五月

目　录

第一章　CRH_1 型动车组典型故障案例 …… 1

一、高压供电系统 …… 1
二、牵引传动系统 …… 14
三、网络控制系统 …… 18
四、制动及供风系统 …… 27
五、车端连接系统 …… 32
六、车内设施 …… 33
七、转 向 架 …… 40
八、空调系统 …… 46

第二章　CRH_2 型动车组典型故障案例 …… 48

一、高压供电系统 …… 48
二、牵引传动系统 …… 58
三、辅助供电系统 …… 65
四、制动及供风系统 …… 69
五、转 向 架 …… 75
六、空调系统 …… 76

第三章　CRH_3 型动车组典型故障案例 …… 78

一、高压供电系统 …… 78
二、制动及供风系统 …… 107
三、网络系统 …… 121
四、转 向 架 …… 124
五、车门系统 …… 130

六、空调系统 …… 135
七、辅助供电系统 …… 139
八、车钩故障 …… 141
九、其　　他 …… 142

第四章　CRH5 型动车组典型故障案例 …… 150

一、高压供电系统 …… 150
二、牵引传动系统 …… 167
三、辅助供电系统 …… 177
四、网络控制系统 …… 179
五、制动及供风系统 …… 188
六、转向架系统 …… 209
七、空调通风系统 …… 212
八、车内设施 …… 216

第五章　CRH380A(L)型动车组典型故障案例 …… 221

一、高压供电系统 …… 221
二、牵引传动系统 …… 224
三、制动及供风系统 …… 229
四、转 向 架 …… 235
五、车端连接系统 …… 241
六、辅助供电系统 …… 241
七、车门系统 …… 242
八、运行安全控制系统 …… 245

第六章　CRH380BL 型动车组典型故障案例 …… 248

一、高压供电系统 …… 248
二、制动及供风系统 …… 265
三、网络系统 …… 285
四、车门系统 …… 291

五、空调系统 …………………………………………… 297
六、辅助供电系统 ………………………………………… 300
七、转 向 架 …………………………………………… 304

第一章　CRH1 型动车组典型故障案例

一、高压供电系统

1. 主断路器 LCBT 不按指令断开 1

(1)案例概况

CRH1-001A 动车组运行时 IDU 报:07 车主断 LCBT 不按指令打开(故障代码 3400),升弓指示灯闪烁,停车。随车机械师进行主控复位无效后,将 07 车主断和受电弓切除,限速运行。

(2)原因分析

因 07 车主断 LCBT 不能断开,导致该车高压系统不可控,系统封锁与其相邻的 02 车主断 LCBB,05 车主断 LCBB 及受电弓,避免对其造成损坏,导致 2、3 单元的牵引不可用,限速运行。

(3)注意事项

①主控复位时,必须停车;

②若故障不能恢复,使用动力最优组合进行行车。

(4)途中处理要点

①CRH1A 型动车组主断路器故障,可采用下列方法进行复位:

a. 查看 IDU 故障信息,报 LCBT 不按指令打开故障。

b. 故障发生后,TCMS 将自动对故障主断进行断电复位(5 s),如果故障消除,可按升弓按钮闭合所有已经断开的断路器。若故障还没消除 TCMS 将自动对故障主断进行断电复位(10 min)。

c. 若无法恢复,切除故障的 LCBT、若为 02 车或 07 车,则切除故障单元的 LCBB 及受电弓,改升正常状态的受电弓,按图 1—1 组合方式使用最大剩余动力维持运行。

组合方式	剩余动力	2车2/5		5车1/5		7车2/5
1	3/5	受电弓 / LCBT	LCBB	高压母线 / LCBT	LCBB	默认弓 / LCBT
2	2/5	受电弓 / LCBT	LCBB	高压母线 / LCBT	LCBB	默认弓 / LCBT
3	2/5	受电弓 / LCBT	LCBB	高压母线 / LCBT	LCBB	默认弓 / LCBT
4	2/5	受电弓 / LCBT	LCBB	高压母线 / LCBT	LCBB	默认弓 / LCBT
5	3/5	受电弓 / LCBT	LCBB	高压母线 / LCBT	LCBB	默认弓 / LCBT

不能断开故障
切除
互锁使用
可用

图 1—1　组合方式使用剩余动力

②CRH$_{1E}$ 动车组主断路器故障,可采用下列两种方法进行复位:

方法 1:

a. 降弓,主控钥匙置"0"位,在 C. K1 电气柜内断蓄电池接触器,断开蓄电池;

b. 等待 1 min 后重新激活,进行主控复位;

c. 升弓合主断路器。如故障主断工作正常,继续行车;否则隔离运行。

方法 2:

a. 降弓,断开故障车 110 V 配电柜内的高压控制断路器(CB-HVCTRL) P3. K2. 22;

b. 等待 1 min 后重新合上电源断路器,并进行 IDU 主控复位;

c. 升弓合主断路器。如故障主断工作正常继续行车,否则隔离运行。

(5) 库内检查处理

更换故障主断 LCBT。

2. 主断路器 LCBT 不按指令断开 2

(1)案例概况

CRH1-001A 动车组过完分相后司机反映 5 车 LCBT 跳红,随车机械师查阅 IDU 报 5 车 LCBT 不按命令打开(故障代码 3300),维持运行,前方站停车后做主控复位故障无法消除,再做断蓄电池复位仍无效,继续维持正常运行。此后,动车组因 02 车、07 车 LCBB 和 05 车 LCBT 被切除,导致 6 个 MCM 未工作,限速 170 km/h 运行。

(2)原因分析

动车组进库后,对相关运行数据下载,并结合电路图和软件图进行分析,判断为主断内部故障。

(3)注意事项

动车组中间主断无法闭合时,会导致相邻的线断路器封锁,导致牵引力下降,空调功率下降,应做好与司机以及客运部门的沟通,向旅客做好解释工作。

(4)途中处理要点

①如果受电弓未降下,则使用剩余动力维持运行。

②如果受电弓已降下,则重新升另一个受电弓维持运行。

③故障发生后,TCMS 将自动对故障 LCB 进行断电复位(5 s),如果故障消除,可按升弓按钮闭合所有已经断开的断路器。若故障还没有消除,TCMS 将自动对故障 LCB 进行断电复位(10 min)。

④如果 LCBB 的故障不能恢复,随车机械师可以尝试将故障 LCBB 下方的控制连接器拔下,将拔下的连接器做好固定防护。司机把本组故障端的 LCBB、LCBT 和受电弓切除后,重新升弓,使用剩余的动力继续运行。通过该操作可以恢复中间单元的动力(注意:靠近端门的是 LCBT 的控制连接器,里面的才是 LCBB 的控制连接器)。

⑤若进行以上操作后故障仍无法消除,使用剩余动力维持

运行。

(5)库内检查处理

更换故障主断 LCBT。

3. 主断路器 LCBT、LCBB 不按指令闭合

(1)案例概况

CRH_1-001A 动车组在站台上升弓指示灯闪烁,IDU 显示 02 车主断不闭合,但是 IDU 无任何故障报告。降弓做主控复位,升弓后故障仍未消除,IDU 显示 02 车主断不闭合。换端在 01 车再次进行主控复位,故障仍未消除。查看 IDU 高压及牵引系统界面状态:02 车主断路器显示断开,01 车 MCM、03 车 LCM 故障。将 01 车 MCM 及 03 车 LCM 切除后,02 车主断路器闭合,列车限速 180 km/h。又将 03 车 LCM 切入使用后,02 车主断路器没有发现不闭合现象,不限速运行。

(2)原因分析

IDU 未显示主断路器的任何故障信息,高压及牵引系统界面显示某变流器模块为红色,可以判断为变流器模块故障造成主断路器自动隔离、不能闭合。

(3)注意事项

该故障不用停车,可继续运行。

(4)途中处理要点

①查看 IDU 故障信息,确认有无高压系统相关信息显示,若没有,可在升弓按钮闪烁的情况下,按“升弓”按钮尝试闭合故障主断;

②随后立即查看 IDU 高压及牵引系统界面,确认有无变流器模块显示红色,若有直接切除,再尝试闭合主断路器;若没有可将本单元 MCM、LCM 逐个切除排除故障;

③若经过以上操作后主断仍然不闭合,继续使用剩余动力维持运行至前方车站进行主控复位;

④若主控复位后无效,IDU 显示主断路器红框,且报“主断路

器不按指令闭合故障”，切除故障主断路器，使用剩余动力，按限速要求维持运行。

(5)库内检查处理

更换故障变流器模块。

4. 受电弓被异物击打

(1)案例概况

CRH1-001A 动车组运行过程中 02 车发生自动降弓，停车，查看 IDU 显示 02 车受电弓故障(代码 3210)，下车目视检查受电弓状态，发现受电弓碳滑板位置异常，但无脱落危险，可以降速运行。到站后，再次目视检查，确认 02 车受电弓运行方向前碳滑板后翻，但未断裂，无脱落危险。该车回库后经登顶检查，02 车受电弓碳滑板明显弯曲。

(2)原因分析

受电弓在高速运行中遭到异物打击导致严重变形。

(3)注意事项

①从非邻线侧下车进行检查。

②下车检查时重点观察部件有无脱落危险。

(4)途中处理要点

①确认受电弓自动降弓后，立即向司机申请下车检查；

②下车前，通知客运指派列车工作人员对动车组外门进行看护；

③随车机械师检查时若发现受电弓有被击打损坏，有脱落危险时，则必须登顶检查处理；如受电弓轻微损坏，则通知司机切除受损的受电弓，换弓后以不高于 120 km/h 的速度运行进入前方车站停车，停车后，随车机械师下车进一步确认，如确认受电弓无脱落危险时，通知司机继续 200 km/h 运行；如发现受电弓损坏部位有扩展趋势，则必须登顶检查处理。

(5)库内检查处理

更换故障受电弓滑板(或其他受损部件)。

5. 受电弓保护装置漏风

(1)案例概况

CRH_1-001E 动车组 IDU 报 15 车受电弓故障(故障代码:3210),自动降弓,05 车受电弓正常,因正在进站降速,司机维持运行至停车位。随车机械师应急处置后换弓运行。

(2)原因分析

该车入库后检查发现 15 车受电弓碳滑条供风软管连接处破损漏风,触发 ADD 装置自动降弓保护功能。

(3)注意事项

①如在区间运行时,需要立即停车检查自动降弓原因,在未检查确认受电弓状态时,严禁盲目带车。

②如受电弓因外界击打导致受损,必须确保受电弓配件状态有无脱漏风险,能否维持运行或降速运行。

(4)途中处理要点

①机械师首先要查询 IDU 故障信息及故障现象,判断该故障是否因高压系统其他设备引起。

②在确认其他高压设备正常时,判断受电弓故障是否受外界原因导致降弓。

③在排除上述①和②两种后,原因为受电弓或受电弓升降弓保护装置故障。

(5)库内检查处理

更换受电弓故障配件,本案例中为处置供风软管连接处漏风即可。

6. 高压控制电源断路器跳闸

(1)案例概况

CRH_1-001A 动车组 IDU 报 00 车乘客紧急制动被激活(故障代码 6900),同时动车组施加紧急制动停车;05 车接地开关闭合,05 车 P1. K2 柜断路器跳闸。赶到 00 车后发现乘客紧急制动装置没有破坏痕迹。随车机械师立即前往 05 车 P1. K2 柜，发现 P1. K2 电器柜内 .25 空气开关跳闸，重新闭合该开关后，进行主控复位。复位后，查看 IDU 各系统界面，动车组状态恢复正常。

(2)原因分析

①IDU 显示 A 类报警，主控车厢乘客紧急制动激活，且乘客紧急制动激活指示灯常量，如果 10 s 内未按住指示灯确认，列车将紧急制动(图 1—2)。

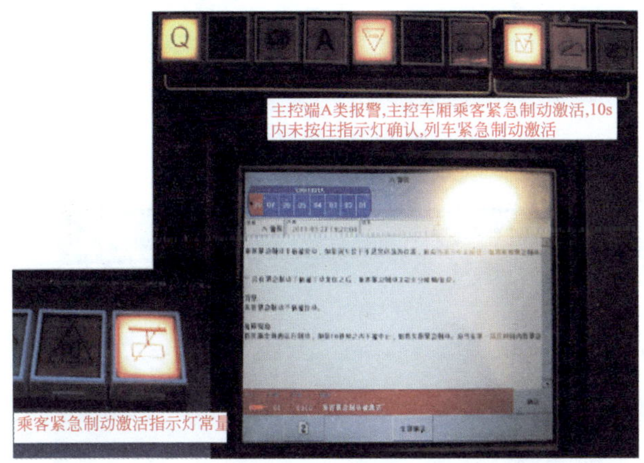

图 1—2　IDU A 类报警，00 车或 01 车乘客紧急制动激活

②当前故障显示：5 车接地开关闭合、5 车没有空气输送到受电弓、5 车 MVB 通信或 HW 故障(DX3C)、5 车 P1. K2 柜断路器跳闸、00 车或 01 车实时紧急制动、00 车或 01 车乘客紧急制动激活(图 1—3)。

③主断断开、升弓按钮闪烁，无法升弓(图 1—4)。

(3)注意事项

询问客运列车人员，车厢内有无异常情况。

(4)途中处理要点

①查看 IDU 上的故障信息；

②合上跳闸的断路器，正常运行；

③如无法合上跳闸的断路器，按住“牵引安全环旁路”按钮

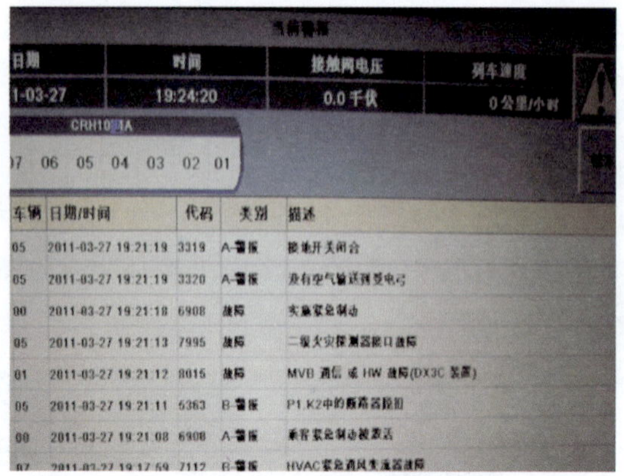

图 1—3　当前故障

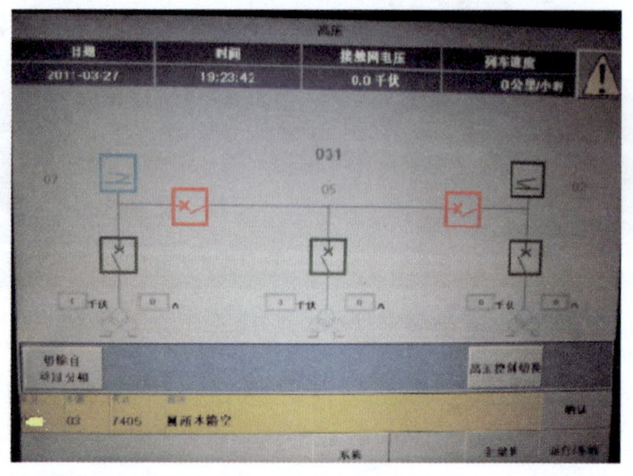

图 1—4　主断断开

以及“暂停旅客紧急制动”按钮维持运行。

(5)库内检查处理

更换 Tb 车 P1. K2. 25 断路器。

7. 网侧过电流

(1)案例概况

CRH1-001A 动车组 IDU 报网侧过电流(故障代码:3418),且受电弓自动降弓，司机立即采取紧急制动停车。随车机械师立即查看 IDU 发现：07 车报网侧过电流，07 车的受电弓和 LCBT（主断路器）显示红框。随即切除 07 车受电弓、LCBT，并通过司机向调度申请下车检查。检查发现 07 车端墙处有接地放电现象，电缆屏蔽线部分熔断，见图 1—5。

图 1—5　电缆屏蔽线部分熔断

打开端墙高压电缆接头防护罩板后，发现两根电缆接头的连接处未有异常，见图 1—6。

进一步检查，发现安装于 07 车 A 端端墙上垂向的高压电缆接头护套尾部存在开裂，长约 30mm，见图 1—7。

（2）原因分析

根据故障现象分析可以判断为车端垂向高压电缆和接头护套连接处绝缘破坏，绝缘性能下降，导致高压电对屏蔽线和端部车体发生接地放电现象，引起网侧过电流，受电弓自动降弓，网侧断路器断开（受电弓和 LCBT 显红框表示被隔离）。

（3）注意事项

①从非邻线侧下车进行检查。

②下车检查时重点观察高压电缆、接头护套等有无烧损、烧焦现象。

图 1—6 电缆接头处未有异常

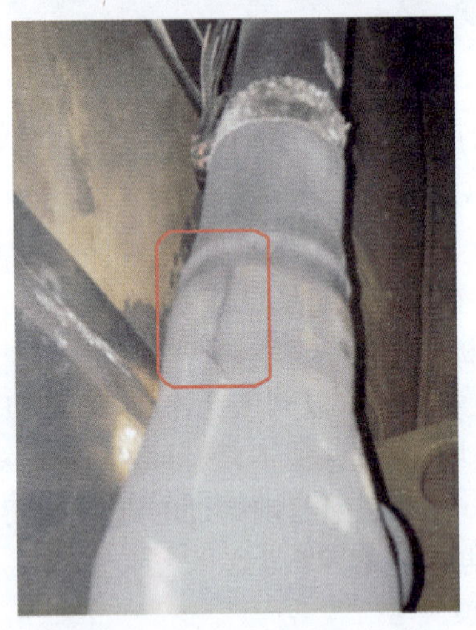

图 1—7 接头护套尾部开裂

(4)途中处理要点

①停车,在 IDU 上确认“报警记录”及“当前故障”中的故障

情况。

②如果 IDU 报过“网侧过电流”故障（故障代码 3218 或 3418），司机需向列车调度员或车站值班员汇报，请求同意随车机械师下车检查。

③查看 IDU 高压界面，主断路器和受电弓是否被封锁（显红框）。

④司机在故障原因未判明或未接到随车机械师同意情况下严禁再次升弓。

⑤随车机械师接到司机通知后立即赶到主控端司机室，了解故障情况，同时用“7717”密码登录 IDU，查看报警记录及当前故障，确认 IDU 报过“网侧过电流”故障后查看 IDU 高压界面，检查是否有 LCBT 被封锁（显示红框）。

⑥第一种情况：主断路器和受电弓被封锁（显红框）。

a. 随车机械师在 IDU 上切除被封锁的主断路器和受电弓（若是 2、7 车，还须切除该车的 LCBB），下车对被封锁的主断路器对应的（该主断路器后端所控制的范围）高压设备及高压电缆进行检查，如是 LCBB 和受电弓被封锁，则重点检查车顶高压设备和高压电缆（包括车端跨接电缆）；如是 LCBT 和受电弓被封锁，则重点检查故障车 LCBT、车端侧墙高压电缆、主变压器及其 T 形接头连接部分。

b. 如检查无异常（如 T 形接头漏油、有放电痕迹，但未起火），随车机械师上车确认该 LCBT 在切除状态下，通知司机升弓供电。待其余 LCBT 全部闭合 30 s 后，IDU 未报“网侧过电流”故障后，使用剩余动力维持运行，途中加强监控，待回库详查。

c. 如发现异常，随车机械师根据故障情况切除相应高压设备，确认该故障在被隔离状态不会影响后续列车运行，通知司机使用剩余动力维持运行，途中加强监控，待回库详查。

⑦第二种情况：主断路器全部断开，受电弓自动降弓，但主断路器及受电弓均未被封锁（显绿框）。

a. 随车机械师在 IDU 上切除报故障车辆所在 8 辆编组列车

内的 5 个主断路器,下车对高压电缆、高压设备(包括主变压器及 T 形接头)进行检查。

b. 如发现有异常(如主变压器 T 形接头处漏油、有放电烧损新痕迹),该故障点相邻的主断路器和受电弓需要保持切除状态,切入其余主断路器,通知司机升弓,观察是否有异常情况。待其余 LCBT 全部闭合 30 s 后,如 IDU 未报"网侧过电流"故障,则通知司机使用剩余动力维持运行,途中加强监控,待回库详查。

c. 如检查无异常,随车机械师每检查完一辆车,即通知司机切入该车的主断路器,然后进行升弓,随车机械师和司机观察是否有异常现象。

如发现放电现象或报"网侧过电流"故障,则按照第一种情况进行处理。

如 LCBT 闭合 30 s 后,IDU 未报"网侧过电流"故障,未发现其他异常,继续进行检查。若全部检查完毕后未再报故障,则通知司机继续运行,途中加强监控,待回库详查。

⑧如在升弓后很快就报此网侧过流故障,车顶检查也无异常,可能是过流继电器(CRH_{1A}/CRH_{1B}: P1. K2. 35; CRH_{1E}: P3. K2. 35)故障,此时高压系统被封锁,无法升弓,可在司机室内复位一次"急停"按钮,高压系统可再次启用,此时需换弓维持运行。待列车回库后详查。

⑨报网侧过电流故障后下车检查高压设备线路

a. CRH_{1A} 型动车组 01 车为主控端时的检查路线(图 1—8)。

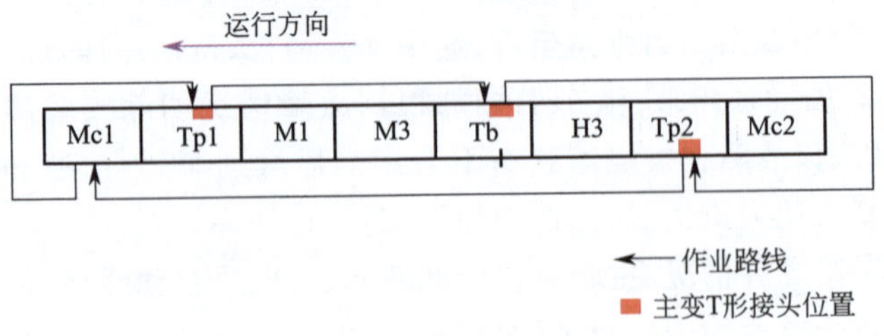

图 1—8 01 车为主控端时检查路线

b. CRH1A 型动车组 08 车为主控端时的检查路线(图 1—9)。

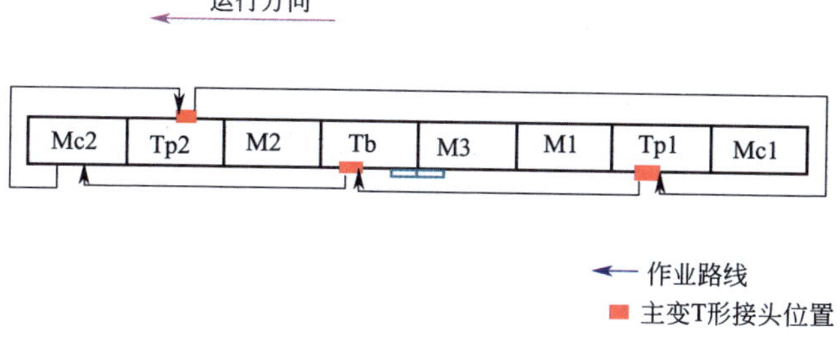

图 1—9　08 车为主控端时检查路线

(5)库内检查处理

更换该故障电缆及 T 形接头,并做耐压检测。

8. 网侧过电流测量故障

(1)案例概况

CRH1-001A 动车组,运行时 02 车网侧过流测量故障,换弓时报 07 车受电弓故障,在两受电弓均无法升弓受流情况下,随车机械师要求司机停车处理,停车后经随车机械师主控复位,故障消除,再次升 02 车受电弓运行。开车不久,车组再次报 02 车网侧过流测量故障,司机主动停车,经检查后,使用 07 车受电弓继续运行。

(2)原因分析

①02 车网侧电流测量继电器工作电流值设置过高是试运过程中 02 车报网侧过流测量故障的主要原因。

② 07 车受电弓升弓时间设置过长,是 07 车受电弓故障的主要原因。

(3)注意事项

对于高级修后的动车组,应按照专项修作业标准对车组高压设备进行检查,重点测量受电弓升弓压力、升弓时间等关键参数。

(4)途中处理要点

①待系统自动完成换弓。如果自动换弓未能完成,改手动换弓(降弓,切除故障的受电弓,再次升弓)。

②列车继续维持运行,检查故障车辆网侧电流测量装置(P1. K2. 36 橘红色继电器)是否有烧坏痕迹,如果没有,可能该继电器瞬时动作不正确,当另外一个受电弓不可用时,可以再次尝试使用此受电弓。

(5)库内检查处理

库内调整 02 车网侧电流测量继电器工作电流值与 07 车受电弓升弓时间。

二、牵引传动系统

1. 牵引变流器 MCM 不按指令启动

(1)案例概况

【案例一】 CRH_1-001A + CRH_1-002A 重联动车组运行,司机提速发现牵引力不足,通知随车机械师。随车机械师查看 IDU,发现重联车组中 12 个 MCM 同时被隔离(牵引界面显红色),限速 120 km/h,要求立即停车处理。停车后,随车机械师做主控复位后被隔离的 12 个 MCM 显示绿框,认为复位成功。开车后原被隔离的 12 个 MCM 被又显示红框,故障依然存在。维持运行到前方站后,随车机械师再次进行主控复位,复位后所有 MCM 显示绿框,开车后,动车组恢复正常。

【案例二】 CRH_1-001A + CRH_1-002A 运行中 13 个 MCM 被自动隔离,列车自动限速 120 km/h 运行,申请在前方车站停车处理。随车机械师进行主控复位后,在 IDU 上确认 IDU 显示原故障的 MCM 显绿框,列车恢复正常。开车后,列车再次出现相同故障,原故障的 13 个 MCM 再次被自动隔离。因沿途无停点,以 120 km/h 维持运行;接调度通知,该车将在前方站会车待闭 5 min,随车机械师利用在会车待闭的时间进行断蓄电池复位。断蓄电池复位后车组恢复正常。

(2)原因分析

两案例均为列车网络偶发通信故障触发 MCM 模块被保护性自动隔离。

(3)注意事项

直接做主控复位,往往 MCM 只是显示绿框,引起随车机械师误判,应将手柄推至匀速位(牵引安全回路已形成时),检查 IDU 牵引界面原故障 MCM 是否变为全绿,若显示全绿,则恢复正常,否则故障未恢复。

(4)途中处理要点

①首先要确认 IDU 故障信息及故障现象,了解 MCM 自动隔离数量及车辆限速情况。

②根据线路限速情况与车辆限速情况决定继续行车至前方图定停点车站或申请就近车站停车处理。

③停车后处理方法:

方法一:降弓后,重新激活司机室,再做主控复位;升弓后,将手柄推至匀速位(牵引安全回路已形成),检查 IDU 牵引界面原故障 MCM 是否变为全绿,若 MCM 为绿框不为全绿,禁止再次行车,必须采取断蓄电池复位。

方法二:重新断蓄电池复位(约需 6 ~ 10 min)。

(5)库内检查处理

①此故障多为网络偶发故障,回库后进行检查,一般不需要更换部件。

②经事后多次模拟运行,该故障发生后,先重新激活司机室,再做主控复位能消除故障,或断蓄电池复位也能消除故障。

2. OVP 电阻超温故障

(1)案例概况

CRH1-001E 动车组区间运行时,IDU 显示 14 车 OVP 电阻器超温(4408)、14 车 LCM 不按指令启动(4410)、00 车因牵引力减少速度受限制(8240)。并且车组自动限速 240 km/h,随即随车机械师在 IDU 上手动将此 LCM 切除切入复位,故障仍没有消除,随车机械师按应急手册的规定以 240 km/h 的速度继续监控运行。

(2)原因分析

经用工具软件检查发现,车组中 14 车 OVP 电阻器持续报超温,并最终引起该车 LCM 自动被保护性隔离。随后对该车 LCM 模块进行了更换。重新用工具软件查看,故障消除。

(3)注意事项

检查高压供电和牵引系统故障时,都应检查该系统相关配件的状态是否良好,检查确认有无报断路器跳闸等故障。

(4)途中处理要点

运行途中当车组限速运行高于线路运行速度,在不影响行车安全的前提下,维持自动限速运行,避免停车处置给运输秩序构成影响。

(5)库内检查处理

更换该车 LCM 模块。

3. 变流器水泵欠电流

(1)案例概况

CRH_1-001A 动车组,运行时报变流器箱水泵欠电流(代码 4143),并伴随报水泵液位太低(代码 4142)故障,该故障半小时内发生 3 次系统自动封锁牵引变流器 LCM。

(2)原因分析

该故障可能的原因有功率因数继电器、DX 模块故障或变流器液位低等,可通过各自的监控值进行互相比较得出具体的故障点。

(3)注意事项

每到季节变化,发生变流器水位异常故障较多。

(4)途中处理要点

通过 DCTerm 监控 DX43 变流器液位来判定是否真的缺少。

DX43 的 08、09 管脚矛盾，则为功率因数继电器损坏造成。通过监测 DX43 的信号，发现 08、09 管脚都输出为 0，可判定确实为变流器水位低。

(5)库内检查处理

经过检查，对存在故障的变流器进行加液和充压。

4. 主控手柄故障

(1)案例概况

CRH1-001A 动车组运行中 00 车主控手柄卡死(图 1—10)，不能复位，造成主控手柄无法置于牵引位置，导致动车组无法进行牵引操作。无法继续运行，请求救援。

手柄状态对比见图 1—11。

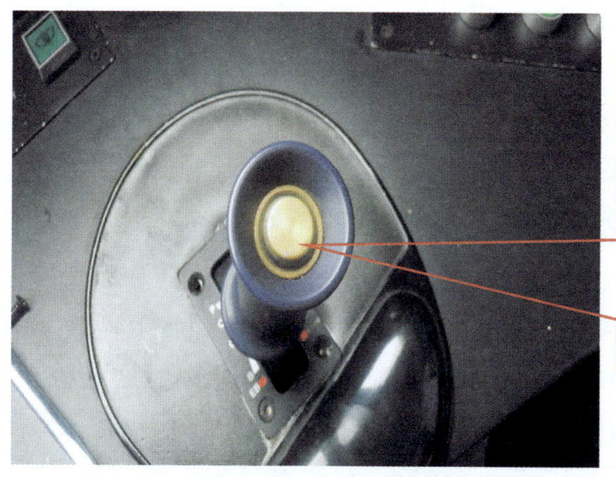

图 1—10　主控手柄卡死

(2)原因分析

主控手柄机械故障。

(3)途中处理要点

①一般发生上述现象，系手柄外套上窜导致，可尝试将手柄外罩向下移动可恢复手柄状态；

②若主控端主控手柄卡死，不能复位，司机在状态确认后立

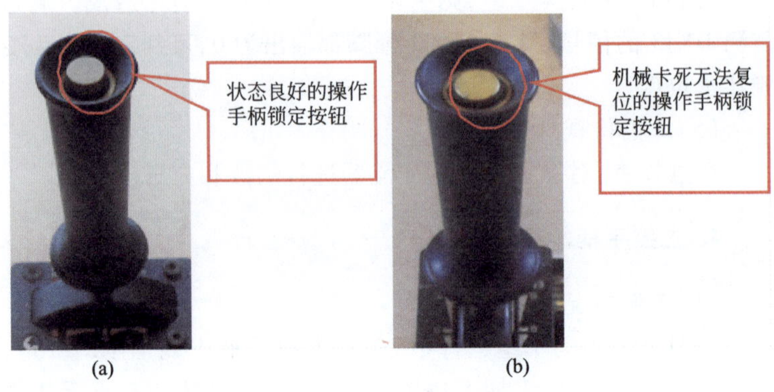

(a) (b)

图 1—11 手柄状态对比

即向行调报告，请求救援或更换非主控端手柄。

(4)库内检查处理

更换故障主控手柄。

三、网络控制系统

1. 单元通信丢失

(1)案例概况

CRH_1-001A + CRH_1-002A 动车组运行途中，主控端 CRH_1-001 动车组 100101 车突发网络故障，导致 IDU 显示通信中断(图 1—12)，无法监控动车组的运行状态，立即重启 IDU 后无效。由于无法监控重联动车组的运行参数，为确保动车组运行安全，要求司机停车。动车组停车后，随车机械师重启 C. K1. 20、C. K1. 26 电源，重启 IDU 电源，然后重新激活司机室后，重联动车组恢复正常。

(2)原因分析

IDU 上显示通信中断，且故障单元空调、照明均正常，说明仅 IDU 与 TDSCCU 间网络通信故障，可能是由于网络偶发通信传输故障引起，或 IDU 与 TDSCCU 间通信线路故障引起。

图 1—12　故障 IDU 显示单元通信中断

(3)注意事项

断蓄电池复位以及断网络电源断路器复位后,应注意将主控钥匙置“0”位后重新激活,否则会导致动车组网络通信未能配置。

(4)途中处理要点

①发现 IDU 出现图 1—12 所示的“通信中断”后,应立即确认故障单元各车组空调及照明状态,同时机械师应利用通信工具询问司机 IDU 状态或立即确认其他 IDU 上各单元的状态。

②如检查其他 IDU 上各动力单元状态良好,则说明系 IDU 本身与 TDS CCU 通信中断,不影响运行,可通过断 IDU 电源重启即可恢复。具体操作如下:Mc 车的 IDU 只需按下 C. K1 柜内的 IDU 重启按钮,重新启动 IDU 即可(图 1—13);Tb 车 IDU 由于无此按钮,重启需要机械师直接将 IDU 背面的电源插头松出(正对背部的最左侧的连接线,如图 1—14 中红圈所示),再接入完成重启操作。

③如机械师在其他 IDU 上检查该动力单元的状态也显示灰色时,但显示灰色单元的空调及照明正常,则说明整个该单元的 MVB 通信中断假丢失。此时各动力单元实际工作正常,TCMS 系

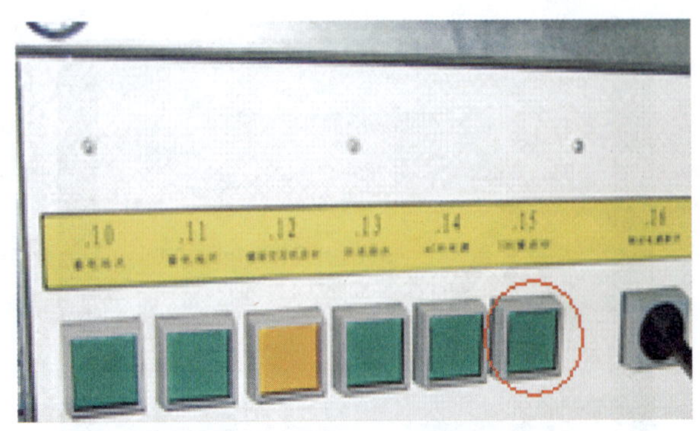

图 1—13　C. K1 柜内 IDU 重启按钮

图 1—14　Tb 车 IDU 电源线

统不会进行限速，所以在运行中不需要停车处理，可以继续维持运行。等到站停车后，再进行如下处理：

第一步：将操作端主控钥匙转至“0”位，再次转到“1”位重新激活。此操作将会重新配置网络，等完成后重新登陆，故障将消除。

第二步：若第一步故障未消除，则断开相应单元的列车控制网络电源空开和列车控制网络休眠模式空开。断开时，先断开列车控制网络休眠模式空开，然后断开列车网络电源空开。闭合时，先闭合列车网络电源空开，然后闭合列车控制网络休眠模式空开。注意:断开列车网络电源空开后,等待 1 min 之后,再依次闭合列车控制网络休眠模式空开和列车控制网络电源空开。合空开时各个步骤之间应等待 10 s,否则可能出现假恢复的现象。Mc 车:列车控制网络电源空开 C. K1. 20/列车控制网络休眠模式空开 C. K1. 26。Tb 车:列车控制网络电源空开 P1. K2. 29/列车控制网络休眠模式空开 P1. K2. 31。

④如机械师在其他 IDU 上检查该动力单元的状态也显示灰色,且该工作单元的内仅剩应急照明及紧急通风则可以判定此动力单元的 MVB 通信中断,此动力单元的牵引系统将无法正常工作,系统将限速运行。此时机械师可视情处理,维持运行或就地停车按上诉第③条进行断空开复位。

特别提示:单元通信丢失故障不要尝试通过断 K1 柜内蓄电池接触器进行复位的操作。因车组内一些网络电器的电源未接在蓄电池开关后端(断车内蓄电池无法断开网络电器电源),故只能通过断网络空开或在车下断全车蓄电池才可重新复位。

将主控钥匙置“0”位,然后再激活。通过该操作,将开始新的主控配置,所有正常工作单元都会使用正确数据进行完整配置(并且所有单元会获得正确的方向信号)。

(5)库内检查处理

回库后进一步确认故障状态,重点检查 IDU 与 TDSCCU 间通信线路有无接触不良,若确实为通信传输故障引起的网络假丢失,一般无需处置。

2. 节点不通信故障

(1)案例概况

CRH1-001A 动车组出库时激活 01 车厢司机室,IDU 报第二、三单元网络通信故障,部分车辆没有通信,节点 2 故障。随车机械师进行复位操作无效,后申请救援。

(2)原因分析

由于 Tb 车网关硬件故障引起动车组网络通信故障。

(3)注意事项

应根据车组运用情况及故障影响,选取切除故障单元制动,维持运用至前方站或申请救援两种不同的应急处置方案。

(4)途中处理要点

①重新激活司机室,如果通信恢复,继续运行。

②如果通信未恢复,则切除该单元的全部制动,然后维持运行。

③时间充足的情况下,检查网络系统各硬件状态,根据技术专家指导下进行处理。

(5)库内检查处理

更换 05 车网关后故障消除。

3. DX 模块故障

(1)案例概况

CRH_1-001A + CRH_1-002A(主控端 CRH_1-001A 动车组 01 车)司机发现升弓按钮闪烁、停放制动指示灯闪烁,IDU 报:CRH_1-001A 动车组的 03 车停放制动故障、03 车 EBCU(制动计算机)通信异常、03 车 1、2 轴和 02 车 1、2、3、4 轴轴温监测失效。停车后,主控端司机室查阅 IDU 界面发现 CRH_1-001A 第一单元 02 车主断路器 LCBT(主断路器)未闭合,IDU 高压界面无法显示非主控车组 CRH_1-002A 动车组的主断路器 LCBT、线路断路器 LCBB(线路断路器)状态及受电弓状态,CRH_1-002A 动车组制动等其他界面均正常。通过 CRH_1-002A 动车组 IDU 查看两重联车组状况,发现 CRH_1-002A 车组 IDU 高压界面显示:CRH_1-001A 动车组 02 车主断路器 LCBT 未闭合;CRH_1-002A 的主断路器 LCBT、线路断路器 LCBB 及受电弓显示绿框(状态不明)。后经切除 CRH_1-001A 动车组 02 车及 03 车的制动,制动试验正常通过并确认 CRH_1-001A 动车组 02 车及 03 车制动装置缓解良好。随后机械师查看 IDU,列车故障仍未消除,但牵引安全回路形成,动车组可以继续运行。

(2)原因分析

解编后,单独检查 CRH1-002A 动车组,发现该车组状态良好,作用正常。确认此故障非重联引起。再检查 CRH1-001A 动车组,IDU 仍报 02 车、03 车制动故障;03 车空调只有应急通风、应急照明且全车照明灯闪烁,故判断故障点在 CRH1-001A 动车组中。

采用终端电阻对 CRH1-001A 动车组 MVB 总线进行甩挂短接、分段查找得方法进行故障排查。排查第三单元(04、05 车)列车冗余线,使用终端电阻与 05 车 DX3D(P1. K2. 61)的 X1 连接时,第一、三单元所有模块通信正常。继续排查第二单元(06、07、00 车)列车冗余线,使用终端电阻与 07 车 DX3B(P1. K2. 68)的 X2 连接时,故障重现。由此可判定故障点在 5 车至 7 车之间。当准备用短接线短接 06 车(W2. 1. X21)与 07 车 DX3B(P1. K2. 68)X1 连接时,见图 1—15 和图 1—16,蓄电池自动断开(此时可判定网络已恢复)短接后全列故障消除。随后对 TP2 车的 DX3B(P1. K2. 68)进行了更换。

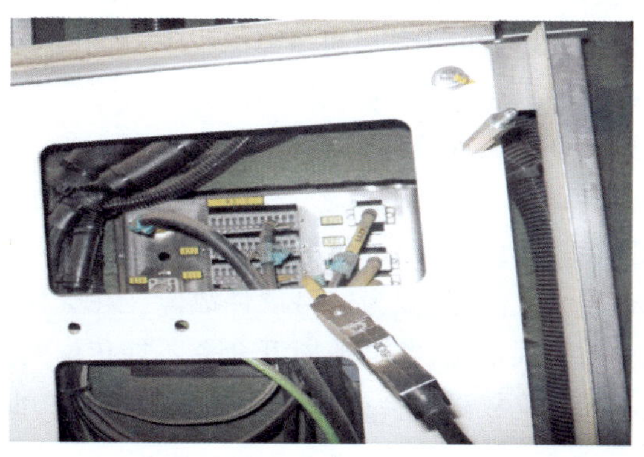

图 1—15　06 车 W2. 1. X21 短接点

根据故障处理过程判断,7 车 DX3B 模块异常造成 MVB 通信故障,影响 03 车空调和照明,并造成 02 车、03 车制动故障。

常见 DX 模块故障的原因主要有以下几点:

图 1—16 P1. K2. 68. X1 的短接点

①DX 插针氧化、缩针、松动等引起的模块输出端子接触不良或 DX 模块内部故障。

②由于 DX 模块内部故障在 MVB 线上形成干扰，影响其他模块功能，引发一系列的故障现象。

③DX 模块无供电或供电不足也会引起以上故障现象。

④其他干扰造成的 DX 模块故障。

⑤其他原因引起的 DX 模块故障。

该案例属于第二种情况。

(3)注意事项

在判断为真实的网络故障后尽量不要采用断蓄电池接触器的方式来试图恢复故障，因为网络硬件故障往往会使 MVB 通信线不通或传输错误信息，蓄电池断开命令不能传输到指定模块，这样不但不能恢复故障还会把故障现象弄得更复杂，混淆进一步的判断。

(4)途中处理要点

①首先要根据 IDU 故障信息及故障现象判断该故障为网络故障，并采用断网络空开的方式试图恢复故障(若为原因④、⑤引起，采用该方法可能恢复故障)。

②在判断为网络故障后不能明确故障点时，通过查看 IDU 故障信息来排除 DX 模块供电故障（供电故障常常可以根据“P1. K2 柜断路器跳闸”等相关故障信息来判断；也可以通过观察报故障的模块是不是都集中在一个配电柜来判断供电故障）。

③在排除原因③、④、⑤后，原因①、②引起的故障一般不能现场恢复。此时，在了解清楚列车实际状态后，如不能马上消除故障，则应退而求其次，按照应急手册“能行则行缓处理”的原则，对影响列车运行的实质性故障（尤其是与制动和安全回路有关的故障）及时采取隔离、切除的方式，千方百计先恢复列车运行，让出区间正线，尽量避免对运输秩序造成更大影响。

（5）库内检查处理

①根据故障现象详细排查故障原因进行处置，若是原因①引起的直接更换 DX 模块。

②若是原因②引起的需使用终端电阻对 MVB 总线进行甩挂短接、分段查找的方法进行故障排查，找出具体故障的模块进行更换。

③若是原因③引起的需查明引起供电故障的原因。

④若是原因④引起的需找出干扰源，避免再次发生类似故障。

⑤其他原因根据实际情况进行处置。

4. 被监测车辆的轮对不旋转

（1）案例概况

CRH1-001E 动车组运行途中发现 09 车 IDU 显示通信或 HW 故障（故障代码：8084），第 4 单元通信丢失（09、10、11 车），01 车 IDU 显示 09、10、11 车所有状态正常。停车后重新激活司机室、断网络空开复位后，网络状态未恢复。此时发现牵引安全回路指示灯闪烁和停放制动灯闪烁。

随车机械师采取旁路安全回路行车，随后运行中 IDU 报“09、11 车行驶中施加停放制动”、“10、12 车被监测轮对不旋转”,机械师发现 09、10、11 车制动界面灰色。机械师通知司机停车,下车检查 10、12 车车轮未见异常,同时再次断网络空开电源复位,复位后网络故障和停放制动故障消除,继续行车。

开车后机械师发现运行中 9 车车下有异响,立即通知司机停车,下车检查,发现 09 车的 5、6、7 位和 11 车的 5、6、7 位车轮擦伤严重,随后限速运行。

(2)原因分析

网络故障处理中,采取了重新激活司机室,导致全列停放制动施加。网络复位后网络未恢复,导致停放制动释放指令未传输至第四单元的 BCU,9 车、11 车停放制动施加,同时牵引安全回路指示灯闪烁和停放制动灯闪烁。

在机械师采取旁路安全回路行车后,IDU 报“09、11 车行驶中施加停放制动”、“10、12 车被监测轮对不旋转”,机械师下车检查时,未了解到防滑速度传感器的监控原理,错误检查了 10、12 车轮对,而没有依照监控原理对 09、11 车轮对、制动状态进行确认。

(3)注意事项

轮对不旋转(DNRA)功能的监控方式为 1 车和 2 车相互监控,3 车和 4 车相互监控,以此类推。比如 2 车报该故障,需要检查 1 车的状态;3 车报该故障,需要检查 4 车的状态。

(4)途中处理要点

①如果 IDU 上显示某车被监测车辆的轮对×(1,2,3,4)不旋转,可能同时报车轴×(1,2,3,4)的 DNRA 速度传感器故障(F6×06、6×07、6×08、6×09)等,司机应立即停车。

②随车机械师下车检查被监控车辆上有无抱死车轴,制动盘及闸片有无异常,车轮踏面有无异常,制动盘有无过热迹象。

③如果检查状态均无异常,故障消失,继续行车。若车辆继续报 WSP 系统报故障,切除被监控车辆的全部制动,待回库后,再进行维修。

④如果检查状态有异常,切除被监控车辆的全部制动。确认

完毕后，通知司机继续运行。

⑤若检查发现轮对擦伤按限度标准限速运行。

(5)库内检查处理

回库后，检查处理网络及制动故障，若有轮对擦伤，对擦伤的轮对进行旋修。

四、制动及供风系统

1. 旅客紧急制动被激活

(1)案例概况

【案例一】 CRH1-001A + CRH1-002A 重联运行，IDU 报 100201 车乘客紧急制动被激活、100105 车接地开关闭合、100105 车 P1. K2 柜断路器脱扣，受电弓降下，同时动车组紧急停车。此时车组尝试升弓无效，检查 100201 车乘客紧急制动装置状态良好，合上 100105 车 P1. K2. 25 跳闸空开后，故障未消除。随后，车组主控复位后恢复正常。

【案例二】 CRH1-001A 运行中 IDU 报：00 车乘客紧急制动被激活、05 车接地开关闭合、05 车 P1. K2 柜断路器跳闸，同时动车组紧急停车。检查 00 车乘客紧急制动装置状态良好，合上 05 车 P1. K2. 25 空开后，并进行主控复位，动车组状态恢复正常。

(2)原因分析

①每个单元组都有 2 个 DX 模块监控旅客紧急制动的信号，全列任意一个 DX 模块反馈的旅客紧急制动回路信号为 0 时，动车组将立即自动施加 7 级制动，若司机在故障发生 10 s 内未按压"暂停旅客紧急制动"按钮，则动车组将自动施加紧急制动。

②如果 05 车 P1. K2. 25 断路器跳闸，将引起 DX3C 模块输入输出电源断开，导致 DX3C 检测到的所有信号全为 0，导致 IDU 报 05 车接地开关闭合、05 车没有空气输送到受电弓、05 车 MVB 通信或 HW 故障(DX3C)。DX3C 检测到 05 车主断路器接地开关闭合，导致其他两个 LCBB 保护性断开。见图 1—17。

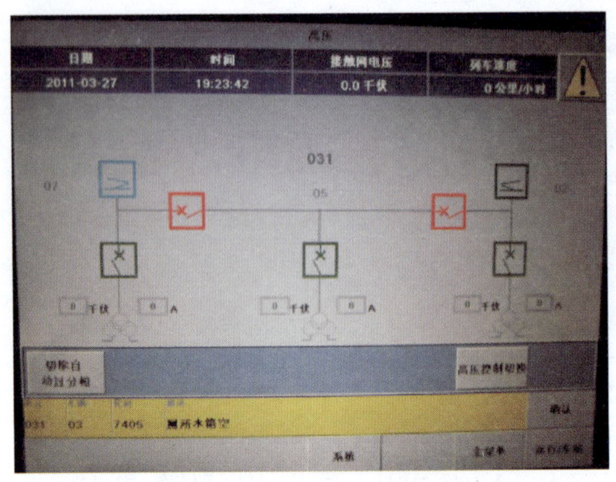

图 1—17　主断断开

③DX3C 检测的第七个输入信号为第三单元乘客紧急制动未激活信号，当 05 车 P1. K2. 25 断路器跳闸，检测 DX3C 检测的第七个输入信号到为 0，表示此单元内乘客紧急制动激活。从软件图知，列车控制主机 TC CCU 只能检测到有乘客紧急制动激活（不能报具体车号），只有与乘客紧急通话一起激活，才能报乘客紧急制动激活的具体车号。因此 IDU 显示乘客紧急制动激活故障的车厢是主控端车厢（00 车或 01 车，重联车也为主控端车厢），而不是报 05 车乘客紧急制动激活。

（3）途中处理要点

①首先查看 IDU 是否有某车 P1. K2 柜断路器脱扣。如果有，立即前往该车打开 P1. K2 柜，检测 . 25 断路器是否跳闸。

②合上 P1. K2. 25 断路器，检查乘客紧急制动是否恢复，若未恢复做主控复位。

③如果 P1. K2. 25 断路器未跳闸，依次检测每节车厢的乘客紧急装置知否被人拉下，如果被拉下，用三角钥匙恢复。

④如果是旅客紧急制动回路线路故障或 DX 模块故障导致旅客紧急制动被激活，应立即按“暂停旅客紧急制动”按钮维持运行。

(4)库内检查处理

更换故障车的乘客紧急通话装置或者旅客紧急制动信号监控模块 DX3C(P1. K2. 66)。

2. 紧急制动电磁阀故障

(1)案例概况

CRH1-001A 折返站换端到 01 车做制动试验时,IDU 显示制动试验不通过。查看 IDU 发现 01 车制动不缓解,IDU 报:1 轴压力没有降低(故障代码:6015),2 轴压力没有降低(故障代码:6016),3 轴压力没有降低(故障代码:6017),4 轴压力没有降低(故障代码:6018)和 CV 压力不正确(故障代码:6055)。重新激活车组故障未消除,切除 01 车制动运行。

(2)原因分析

通过对制动原理图、制动管理图,以及对中继阀、紧急阀部件结构原理的分析,当紧急电磁阀存在漏泄时,预控压力 CV 会有压力输出,中继阀同时会根据 CV 压力大小施加制动,导致本车各轴压力不能完全缓解,致使制动试验无法通过。因在换端操作过程中,紧急电磁阀会有一次动作,分析是该次紧急阀动作时紧急电磁阀因质量不良偶发故障,导致泄漏,因此,确认紧急制动电磁阀为故障发生点。

(3)注意事项

①在妥善处置制动故障前,严禁盲目越障行车。

②需要下车处置故障时,必须确保人身安全方可下车。

(4)途中处理要点

①若故障持续,立即停车处置。

②施加停放制动,手柄置 0 级,按压保持制动按钮缓解保持制动,观察系统制动界面,如压力能缓解到 0,则说明为压力传感器故障,维持运行。如果压力不能缓解到 0,则有风压窜入,很有可能为紧急制动电磁阀故障,现场不能恢复,立即切除该车制动做关门车运行。

(5)库内检查处理

回库之后做进一步判断,更换紧急制动电磁阀。

3. 停放制动故障

(1)案例概况

CRH_1-001A 始发制动试验时 IDU 报 01 车停放制动故障,即 01 车停放制动无法缓解,随车机械师在主控端多次施加缓解停放制动无效,对 01 车制动进行切除后司机试验正常,动车组正常开车。

(2)原因分析

停放制动面板的脉冲阀漏风故障。

(3)注意事项

切除故障车辆的全部制动,确认该辆车转向架所有制动闸片缓解到位。如仍不能缓解,则松开制动夹钳上的闸片间隙的调节螺栓,使闸片离开制动盘。

(4)途中处理要点

故障发生后,应立即赶往司机室,对停放制动按钮进行重新按压,同时确认是否是按钮故障,如故障无法消除时,判断为制动系统故障,对相应车进行关门车处理。

(5)库内检查及处理

库内对该动车组制动系统进行检查,发现停放制动面板脉冲阀漏风,拆下该阀后发现无密封橡胶圈,重新加装密封橡胶圈,漏风故障消除。

4. 常用制动故障,CV 压力不正确

(1)案例概况

CRH_1-001A 换端始发时 IDU 报 01 车"CV 压力不正确"(代码 6055),制动试验不能通过。后采取主控复位,按压保持制动观察制动缸压力不为 0。后对 01 作关门车处理,动车组继续运行。

(2)原因分析

动车组入库后检查发现 01 车厢紧急制动电磁阀密封不严，空气泄漏进 CV 阀，导致 CV 压力传感器在车组缓解时仍旧检测到压力值，产生“CV 压力不正确”故障反馈。

(3)注意事项

应急故障处理完毕后，均需要确认本车闸片均已离开制动盘。

(4)途中处理要点

此类故障可采取以下两种方法：

①断开故障车的制动控制单元(EBCU)的电源断路器。采用此方法，可以通过制动测试，但是对于动车，由于监控不到停放制动的状态，因此还需要切除停放制动。

②断开制动控制面板上的 CV 压力感器电缆。采用此方法，停放制动可用，但制动测试不能通过，需随车机械师确认方可开车。

(5)库内检查处理

更换故障紧急制动电磁阀。

5. 列车未处于静止状态，制动试验无法通过

(1)案例概况

CRH1-001A 动车组主控换端进行制动试验，IDU 提示制动“试验无法通过，车组不处于静止状态”，后进行两次主控复位无法通过试验，随后将主控手柄回零位，按压缓解保持制动按钮，观察制动缸压力为“0”，具备安全行车条件，随车机械机在司机台账上签字后开车。

(2)原因分析

下载车组数据进行分析，数据上没有导致制动试验无法通过的故障信息，判断为防滑速度传感器偶发性错误信号引起。

(3)注意事项

随车机械师注意使用机械师密码登录，否则无法查明具体制

动故障的类型。

(4)途中处理要点

①IDU 确认故障信息;

②主控复位;

③主控复位无效后,主控手柄回零位,施加停放制动,按压缓解保持制动观察制动缸压力值,若为零则通知司机可以不做制动试验,在司机手册上签字要求行车。

(5)库内检查及处理

库内数据分析及检查无异常,车组维持运用。

6. 紧急制动回路被切断,ATP、LKJ 显示器黑屏

(1)案例概况

CRH_1-001A 动车组运行途中 01 车报紧急制动回路电源被切断故障,ATP、LKJ 显示器黑屏,断电复位后故障消除,继续运行后再次报同样故障停车,后申请列车停运,旅客换乘。

(2)故障原因

动车组入库后检查发现 01 车 C. K1. X1 接线排中 531601K 连接线的插头与插座接触不良。C. K1. X1 插头与插座的配合间隙过大,导致插头上的 531601K 接线与插座接触不良。

(3)途中处理要点

①对 C. K1 柜及 C. A1/A2 柜内各电器设备作外观检查时,应不断尝试用手摇各电器连接线,查找松动线桩头。

②如无法查到故障点,应及时汇报调度,申请救援。

(4)库内检查及处理

重新更换 C. K1. X1 插头与插座。

五、车端连接系统

重联车组运行中误报“无命令解钩”引发紧急制动

(1)案例概况

CRH_1-001A + CRH_1-002A 重联车组运行时 IDU 报:CRH_1-

002A 动车组 00 车、01 车无命令解钩(故障代码:1320),触发紧急制动停车。停车后故障自动消除,从 IDU 检查两列车状态正常,随车机械师下车检查重联端机械车钩及电气钩头连挂状态无异常。恢复运行一段时间后,列车再次报“无命令解钩”故障,并发生紧急制动。再次检查确认重联端机械车钩及电气钩头连挂状态无异常后,使用短接线将 CRH1-002A 动车组 00 车 C. A1. 2. 2 的“. 97”和“. 98”触点短接,列车恢复运行。完成当次运营后用热备车将其替换回库。

(2)原因分析

检查发现 100200 车自动车钩机械锁闭机构限位开关的连接信号线(823007CU)破损、虚接,因此造成该限位开关不能反馈正常的信号,列车运行途中机械连挂信号时有时无。当列车没有发出解钩命令,而接收到的机械连挂信号为 0 时,TCMS 报“无命令解钩”故障,并立即施加紧急制动。

(3)途中处理要点

①检查车钩连挂状态,如果连挂出现故障时,解编运行。

②如果连挂状态良好,采用如下两种方法之一处理:

a. 使用短接线将前列重联端司机室 C. A1. 2. 2. X1 线排上的“. 97”和“. 98”触点短接,维持列车运行到本次终点站,更换车底;

b. 使用带 DCUTerm 软件的笔记本电脑将前列重联端模块 DXB1 和 DXF1 的机械连挂信号改为 1。

(4)库内检查处理

更换损伤的电线。

六、车内设施

1. 外门门页倾斜或下垂,手动无法关门

(1)案例概况

CRH1-001A 动车组在站内关门时,04 车右侧外门无法关闭。

随车机械师检查发现该门倾斜并下垂，进行手动关门，无法推动，将门关上并隔离。

(2)原因分析

检查发现 04 车右侧外门稳定器下端固定滑块的内六角螺栓松动，致使滑块与下部滑动齿条轨道之间的距离大、滑块脱出滑动齿条导轨，并引起门页失去平衡而倾斜，关门时由于车门下部齿轮齿条无法配合，阻力过大导致车门无法正常关闭。

(3)途中处理要点

①检查故障车门稳定器下端固定滑块安装螺栓紧固状况，如螺栓松动，则在相关人员配合下，将门页整体位置抬高调平后，紧固螺栓；

②手动隔离该门。

(4)库内检查处理

更换 04 车右侧外门稳定器下端固定滑块的内六角螺栓。

2. IDU 报牵引闭锁：车门未关闭

(1)案例概况

CRH_1-001A + CRH_1-002A 重联车组在运行时报：牵引闭锁，车门未关闭(代码 8220)，察看“牵引互锁界面”，“不是所有的门都关闭”显示红色，查看系统菜单“外门界面”显示所有车门均已正常关闭，随车机械师确认所有门均正常关闭后按住“牵引安全环旁路”按钮维持运行。到终点站后随车人员逐个隔离外门，又逐个恢复外门，希望找到故障点，但未发现故障点。在后续交路中此故障再次发生，随车人员通过隔离外门的方式查找故障，当隔离 100104 车右侧外门时牵引封锁故障消除。

(2)原因分析

检查发现 100104 车右侧外门 P2. A2. X1 线排上的 26 ~ 28 号端子线插松动，接触不良导致故障时有时无。26 ~ 28 号端子上的两根线接到外门门页关闭到位限位开关 DCS 的安全回路触点上，并与该门所在单元的其他外门的安全回路串联。当单元所有外门都关闭并且安全回路形成后，单元组所有外门关闭信号传送给 TCMS。当门关闭后，关闭到位限位开关 DCS 的另一个触点将信号正确反馈到门控器上，故该门不会报故障，IDU 上系统菜单—外门界面上显示门正常，但是 P2. A2. X1 线排上的 26～28 号端子线插松动，安全回路无法形成导致牵引封锁。

(3)途中处理要点

①查看 IDU 系统菜单—外门界面上，如果全部正常则执行第 2 步，否则将故障门隔离后运行。

②如果列车处于运行状态，按住“牵引安全环旁路”按钮继续运行，选择下一站或者合适的地点停车。

③列车在站台上还未发车时，释放全列外门，进行一次全列外门开、关操作，如果牵引互锁指示灯熄灭，说明故障已消除(该操作可以消除外门限位开关工作不良引起的牵引封锁)，如失败则执行第 4 步。

④查看 IDU 界面“故障纪录”，选择“全列”，IDU 会纪录一条“车门控制故障(代码 1607，只有 1、5、8、9、12、16 车才能报该故障)”，该故障如果显示为 1 号车则说明第一单元(1、2、3 号车)所有门都可能存在故障，同理如果显示为 12 号车则第五单元(12、13 号车)所有门都有可能存在故障。将故障单元的所有外门逐一隔离，当隔离某一外门牵引封锁故障消除时，说明该门有故障，只隔离该门运行。

⑤如果故障单元所有外门都隔离了还无法牵引的话，说明安全回路存在较大线路故障，按住“牵引安全环旁路”按钮行车，入库处理。

(4)库内检查处理

紧固 P2. A2. X1 线排上的 26～28 号端子线插头。

3. 某一侧车门无法集控关闭，牵引安全回路无法形成故障

(1)案例概况

CRH1-001A 动车组 00 车在关闭车门准备开车时，全列运行

方向左侧车门无法集控关闭。IDU 显示运行方向左侧所有外门状态显示为释放状态，且集控无法关闭；牵引安全回路指示灯常亮（表示无法旁路运行）。采取换端激活的方式排查故障，动车组在 01 车换端完毕、重新激活。激活后，司机全列集控关门，外门正常关闭，故障消除。

（2）原因分析

全列单侧外门无法集控关闭，分析原因主要有集控关门线路无电，TCMS 系统检测到外门释放信号一直存在，未收到关门信号，牵引安全回路无法形成。

（3）注意事项

①外门相关故障，主控复位无效。

②车组无法关闭车门时可考虑将主控钥匙打至停放位尝试关闭车门。

（4）途中处理要点

①随车机械师立即赶到主控端司机室，确认故障。

②将主控钥匙打至停放位，等外门关闭后重新激活。确认牵引安全回路形成后，可以行车。

（5）库内检查处理

重点对集控关门电路及其元元器件进行排查。经对 00 车司机室外门控制回路线路检查，发现 00 车 C. A1. 2. 2. X1 线排 35 点上 137004 线松动，TCMS 系统检测到外门释放信号一直存在，但是按压了关门按钮后，无法收到关门信号，牵引安全回路无法旁路行车。重新插接紧固后，全列外门集控开关作用正常。

4. 车门限位开关故障

（1）案例概况

CRH_1-001E 动车组在站开车时第 16 位车门不能关闭，经随车机械师处理，确认脚踏已收回，立即手动关闭车门并隔离该车门后维持开车运行。

(2)原因分析

经检查确认为该处外门 98% “门关闭到位”限位开关故障,导致外门无法正常关闭。

(3)注意事项

隔离外门相关故障,必须确保外门机械锁闭到位,无意外打开风险。

(4)途中处理要点

①随车机械师立即赶到故障车门确认故障,必须将车门关闭到位。

②途中尽量不再使用该车门,防止故障影响行车。

③运行途中加强监控,严禁旅客或行李倚靠在车门上。

(5)库内检查处理

重点对车门机械和电器配件进行排查,更换故障元器件。

5. 车门控制单元故障

(1)案例概况

CRH1-001E 动车组停站办客完毕关闭车门时,IDU 报 5 车 3 号门(非站台侧)控制单元故障。随车机械师将 5 车 3 号门隔离后开车,后进行复位后故障消除。

(2)原因分析

门控器故障。

(3)注意事项

运用过程中,应根据停车时间采取相应措施,优先选择隔离处理,如无法复位时,立即隔离运行,并及时告知列车长。

(4)途中处理要点

车门故障发生后,应立即通知司机,要求进行故障处理。尝试进行复位操作,如故障能够消除,则通知司机正常运行,如故障无法消除时,应立即隔离该车门,折返站时进行进一步检查,主要检查确认各传动机构动作是否正常,各接线是否存在虚接、烧损等,检查确认是否是 MADD 故障,如为门控器故障时,应继续保持隔离状态。

(5)库内检查及处理

动车组进库后,对车载数据下载分析,确定为 5 车 3 号门门控器偶发故障导致。更换门控器后,故障消除。

6. 车门机械故障

(1)案例概况

CRH_1-001A 始发关闭车门时 IDU 报 2 车 4 号门没能锁闭(故障代码 1723)。随车机械师对故障车门进行 3 次复位操作,故障未消除,随车机械师将车门水平拉拽到位并手动拉紧,进行了隔离解锁和断电复位操作,故障消除。

(2)故障原因

由于 4 号车门下部锁钩偏紧,造成车门关闭不良。

(3)注意事项

故障处理时,应做好与司机及列车长的沟通,优先选择隔离运行。

(4)途中处理要点

①进行复位操作,如果故障无法消除时,使用三角锁钥匙隔离该车门,然后通知司机查看牵引安全回路的状态,如果安全回路形成则继续行车。

②如安全回路未形成,将故障门的 EDCU 控制盒的供电插头拔出,安全回路形成后行车。

③在合适的机会,再将插头重新插上,对该门尝试进行复位操作。

(5)库内检查及处理

对该车门下部锁进行调整。

7. 车门未全部打开

(1)案例概况

CRH_1-001B 动车组,司机集控开门后站台侧车门未全部打开,重新激活司机室,发现 IDU 互锁界面内牵引封锁(车门未全部关闭并锁上）。随车机械师将车门逐个隔离，牵引安全回路形成，维持运行。

（2）原因分析

外门释放按钮给释放继电器提供电源的一路接触不良时，由于 DCU 只收到了 MVB 的释放信号，没有释放继电器输入的硬线释放信号，如果此状态维持 30 s，IDU 上的外门状态将变为红色，且 IDU 报这部分门的门控制器故障，此时只需继续按压释放按钮即可，当释放按钮的两路触点同时接通时外门即可正常释放。造成此故障现象的原因还有可能是因为释放继电器和线路故障引起。

（3）注意事项

开关门时应确保无旅客上下车。

（4）途中处理要点

①释放按钮触点组接触不良只需多次按压释放按钮即可，直到可以正常释放。

②可换端激活，将站台侧外门释放、打开，此过程需要机师和司机密切配合。

（5）库内检查处理

更换 00 车门释放按钮。

8. 车门排风故障

（1）案例概况

CRH1-001B 动车组，集控开门时 00 车右侧车门未打开，使用紧急开门装置也无法打开车门。随车机械师将车门隔离，维持运行。

（2）原因分析

正常情况下，当列车运行速度达 5 km/h 时，会对门胶条充入气体；当列车运行速度低于 5 km/h，门胶条内的气体会自动排出。由于车门胶条充气/排气磁阀坏，检测到该车门胶条内的气体未排出，列车判断为正在运行，导致该车门无法正常打开。

(3)注意事项

车门故障处理时应当注意到,除了电路故障、机械故障外还有气路故障。

(4)途中处理要点

此故障发生后,为减少对运输秩序影响,隔离该车门后通知司机开车,并告知列车长。

(5)库内检查处理

更换该车车门充排风电磁阀。

七、转 向 架

1. 走行部异响

(1)案例概况

CRH_1-001E 动车组运行途中,随车机械师巡检过程中听到 07 车走行部 B 转向架处有异音,立即通知司机申请下车检查。下车检查 07 车 B 转向架外观无异常,并对 07 车 B 转向架点温,轴温正常,后继续运行。前方停站办客时,随车机械师按规定申请下车再次对走行部进行检查,确认 07 车 B 转向架外观无异常,并对 07 车点温,轴温正常。

(2)原因分析

经过对该车 B 架落轮检查,转动轴箱时有异音和振动,确认为轴承内部故障,具体情况需要送厂进一步验证。

(3)注意事项

发现走行部有异响,必须停车检查处置。

(4)途中处理要点

①立即停车,对转向架各部件检查确认,并对轴箱进行点温检查。

②车下检查如无异常,如异响仍有,再尝试分别切除该车牵引电机(动车)和空调系统,确认异响状态。

③异响位置未确定,则申请换车体运行。

(5)库内检查及处理

更换该车 B 转向架轮对,异常轮对送厂进一步分解检查。

2. 轴温报警

(1)案例概况

CRH1-001A 动车组 IDU 报 00 车 4 轴 8 位轴温度报警(图 1—18),随车机械师立即查看 IDU 轴温界面,显示 00 车四轴 8 位轴温 81 ℃,当时外温 20 ℃,比外温偏高 61 K。随车机械师随后向司机通报要求下车检查确认。用红外线点温计实测该车 4 轴 8 位温度为 29 ℃,同时经对同车其他轴位进行点温对比,发现同车轴温基本一致,途中运行加强监控。

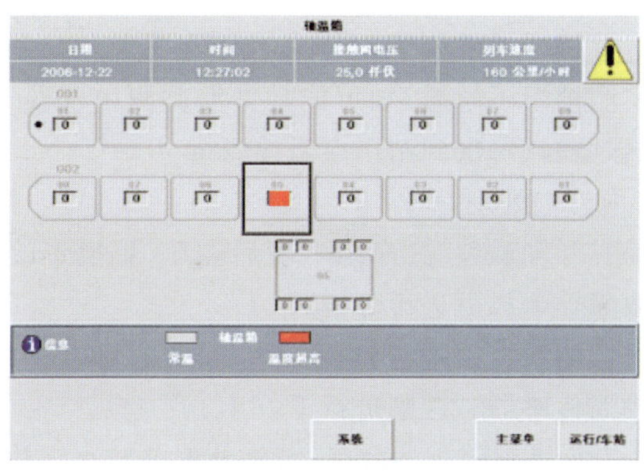

图 1—18　故障 IDU 显示轴温超温

(2)原因分析

根据点温测量的结果,判断为轴温误报。原因是 AX 模拟模块偶发故障,车组回库后进行更换处理,故障消除。

(3)注意事项

轴温判断标准:

①环境温度大于 30 ℃,且轴温大于 90 ℃时,该轴温超高;

②环境温度小于 -10 ℃,且轴温大于 50 ℃时,该轴温超高;

③环境温度大于 -10 ℃且小于 30 ℃,轴温比环境温度高

60 ℃时,该轴温超高;

④轴温大于 50 ℃,且比同列车上相同 MVB 的状态良好的轴温平均温度高 50 ℃时,该轴温过高。

(4)途中处理要点

①当 IDU 报轴温超高故障后,司机立即停车,随车机械师进入 IDU 查看轴温情况,确认故障位置。某位 IDU 上轴温界面显示的温度较其他轴温高 10 K 及以上要加强监控,前方办客站下车点温。

②随车机械师通过司机向调度请求下车对轴端进行点温。在得到调度许可后,随车机械师下车对报轴温超高的轴端进行点温,并对相邻轴端也进行点温。

③若轴温确实超温,通知司机向调度汇报,车组按要求限速运行。运行过程中加强监视,一旦温度有上升趋势,则立即停车。

④若实测轴温不超温,则可能是轴温监测出现误差所致,继续运行,加强监视,每次到站用点温计测量。

(5)库内检查处理

①若为实际轴温超温,车组入库后扣车,更换带故障轴承的轮对。将故障轴承拔下进行分析。

②若是监测系统误报,则查看 IDU 是否有轴温传感器故障,有则更换轴温传感器。否则进行下一步。

③IDU 未报轴温传感器故障,若轴温偏差较小则故障原因多为 AX 模块插针氧化所致,将 AX 模块插头取下,用工具清理插针后重新插上。若轴温偏差较大则多为轴温传感器故障,更换轴温传感器。

④更换轴温传感器后若故障仍未消除,则更换轴温转换模块。

3. 热轴故障

(1)案例概况

CRH_1-001B 动车组,运行时 IDU 报 10 车 3 轴右侧轴温超温故障(故障代码:2227),随车机械师赶到监控室 IDU 显示当前故障记录为 10 车 3 轴右侧轴温传感器故障(故障代码:2251),维持运行至前方站下车对 10 车 3 轴右侧轴端点温,最高温度达到 250 ℃。后续交路启动热备车运行。

(2)原因分析

轴箱与下托板之间夹杂异物(极可能为垫片)导致轴承承载力发生变化,加之轴承材质(马氏体组织)较为硬脆、内壁较薄,高速运转时轴承外圈滚道产生裂纹并扩展,剥离掉块,导致轴承保持架破损,轴温急剧升高。

(3)途中处理要点

发生轴温超温或传感器故障时必须立即停车,下车检查并点温。

(4)库内检查处理

10 车 3 轴右侧轴箱下托板距注油孔 55 mm 处有环形压痕,轴箱体外侧相同位置处也有对应压痕,并且发现压痕的形状与轴端下托板的安装垫片大小一致。见图 1—19。

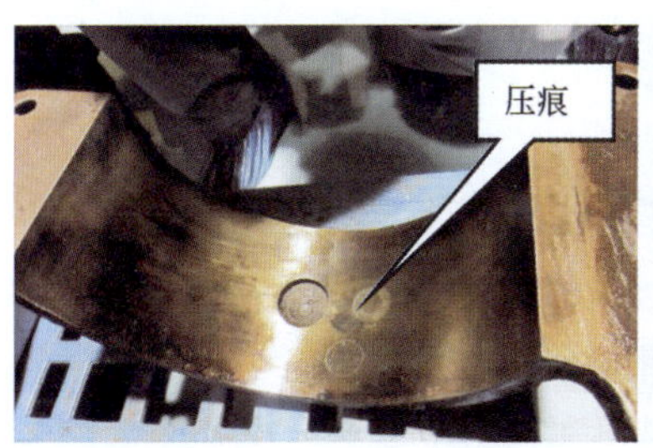

图 1—19　库内检查处理

更换 10 车 3 轴轮对。

4. IDU 探测到机械故障

(1)案例概况

CRH1-001A + CRH1-002A 重联车组运行时 IDU 报:100100 车"探测到机械故障(代码 4533)",MCM2 故障自动隔离,随车机师切除 MCM2。前方车站停车后检查,判断 100100 车 3 轴靠近齿轮箱侧联轴节松脱。

(2)原因分析

小齿轮轴和毂圈之间的过盈配合失效。

(3)注意事项

①动车组运行时,故障转向架的 MCM 切除后不允许复位;

②随车机械师要加强轴温监控、巡视,重点关注有无异音、异味。

(4)途中处理要点

①立即停车;

②下车检查齿轮箱油位、油温、油色及其外观;

③检查联轴节外观有无松脱;

④检查牵引电机外观是否正常;

⑤轴箱轴承点温。

如以上五项检查正常,切除故障转向架的 MCM,维持运行。如有异常,立即汇报,按相关要求执行。

(5)库内检查处理

更换故障轮对。

5. 速度传感器故障

(1)案例概况

CRH_1-001E 动车组运行途中,IDU 报 10 车 BCU 轴 1 速度传感器故障、防滑器系统故障、轴 1 传感器故障、轴 1 传感器速度偏差。随车机械师立即赶往 10 车对 WSP 传感器进行检查后对 IDU 进行核查,确认外观无异常,通知司机开车,超停 2 min。

(2)原因分析

WSP 速度传感器出现断路,采集不到速度信号,为 WSP 内部故障。

(3)注意事项

由于 WSP 故障会直接导致 BCU 的可靠性降低,因此发现类似故障时，应通知司机停车，进行 WSP 传感器的外观检查，确认故障无法消除时，应进行关门车处理。

(4)途中处理要点

①如果在很多轴上同时出现该故障，可能是因为正常的防滑器激活，制动时采用合适的制动力，继续维持运行。

②如果单个轴上发现多次故障或者持续报故障，这表明该轴速度传感器信号异常。选择在合适的地点停车，下车检查该轴防滑速度传感器及连接器是否有异常、轴箱有无过热现象、制动盘及闸片是否有异常、车轮踏面是否有异常。

③如果无异常，继续维持运行。

④如果制动盘有过热现象，踏面有擦轮的现象，需切除该车全部制动，继续运行；如果轴箱过热，按照相关规定限速运行，通知调度，申请启动热备车。

(5)库内检查及处理

更换 WSP 速度传感器。

6. 油压减振器故障

(1)案例概况

CRH1-001A 动车组运行途中，随车机械师巡检时听到 00 车司机室附近有“嗒嗒”声，随车立即查看 IDU，未发现轴温异常，停车下车检查未发现异常，动车组继续运行，时速在 20 km/h 左右未发现异响，时速在 60 ~ 100 km/h 时听到“嗒嗒”声明显。

(2)原因分析

00 车 A 架右侧二系横向油压减振器损坏。

(3)注意事项

发生下部转向架处异响时，应立即通知司机停车，申请下车检查确认。

(4)途中处理要点

下车检查确认时，应重点检查轮对踏面状态，悬吊部件状态，应对轴温、制动盘温度进行点温确认，并对动车的机械传动机构进行重点检查。如确认存在机械卡滞时,按相关救援规定执行。

(5)库内检查及处理

更换该故障油压减振器。

八、空调系统

1. 司机室空调故障

(1)案例概况

司机反映 CRH_1-001A 动车组 00 车司机室空调无制冷效果,IDU 报 00 车司机室压缩机接触器故障,随车机械师对 00 车空调断电复位后无效,打开司机室车门运行。

(2)原因分析

CRH_1-001A 动车组 00 车司机室空调控制柜进水,压缩机接触器烧损,清洁司机室空调控制柜,重新密封,并更换压缩机接触器后空调恢复正常。

(3)注意事项

如果无法闭合断路器,不能再次尝试复位,以免对电器设备造成更大的损坏。

(4)途中处理要点

对司机室 K1 柜的空调负载电源及控制电源(Q40、Q30 断路器)进行复位。

(5)库内检查处理

①对空调内积水进行清除,司机室空调控制板进行干燥处理。

②重点检查接触器,发现问题直接更换。

2. 空调盖板紧固不到位

(1)案例概况

CRH_1-001E 动车组,随车机械师巡视发现 05 车二位端车顶空调机组蒸发器盖板翘起约 20 cm,登顶处理。登顶处理时发现盖板靠近铰链的螺栓孔内有一颗螺栓并立即进行紧固，在盖板的缝隙间发现两颗螺栓并使用这两颗螺栓将盖板的对角进行了紧固，并用携带的铁丝将最后的边角螺栓安装孔进行了绑扎，确认蒸发器盖板安装紧固。见图 1—20。

图 1—20　空调盖板紧固不到位

(2)原因分析

空调滤网更换作业时，车顶空调机组蒸发器盖板螺栓未紧固到位，受交替气流影响下频繁振动加剧，螺栓逐步松动，盖板内的 2 根支撑杆在振动过程中从卡槽内滑出，顶在蒸发器舱内，其中靠一位端支撑杆弯曲，形成盖板翘起约 20 cm 现象。

(3)注意事项

①接触网停电，登顶作业注意安全。

②对松动件进行紧固、捆扎，防止脱落。

(4)途中处理要点

①申请接触网停电，并按规定登顶处理。

②对于松动的部件能及时紧固。

③若被异物击打而变形的部件须进行捆绑处理。

(5)库内检查处理

修复变形的支撑杆和铰链，使用新螺栓重新紧固蒸发器盖板。

第二章 CRH_2 型动车组典型故障案例

一、高压供电系统

1. 受电弓被异物击打造成接地

(1)案例概况

CRH_2-001C + CRH_2-002C 重联车组,途中 CRH_2-001C 04 车自动降弓。升 CRH_2-001C 06 车受电弓,CRH_2-001C 00 车司机室配电盘“受电弓 · VCB”断路器跳闸。后将 CRH_2-001C 两架受电弓切除,升 200204 车受电弓维持运行,回所检查发现 CRH_2-001C 04 车受电弓弓头断裂。

(2)原因分析

受电弓弓头被异物刮断,断裂的部位接地。

(3)注意事项

①严格按程序办理申请,接到接触网已停电、邻线已限速的调度命令后方可登顶。

②登顶前动车组应放电。

③登顶作业时注意人身安全。

④远程切除故障受电弓,防止升弓后接触网接地故障。

(4)途中处理要点

①按规定下车检查弓网状态。

②按规定申请接触网断电、挂接地杆、升一架正常受电弓、合 EGS。

③穿戴好防护用品,登车顶对破损受电弓进行捆绑处理并去除异物,确认捆绑固定牢固,不影响行车安全。

④摘接地杆、断 EGS、降弓,远程切除故障受电弓。

⑤接触网供电后升正常弓后继续运行。

(5)库内检查处理

更换 CRH2-001C 04 车受电弓。

2. 受电弓遭异物击打

(1)案例概况

CRH2-001A 动车组,折返站换弓操作时,06 车受电弓无法升起,远程切除 06 车受电弓,升 04 车受电弓维持运行。

(2)原因分析

CRH2-001A 06 车受电弓气管被异物击打脱落,ADD 装置动作排气,导致 06 车受电弓无法升起。

(3)注意事项

①注意下车检查作业人身安全。

②加强与司机协调联系,及时、准确了解故障信息,迅速处理。

(4)途中处理要点

①按规定下车及前方站检查弓网状态。

②确认弓网外观无异常后,切除故障受电弓,换弓运行,按规定限速,具体见《高速铁路突发事件应急预案(试行)》(铁运〔2012〕33 号)。

(5)库内检查处理

重新连接 CRH2-001A 04 车受电弓脱落的风管。

3. 操作不当导致受电弓无法升起

(1)案例概况

CRH2-001C 动车组运行途中,接调度命令断 VCB、降弓运行。惰行通过接触网故障区段后,04 车受电弓无法重新升起,随即制动停车。动车组司机换升 06 车受电弓,维持运行。

(2)原因分析

动车组降弓滑行通过区段,存在分相区。动车组通过分相区后,VCB 自动闭合,互锁电路封锁升弓电路,导致无法升弓,经按下“降弓”按钮,VCB 自动断开,受电弓升弓电路解锁。动车组 4、6 车受电弓均可正常升起。

(3)途中处理要点

①动车组运行途中进行升弓操作时,司机必须确认牵引手柄回零,VCB 断开。

②途中受电弓无法升起时,须立即停车检查。随车机械师下车检查前,须确认邻线限速调度命令已下达。

③根据受电弓检查情况,按规定限速运行。

(4)库内检查处理

无。

4. 受电弓自动升起

(1)案例概况

CRH_2-001C 动车组,检修作业投入主控后,04 车自动升弓。

(2)原因分析

04 车受电弓升弓继电器 PanUR 常闭触点粘连,投入主控后,蓄电池检查器即吸合,通过 102 线及“升弓”NFB 向升弓电磁阀 PanUV 供电,使升弓电磁阀 PanUV 始终处于得电状态,并向受电弓升弓气囊供风。

(3)注意事项

故障使升弓电磁阀 PanUV 始终处于得电,故障受电弓无法与正常受电弓形成互锁,造成两架受电弓同时升起。

(4)途中处理要点

可断开运行配电盘“升弓”断路器,并切除故障受电弓后,换弓继续运行。

(5)库内检查处理

更换 04 车 PanUR 继电器。

5. 三次侧接地故障

(1)案例概况

CRH2A 型重联动车组,运行时主控车组 02 车发生三次侧接地故障。

(2)原因分析

因 02 与 03 车间过桥线 754 线连接器插头明显缩针,插针通过连接器壳体接地造成。

(3)途中处理要点

三次侧接地时,按要求逐项排查三次侧电器状态,如故障不能确认、消除,则远程切除故障单元 VCB 及 M 车,扩展供电。

(4)库内检查处理

闭合该单元所有三次侧负载,5 min 后故障重现,断开该单元所有三次侧负载,约 20 min 后故障重现。经绝缘测试和现车检查,发现 02 与 03 车间过桥线 12 号 754 线连接器插头明显缩针,对地绝缘不良。

6. 受电弓绝缘子污闪接地

(1)案例概况

CRH2-001C 动车组运行途中,工作人员发现车外闪光、车顶异响,司机立即降弓断电,停车后切除 4 号,换升 6 号后仍有闪光等放电现象。救援处理,动车组无动力回送入所。

(2)原因分析

运行区段雾霾天气严重,动车组低速进站过程中冷凝水在受电弓绝缘子表面聚集,造成 04 车、06 车受电弓绝缘子闪络接地。

(3)途中处理要点

①恶劣天气,随车机械师加强中间站、折返站受电弓绝缘子状态检查。

②存在绝缘不良时,检查另一架弓清洁情况,如清洁状况良好,可切除故障弓后换弓运行。

③如绝缘子闪络造成接触网停电时,切除故障弓,检查另一弓清洁情况,如清洁状况良好,换弓运行,否则登顶清洁处理或申

请停运。

(4)库内检查处理

①更换受损绝缘子和车顶受电弓供气管路。

②加强车顶高压系统的检查与清洁,恶劣天气条件下,无电检修作业时进行绝缘子憎水性能测试及绝缘性能测试。

③由主机厂对受电弓支撑绝缘子进行改造,增加高度,降低闪络故障的概率。

7. 高压连接器短路接地

(1)案例概况

CRH_2-001A + CRH_2-002A 动车组重联运行,途中全列 VCB 断开,网压表显示为 0,接触网无电。接触网恢复供电,动车组换升弓后接触网线烧断。

(2)原因分析

因雷电天气,产生局部特高电压,致使 CRH_2-001A 03 车车顶 2 位端直线形接头绝缘损坏,造成接地。

(3)注意事项

①严格按程序办理申请,接到接触网已停电、邻线已限速的调度命令后方可登顶。

②登顶前动车组应放电。

③注意登顶作业时人身安全。

(4)途中处理要点

①途中动车组失电时,随车机械师应确认 MON 屏信息并联系确认接触网是否有电。

②随车机械师按规定下车检查弓网状态。

③切除故障受电弓,换弓后监控升弓过程。

④再次发生接触网停电时,申请登顶检查。

(5)库内检查处理

对动车组特高压电缆及接头进行全面检查,更换 03 车 2 位直线形接头。

8. EGS 异常动作导致高压网线接地

(1)案例概况

CRH2-001C 动车组升 04 车受电弓运行,途中无网压,停车切除 04 车受电弓,换升 06 车受电弓无法升起。查看 MON 屏发现 04 车 EGS 闭合。申请接触网断电,随车机械师登顶手动断开并捆绑固定 04 车 EGS 后,换升 06 车受电弓运行。

(2)原因分析

辅助空压机连接器内部进水导致插针腐蚀,102 线与 109B 线之间绝缘不良,使 109B 线有异常的波动电压,当异常电压值达到 EGS 电磁阀的工作电压后,导致 EGS 异常闭合。

(3)注意事项

①严格按程序办埋申请,接到接触网已停电、邻线已限速的调度命令后方可登顶。

②登顶前动车组应放电。

③注意登顶作业时人身安全。

(4)途中处理要点

①途中动车组失电时,随车机械师应确认 MON 屏信息并联系确认接触网是否有电。

②随车机械师按规定下车检查弓网状态。

③按规定申请登顶处理,手动断开 EGS,进行捆绑固定。

④将 04、06 车运行配电盘"保护接地合"、"保护接地断"断路器断开。

(5)库内检查处理

更换 200104 车辅助空气压缩机连接器,并对所有动车组辅助空压机连接器及安装座进行密封改造。

9. 高压隔离开关连接铜管击伤

(1)案例概况

CRH2-001A + CRH2-002A 重联车组始发前,升 06 车受电弓

时，发现有强烈短路放电现象，远程切除06车受电弓，升04车受电弓维持运行。

(2)原因分析

高压隔离开关绝缘子对地绝缘不良，击伤高压隔离开关连接铜管及隔离开关底座。

(3)注意事项

①严格按程序办理申请，接到接触网已停电、邻线已限速的调度命令后方可登顶。

②登顶前动车组应放电。

③登顶作业时注意人身安全。

(4)途中处理要点

①按规定下车检查弓网状态。

②按规定申请接触网断电、挂接地杆、升一架正常受电弓、合EGS。

③穿戴好防护用品，登车顶检查特高压电路状态。如接地点在高压隔离开关至受电弓侧，远程切除故障单元受电弓；如接地点在高压隔离开关至特高压电缆侧，拆除两单元间倾斜型接头连线，并远程切除故障单元受电弓。

④摘接地杆、断EGS、降弓，远程切除故障受电弓。

⑤接触网供电后升正常单元受电弓，若拆除了倾斜型接头连线，还须闭合ACK2进行扩展供电。

(5)库内检查处理

更换此烧蚀的高压隔离开关连接铜管。

10. 受电弓无法升起(Ⅰ)

(1)案例概况

CRH_2-001E动车组出库前，司机在两端司机室分别进行手动升弓、远程升弓操作，4架受电弓均无法升起。

(2)原因分析

CRH_2-001E 04车顶EGS连接器第8针虚接导致110线断

开,EGSR 继电器不得电,EGSR 位于升弓开关进线端的常开触点断开,升弓开关进线端无电导致受电弓无法升弓。

(3)注意事项

闭合主控端司机室总配电盘电盘内短接开关 102B-110 后,即使 EGS 闭合,受电弓也可升起。操作前须确认全列 ESG 断开后,方可升弓,防止造成网线烧断、变电所跳闸、动车组损伤事故。

(4)途中处理要点

①确认全列 EGS 处于断开。

②闭合主控端司机室总配电盘内应急短接开关 102B-110,操作升弓。

③若采取上述措施后故障未消除,应按规定及时反馈信息。

(5)库内检查处理

更换 200104 车 EGS。

11. 受电弓无法升起(Ⅱ)

(1)案例概况

CRH2-001C + CRH2-002C 重联车组,库内一级检修进行升降弓试验时,两动车组受电弓均正常升起,降弓操作后,全列受电弓无法再次升起。测量 107 号线常得电,进一步检查发现 200106 车控制继电器盘 PanDWTD 时间继电器常开触点粘连。

(2)原因分析

CRH2-001C 06 车控制继电器盘 PanDWTD 时间继电器常开触点粘连,降弓操作后 PanDWR1 继电器一直保持得电状态,导致 107 号线(降弓指令线)常得电,全列受电弓不能升起。

(3)途中处理要点

断开故障车运行配电盘“快速降弓”断路器。

(4)库内检查处理

更换 PanDWTD 时间继电器。

12. VCB 不能闭合（Ⅰ）

（1）案例概况

CRH_2-001A + CRH_2-002A 重联车组，200101 车主控，运行过分相后，司机发现全列 VCB 未闭合，全列车无电，VCB 红灯亮，1、2、3、4 单元红灯亮，电气设备红灯亮，网压表无网压显示。动车组惰行至车站正线 2 道停车后，随车机械师与司机进行 RS 复位无效，换弓操作仍无效。

（2）原因分析

CRH_2-002A 02 车控制继电器盘 VCBOR3 继电器的常开触点粘连，导致 8 号线（VCB 断指令线）始终得电，VCB 无法闭合。

（3）注意事项

运行配电盘“真空断路器”断开后，“准备未完”指示灯亮，属正常现象。

（4）途中处理要点

①断开 02、06、10、14 车运行配电盘“真空断路器”，逐个闭合并进行 VCB 合操作。

②若在上述操作过程中 VCB 不能闭合或其他单元 VCB 断开，则断开相应“真空断路器”，远程切除该单元 VCB，并闭合 ACK2 进行扩展供电。

（5）库内检查处理

更换 CRH_2-002A 02 车控制继电器盘 VCBOR3 继电器。

13. VCB 不能闭合（Ⅱ）

（1）案例概况

CRH_2-001C 动车组，库内检修时全列 VCB 不能闭合。经测量，8 号线（VCB 断开指令线）始终保持得电状态。断开 01、08 车司机室配电盘“受电弓 · VCB”断路器，02、04、06 车运行配电盘“真空断路器”，02、06 车运行配电盘“受电弓断路器”后，再次测量 8 号线失电，逐个恢复上述断路器，并测量 8 号线电压，当恢复至 06 车“受电弓断路器”时，8 号线得电。进一步检查发现 200106 车运行配电盘内 KHB323-1 电路板（绿色）上的 EXR1 常开触点粘连，导致 8 号线始终得电，VCB 不能闭合。

（2）原因分析

200106 车运行配电盘内 KHB323-1 电路板（绿色）上的 EXR1 常开触点粘连，导致 8 号线始终得电，VCB 不能闭合。

（3）途中处理要点

①断开 02、06 车运行配电盘“受电弓断路器”。

②闭合 VCB 继续运行。

（4）库内检查处理

更换 200106 车运行配电盘内 KHB323-1 电路板。

14. VCB 不能闭合（Ⅲ）

（1）案例概况

CRH_2-001A 动车组，运行过分相后，1 单元 VCB 不能自动闭合，操纵台上“准备未完”指示灯亮，复位无效。机械师右旋司机室背后的“辅助空气压缩机控制”旋钮 3s 以上，启动辅助空压机打风，“准备未完”灯熄灭后，02 车 VCB 闭合正常，列车继续运行。

（2）原因分析

CRH_2-001A 02 车车底总风管至辅助风缸截断塞门关闭，过分相后辅助风缸风压低于 640 kPa，VCB 不能闭合。

（3）注意事项

04 车或 06 车出现该故障时应换弓，防止受电弓自动降下或接触压力不足导致拉弧烧断网线。

（4）途中处理要点

①密切关注 VCB 状态，“准备未完”灯亮后，右旋司机室“辅助空气压缩机控制”旋钮，灯灭后，手动闭合 VCB。

②运行至前方站下车打开截断塞门。

（5）库内检查处理

打开 CRH_2-001A 02 车车底总风管至辅助风缸截断塞门。

二、牵引传动系统

1. 变压器一次侧过电流故障Ⅰ(162)

(1)案例概况

CRH_2-001B 长编动车组,途中 10 车报主变压器一次侧过电流故障,故障代码:162,复位无效,远程切除 3 单元动车及 VCB,ACK2 扩展供电维持运行。

(2)原因分析

CRH_{2B} 型动车组采用双弓受流,高压系统是两个独立的单元。动车组运行到某个区间,在特殊的条件下和此区间的供电系统之间形成耦合,导致牵引网高次谐波,造成母线中谐波电压分量急剧增高,与基波电压合成产生特高压,避雷器在瞬间特高压的冲击下损坏击穿,导致一次侧短路过流。

(3)注意事项

①MON 报此故障时,动车组保护回路自动切断故障单元 VCB,操作人员在未进行库内检查的情况下,不允许复位后再次闭合 VCB,以免扩大故障或造成更严重的安全隐患。

②检查车顶特高设备或车底高压设备箱前,按规定进行 EGS 放电操作。

(4)途中处理要点

切除相应动力单元动车及 VCB,ACK2 扩展供电维持运行。

(5)库内检查处理

更换 CRH_2-001B 10 车避雷器。

2. 主变压器一次侧过电流故障Ⅱ(162)

(1)案例概况

CRH_2-001E 动车组,途中 14 车报牵引变压器一次侧过电流,故障代码:162,远程切除 4 单元动车及 VCB,ACK2 扩展供电维持运行。

(2)原因分析

高压设备箱过滤网有缺损,导致大量灰尘进入。主变压器绝缘瓷瓶附着大量灰尘,绝缘性能下降,主变压器进线端对高压设备箱局部(金属防护筒)放电,导致一次侧电路接地过电流。

(3)注意事项

①MON 报此故障时,动车组保护回路自动切断故障单元VCB,操作人员在未进行库内检查的情况下,不允许复位后试闭合 VCB,以免扩大故障或造成其他更严重的安全隐患。

②检查车顶特高设备或车底高压设备箱前,按规定进行 EGS 放电操作。

(4)途中处理要点

切除相应动力单元动车及 VCB,ACK2 扩展供电维持运行。

(5)库内检查处理

更换主变压器,高压设备箱清灰。

3. 主变压器三次侧接地故障Ⅰ(164)

(1)案例概况

CRH2-001C 动车组,途中 02 车报主变压器三次侧接地故障,故障代码:164。1 单元 VCB 跳闸,机械师断开 1 单元所有空调及换气装置断路器,司机进行复位操作,再次闭合 VCB,VCB 闭合,然后随车机械师按照要求依次闭合各负载断路器,确认 200102 车空调 1 故障,断开该断路器,排除故障。

(2)原因分析

空调压缩机烧损接地,导致主变压器三次侧接地,VCB 断开故障。

(3)途中处理要点

①立即到 1 单元运行配电盘,服务配电盘,断开辅助电源装置控制、司机室制冷、各车的空调电源 1、2 及供排气装置断路器。

②故障复位,重新投入 VCB,依次闭合之前断开的断路器,确

认故障电器后,断开相应断路器,复位后再次投入 VCB,闭合其他断路器。

(4)库内检查处理

经对 200102 车 2 位空调 2 号压缩机做绝缘测试发现,2 号压缩机三相对地绝缘阻值为 0,更换 2 号压缩机。

4. 牵引变压器温度上升故障(133)

(1)案例概况

CRH_2-001A 动车组,途中 02、06 车报 004 故障,牵引变压器油温上升,代码 133,无法复位。司机大复位后故障仍间断出现。

(2)原因分析

02、06 车牵引变压器内通风道滤网及油冷却器灰尘阻塞严重,造成牵引变压器冷却装置冷却不良,温度过高,当牵引变压器温度传感器检测到的温度高于(135 ± 2.5)℃时报牵引变压器油温上升故障,清理后故障消除。

(3)注意事项

①牵引变压器油温高故障不需要进行大复位,牵引变压器温度传感器检测到的温度低于(135 ± 2.5)℃时,故障自动复位。

②针对 004 故障在司机台操作复位按钮复位即可,也不需要进行大复位。

(4)途中处理要点

①在司机台进行 RS 复位操作。

②复位不成功时应根据故障情况轮流切除故障单元动车。

(5)库内检查处理

按照清扫作业办法清灰。

5. 牵引变流器故障Ⅰ(004、141)

(1)案例概况

CRH_2-001C 动车组,途中 02 车报牵引变流器故障,故障代码:004、141,复位无效,切除 02 车动力维持运行。

(2)原因分析

CI 中的 V 相逆变模块故障,造成 CI 无法正常工作。

(3)注意事项

大复位只可进行 1 次,反复进行大复位可能导致器件烧损。

(4)途中处理要点

采取 RS 复位 2 到 3 次,断开再闭合牵引变流器 1 断路器进行大复位 1 次,若无法恢复,远程切除相应故障车辆,维持运行。

(5)库内检查处理

入库检查发现牵引变流器中的 V 相逆变模块故障,更换逆变模块后正常。

6. 牵引变流器故障Ⅱ(004)

(1)案例概况

CRH_2-001C 动车组,途中 07 车报牵引变流器故障 1,故障代码:004,复位无效,切除 07 车维持运行。

(2)原因分析

200107 车 4 位牵引电动机连接器内部有积水短路,导致牵引变压器二次侧接地。

(3)途中处理要点

运行时进行 RS 复位 2 到 3 次,若不能复位,切除相应动车继续运行。

(4)库内检查处理

更换 200107 车 4 位牵引电动机电气连接器航空插头,故障消除。

7. 牵引变流器故障Ⅲ(004)

(1)案例概况

CRH_2-001C + CRH_2-001C 重联运行,途中 200104 车报牵引变流器故障 1,故障代码:004,司机复位无效后切除 04 车牵引变流器维持运行。

(2)原因分析

牵引变流器控制电源模块(AVR6)故障,导致控制电源异常,报牵引变流器故障 1。

(3)途中处理要点

运行时进行 RS 复位操作,若不能复位,切除相应动车继续运行。

(4)库内检查处理

更换 200104 车牵引变流器控制电源模块(AVR6)。

8. 牵引变流器故障Ⅳ(005)

(1)案例概况

CRH_2-001C 动车组,途中 03 车报牵引变流器故障,故障代码:005,02 车 VCB 断开,MON 牵引变流器(车)画面中 03 车二次侧接地 1 显示红色故障。进行复位操作,确认监视器故障报警消除后,重新闭合 02 车 VCB,再次牵引时故障重现。切除 03 车动力,维持运行。

(2)原因分析

200103 车牵引电动机接地导致报牵引变流器故障。

(3)途中处理要点

运行时进行 RS 复位操作,若不能复位,切除相应动车继续运行。

(4)库内检查处理

对 200103 车牵引电动机绕组进行绝缘测定,确定 4 轴牵引电动机接地,更换接地的牵引电动机。

9. 牵引电动机温度过高

(1)案例概况

CRH_2-001C 动车组,库内检修时发现 07 车 3 轴牵引电动机温度过高,点温发现温度为 100 ℃,检查发现牵引电动机回风口、软风道、电动机上方电缆有烧黑痕迹,清灰后更换电动机软风道及牵引电动机。

(2)原因分析

3 轴牵引电动机送风道滤网被柳絮和灰尘堵死，丧失通风功能，致使电动机无法得到有效冷却。

(3)途中处理要点

①停车检查确认故障情况，及时反馈故障信息。

②根据故障情况，远程切除相应动车，维持运行。

(4)库内检查处理

更换牵引电动机及电动机软风道。

10. IGBT 故障引起牵引变流器故障

(1)案例概况

CRH2-001C 动车组运行途中，MON 屏报牵引变流器故障(故障代码 141)，三单元 VCB 断开，无法复位。远程切除 06 车 M 车后闭合 VCB 维持运行。动车组折返站大复位无效，切除 06 车牵引变流器维持运行。

(2)原因分析

CRH2-001C 06 车牵引变流器 W 相逆变模块 IGBT 故障。

(3)途中处理要点

①司机远程切除故障 M 车，随车机械师将相应车运行配电盘中的[牵引变流器 1]断路器断开再闭合。

②故障消除，远程复位 M 车，正常运行；故障未消除，远程切除该 M 车，维持运行。

(4)库内检查处理

更换故障 IGBT 模块。

11. 关门联锁回路故障引起无牵引故障

(1)案例概况

CRH2-001C 动车组连续出现关门联锁回路异常失电引起全列牵引无流故障，有 2 类现象：一是司机室关门指示灯灭，全列牵引无流,因故障无法自动恢复,随车机械师闭合主控司机室关门联锁开关后牵引恢复,动车组恢复运行;二是主控司机室关门指示灯“闪烁”,伴随瞬时牵引无流故障,关门指示灯自动恢复常亮状态后,全列牵引无流故障消除。

(2)原因分析

①不可自动恢复故障:动车组与关门联锁回路 144 线有关的 KHB253 电路板压板刚度不足易变形且压板上的弹力胶条失效,在动车组运行途中不能消减振动,使得 KHB253 电路板与继电器基板接触不良,造成关门联锁回路开路,致使司机室关门指示灯熄灭,全列牵引无流。

②可自动恢复故障:运配内与关门联锁回路 144 线有关的总配电盘母板、A 板、E 板和 KHB253 电路板存在质量问题,造成关门联锁回路偶发性开路,致使司机室关门指示灯熄灭,全列牵引无流。

(3)途中处理要点

①动车组运行途中出现关门指示灯熄灭、牵引无流故障后,司机应减速停车。

②随车机械师检查全列车门关闭状态,发现异常情况后应对故障车门进行处理。

③全列车门全部关闭到位后,关门指示灯如点亮,牵引恢复,动车组恢复正常运行;如指示灯未点亮,则随车机械师闭合主控端司机室关门联锁开关,牵引恢复,动车组恢复运行。

(4)库内检查处理

①主机厂将动车组各车运行配电盘内电路板的压板更换为带加强荆的压板,且将压板上的弹力胶条更换为新的型号后,动车组未再出现不可自动恢复的关门指示灯熄灭并伴有全列失流故障。

②动车组入库后更换了故障车总配电盘母板、A 板、E 板和 KHB253 电路板。此后,动车组运行途中未再出现偶发性的关门指示灯熄灭并伴有全列失流故障。

三、辅助供电系统

1. 辅助电源装置故障Ⅰ(电茶炉漏电)

(1)案例概况

CRH2-001A + CRH2-002A 重联车组,司机换端操作时,CRH2-001A 01 车和 CRH2-001A 00 车先后报辅助电源装置故障(代码 135)。随车机械师检查确认后,对动车组进行大复位,2 min 后,CRH2-001A 00 车再次报辅助电源装置故障(代码 135)。随车机械师将 CRH2-001A 00 车 APUCN 断开,进行 BKK 扩展供电,扩展供电 1 min 后 CRH2-001A 01 车的辅助电源装置也报故障(代码 135),无法供电,故障复位后反复出现,启用热备。

(2)原因分析

CRH2-001A 02、06、00 车电茶炉漏电导致辅助电源装置故障。

(3)注意事项

①随车机械师应严格按规定排查负载情况

②未查明并切除故障负载前,扩展供电应谨慎进行。

(4)途中处理要点

切除漏电负载(电茶炉),故障消除后维持运行。

(5)库内检查处理

更换 CRH2-001A 02、06、00 车电茶炉控制箱。

2. 辅助电源装置故障Ⅱ(散热不良)

(1)案例概况

CRH2-001A + CRH2-002A 重联车组,途中 CRH2-001A 01 车与 CRH2-002A 00 车同时报辅助电源装置故障(代码 135、143),随车机械师将 APU 滤网取下后故障消除,维持运行。

(2)原因分析

由于 APU 滤网大量灰尘脏堵导致 APU 散热不良,保护动作。

(3)途中处理要点

①根据故障情况轮流切除故障 APU,扩展供电。

②如果上述措施无效,可将 APU 滤网取下,维持运行。

(4)库内检查处理

按照 APU 二级修冷却风道作业指导书对 APU 滤网进行清洗。

3. 蓄电池亏电(直流电源 2 跳闸)

(1)案例概况

CRH_2-001A 动车组,库内进行升弓操作后,合 VCB 瞬间 02、04、06 车运行配电盘内"直流电源 2"断路器跳闸,检查发现 02、04、06 车蓄电池亏电。

(2)原因分析

运行配电盘"直流电源 2"跳断路器,因蓄电池亏电所致。动车组运用过程中,蓄电池一直处于放电或充电状态,长期的浮充状态使蓄电池容量下降。闭合 VCB 瞬间,蓄电池负载较大,电压快速下降,导致"直流电源 2"断路器跳开。

(3)途中处理要点

①闭合 VCB 前,旋转主控端司机室配电盘停放按钮,闭合 VCB,在 MON 电源电压画面确认辅助电源装置工作后,将停放旋钮复位。

②上述操作无效后启动救援或更换蓄电池组。

(4)库内检查处理

①对故障车蓄电池进行测试,检查蓄电池的亏电情况。

②更换状态不良的蓄电池组。

4. 总配电盘电盘电路板 EBFBR 继电器用续流二极管击穿

(1)案例概况

CRH_2-001C + CRH_2-002C 重联动车组解编时,主控端 MON

屏上显示“快速”制动无法缓解。检查发现 CRH$_2$-001A 01、00 车总配电盘母板烧损，01 车 E 板 EBFBR 并联的二极管击穿，00 车 B 板铜箔线烧损。

(2)原因分析

CRH$_2$-001C 01 车与 CRH$_2$-002C 00 车为连挂端，CRH$_2$-001C 01 车 E 板 EBFBR 继电器并联二极管被击穿，贯穿全列的 152 线通过击穿的二极管接地。当主控端 ATP 正常启动(EBR、JTR 励磁)，制动手柄放置“运行位到 7 级制动位”BFR 励磁时，152 线加载从 103 线过来的 DC 100 V 电源，形成短路并产生大电流，导致总配电盘 B 板铜箔线烧损。

现车检查发现 2 个车 B 板烧损位置均为 EBR 常开触点与 BFR 常开触点连接的 152B 线。BFR 继电器为串联回路中最后得电继电器，当操作制动手柄至“快速”挡位以下时，BFR 励磁且瞬间电流很大，导致 152B 连接线首先烧损。152 线回路短路后，主控端支路中与 ATP 设备相关的 EBFBR 继电器，因加载电压过低，继电器无法正常励磁，EBFBR 常闭触点一直闭合使 ATP 内部 BFB 继电器始终处于得电状态，进而导致 MON 屏显示 ATP 装置“快速”制动并无法缓解状态。

(3)途中处理要点

①根据动车组重联运行的实际情况，EBFBR 继电器不会频繁得失电。因此在发生上述故障时，可将总配电盘电盘 E 板上 EBFBR 继电器的续流二极管全部去除，维持运行。

②若以上不能实现，申请救援。

(4)库内检查处理

更换已经烧损的配电盘电路板。

5. 总配电盘电盘 B3FR 继电器触点粘连

(1)案例概况

CRH$_2$-001A + CRH$_2$-002A 重联车组，在库内检修过程中，CRH$_2$-002A 00 车投入主控送电，操作升弓、合 VCB 后，CRH$_2$-

002A 高压供电正常，但 MON 画面仅显示 2002A（单编组）且 2001A 全列无电（应急灯灭）。将 200300 车总配电盘电盘拆装到 200200 车上后，投入主控，发现在制动手柄置于“运行、1 挡、2 挡、3 挡”位后，车辆均不缓解，在制动缸压力画面中显示“B3”制动，经下车检查制动闸片，确实为制动状态。将 200301 车拆下 B 板安装到 200101 车总配电盘电盘内，试验正常。

（2）原因分析

由于 200101 车及 200200 车同时投入主控，主控端 B3FR 继电器常开触点同时闭合，将两列车 103 线短接，两列车 103 线存在电压差，造成了 200101 车总配电盘 B3FR 继电器及 200200 车总配电盘 B3FR 继电器触点过热粘连。

（3）注意事项

禁止同一列或重联后两列动车组同时投入 2 个或者 2 个以上的 BV 手柄。

（4）库内检查处理

更换已经烧损的配电盘电路板。

6. 重联动车组单列失电引起紧急制动

（1）案例概况

CRH_2-001A + CRH_2-002A 重联车组，行运行时 200108 车为主控端，2002 列全车失电，整列车发生紧急制动。2001 列 MON 显示屏只显示 2001 列的状态信息，在 2001 列主控操作断电大复位后，MON 上依然仅显示本编组情况，2002 列仍全车无电。采取解编重新连挂方式处理，但未成功。

在 200201 车投主控，2001 列无电。进行全列断电复位后全列有电但紧急制动不能缓解。2002 列全列做关门车处理，2001 列紧急制动缓解，2001 列主控牵引低速运行至黄渡。到站后进行断电复位及关门车复位，显示器显示动车连挂状态正常，200100 车主控恢复连挂运行。运行时，再次发生 2002 列断电及紧急制动情况，手动操作解编后，两车分别正常运行返回。

（2）原因分析

200101 车密接车钩的电力连接器（105 线）接触不良，导致 2002 列无电，整列紧急制动。

（3）途中处理要点

①检查密接车钩的电力连接器中电源控制线的连接情况。当确认是 105Z1/105Z2 线接触不良时，在重联车故障端的总配电盘电盘上，拆下应急处理开关的防护罩，然后闭合 102E 与 105Z1/105Z2 线的白色应急处理开关，若恢复正常，继续运行。

②若仍不能恢复正常，可临时两列解编分别运行。

（4）库内检查处理

更换故障电力连接器。

四、制动及供风系统

1. 总风压力降低导致全列车紧急制动

（1）案例概况

CRH_2-001A + CRH_2-002A 重联车组，库内检查发现由于 200207 车空压机安全阀故障产生漏泄，造成 MR 压力下降，MR 压力低于 590 kPa 后，列车自动保护起紧急制动。

（2）原因分析

空压机安全阀失效导致漏风，动车组检测到总风缸压力不足（MR 压力低于 590 kPa），MRHPS 压力开关断开，从而使列车起紧急制动。

（3）注意事项

①途中下车时，注意邻线行车情况，确保人身安全。

②转向架空气弹簧无气状态下动车组应按规定限速运行。

（4）途中处理要点

①当因总风压力开关故障（总风压力正常），造成动车组保护而引起紧急制动不能缓解时，采取将总风压力开关保护切除的方法缓解紧急制动，并将总配电盘电盘上 3-3D 闭合进行短路操作。

②当因总风管路系统泄漏造成总风压力下降无法处理时,采用将故障泄漏车隔离的办法,即将该车2位端总风缸截断塞门和与该车相连的总风缸截断塞门关闭,同时将该车做关门车处理,并将车门隔离。

③当因总风缸安全阀故障造成总风压力下降时,可将运行配电盘中“压缩机控制”与“压缩机同步”断路器断开,停止该车的主空压机工作,并将该车制动控制装置上3/4截断塞门(总风)关闭。

(5)库内检查处理

更换漏风安全阀。

2. UBRSR 继电器故障导致列车紧急制动

(1)案例概况

CRH_2-001E 动车组,在动车所出库检查时,200101 车主控启动试验正常,换端至200100车做启动试验时出现紧急制动且无法缓解,MON显示1单元故障,通过MON信息查看200102车显示制动力不足(代码123),配电盘信息显示JTR为红色,断电大复位后仍无法缓解,随车机械师在库内将200102车做关门车处理,动车组出库。

(2)原因分析

200102车运行配电盘内制动继电器板UBRSR继电器管脚脱焊,导致全列车紧急制动。

(3)途中处理要点

①根据MON显示故障记录,判断200102车设备故障。

②将故障车做关门车处理,维持车辆运行。

(4)库内检查处理

更换200102车运行配电盘内制动继电器板。

3. BCU 导致报“抱死”故障

(1)案例概况

CRH_2-001C 动车组运行途中,01车偶报“制动控制装置发电机断线 1 故障”(代码 060)及“抱死 1 故障”(代码 151),随即故障自动消除,停车检查未发现异常,观察运行,后再次报该故障,停车检查无异常,通过 MON 屏将 01 车“抱死 1”切除后维持运行。

(2)原因分析

BCU 故障导致报“抱死 1”故障。

(3)注意事项

①按规定提报下车检查申请,待接到邻线限速 160 km/h 或以下的调度命令后方可下车。

②下车检查时,注意邻线行车情况,确保人身安全。

(4)途中处理要点

①立即采用快速制动停车,对出现“抱死”报警的转向架轮对踏面、速度传感器电缆、连接器状态进行检查。

②若检查无异常,通知司机进行制动系统试验,查看 MON 故障是否恢复,确认制动正常后,维持运行。

③如检查确认车轮踏面故障无法正常运行时,按相关限速要求执行。

④如同时有制动不缓解故障发生,按制动不缓解的处理方法处理。

⑤若故障无法消除,不能继续运行,按规定程序汇报调度。

(5)库内检查处理

①由于 MON 在报“制动控制装置发电机断线 1 故障”时不同时报 CI004、PG 故障,因此排除牵引电动机齿轮箱故障的可能。

②对调 CRH2-001C01、08 车 BCU,库内动车,发现故障转移至 200108 车,据此判断为原 01 车 BCU 控制单元故障而导致报“制动控制装置发电机断线 1 故障”(代码 060)及“抱死 1”故障(代码 151)。

③更换故障 BCU,库内动车,故障消除。

④BUC 软件缺陷引起轮对擦伤。

4. 防滑阀作用不良引起抱死故障

(1)案例概况

CRH_2-001C 动车组进站减速停车过程中,MON 屏报 1 车“抱死 2”(代码“152”)故障。动车组停稳、接到允许下车检查的调度命令后,随车机械师下车检查车轮踏面及速度传感器接插件连接情况正常;制动缓解试验正常;动车组以时速 5 km/h 速度运行了 50 m,随车机械师在车下确认 1 车轮对未抱死且无异音。司机进行“抱死切除”操作,动车组以 60 km/h 速度运行,随车机械师监听全列下部未见异常,动车组恢复常速运行。

动车组在区间运行时,因 ATP EVC 通信中断,动车组快速制动停车。司机重启 ATP 开车后以 60 km/h 速度运行过程中,随车机械师巡视监听发现 1 车 2 位转向架有异音,要求停车检查轮对状态。接到允许下车检查的调度命令后,随车机械师下车检查发现 1 车 2 位转向架 6 位、8 位轮对可视部位有 2 处严重擦伤,长度分别为 35、20 mm。随车机械师检查完毕上车,对 1 车进行关门车操作,并通知司机限速 200 km/h 运行到终到站,启用备用动车组担当后续交路。

(2)原因分析

动车组制动减速进站停车过程中,因运行区段经历了降雨天气,轮轨黏着力下降,轮对滑行。但是因 1 车 3、4 轴防滑功能作用不良,滑行轮对不能及时缓解,各轴之间产生速度差,动车组因此报“抱死 2”故障。但是当时动车组运行速度低,司机使用 B4 级及以下制动,制动力较低,动车组轮对未擦伤。

动车组在区间运行过程中,司机制动调速,因 1 车 3 轴和 4 轴防滑功能作用不良,3、4 位轮对滑行后不能及时缓解。1 车 ATP 2、3 轴速度传感器检测速度值相差悬殊后,ATP 立即在 DMI 屏报 EVC 通信中断(代码“22. 1 速传异常”)并输出快速制动。

EVC 通信中断后,动车组快速制动制动过程中,同样因 1 车 3、4 轴防滑功能作用不良,3、4 位轮对在湿滑钢轨上滑行得不到及时缓解而“抱死”,导致动车组轮对擦伤。

(3)途中处理要点

①冰、雪、雨、雾等恶劣天气运行时,随车机械师应加密途中巡视频次。发现动车组有异音、异振、异响等现象时,应立即联控司机停车。

②随车机械师下车检查前必须通过司机确认邻线限速调度命令已下达。

③出现“抱死”故障后,随车机械师须进行制动关门车操作,下车后须对故障车走行部进行重点检查,与司机进行制动缓解试验,动态跟踪动车组运行情况。

④轮对擦伤时,随车机械师必须对异常车辆的轮对进行全面检查测量,根据擦伤长度提出限速运行要求。

(4)库内检查处理

对擦伤的轮对进行旋轮处理,并由主机厂更换了防滑阀及其配线,对防滑阀航插进行防尘处理。

5. UBTRTD 延时继电器故障导致列车紧急制动

(1)案例概况

CRH2E 型动车组,运行时 MON 报 05 车制动力不足(代码:123),紧急制动停车,紧急复位操作后进行制动试验无效,将 05 车服务配电盘内“制动控制装置”、“制动控制”、“紧急制动”断路器断开后再投入,并做关门车操作,司机做完制动试验后列车正常运行。

(2)原因分析

①本次故障原因:05 车 UBTRTD 延时继电器故障。

②造成制动力不足的主要故障原因有:UBTRTD 继电器故障、制动管系泄漏、EP 阀故障、检测传感器故障、BCU 故障、电路故障。

(3)途中处理要点

“制动控制装置”、“制动控制”、“紧急制动”断路器断开再投入，进行紧急复位操作，若故障未恢复则对故障车做关门车处理。

(4)库内检查处理

更换 05 车 UBTRTD 延时继电器。

6. 速度传感器损伤引起“抱死”报警

(1)案例概况

CRH_2-001C 动车组始发站开车后，MON 屏报 3 车“抱死 2”故障(代码 152)，司机随即制动停车。随车机械师按规定联控后下车检查，确认 3 车 2 位转向架轮对踏面无擦伤，速度传感器接线无异常，制动缓解试验正常，制动夹钳动作状态良好。随车机械师上车后通知司机开车，安全运行到终点站后启动备用动车组担当后续交路。

(2)原因分析

200103 车 4 位牵引电机速度传感器高级修时检测面损伤(图 2—1)，瞬间无法正常检测到 4 位牵引电机的转速，3 车 BCU 装置判断该轴与其他轴的转动速度不一致，形成“抱死”误报警。

图 2—1 牵引电机速度传感器检测面损伤

(3)途中处理要点

①随车机械师下车检查前必须通过司机确认邻线限速调度命令已下达。

②出现“抱死”故障后，随车机械师须进行制动关门车操作，

下车后须对故障车走行部进行重点检查，与司机进行制动缓解试验，动态跟踪动车组运行情况。

③若走行部未抱死，司机通过 MON 屏，对该车进行"抱死切除"，维持运行。若发生抱死请求救援。

(4)库内检查处理

更换 209303 车 4 位牵引电机速度传感器后进行动态试验，确认故障消除。

7. 继电器盘故障导致报制动力不足(代码:123)

(1)案例概况

CRH2-001 + CRH2-002A 重联动车组，200101 车主控运行时 MON 报 CRH2-001A 06 车制动力不足(代码:123)，紧急制动停车，紧急复位操作后进行制动试验无效，将 06 车服务配电盘内"制动控制装置"、"制动控制"、"紧急制动"断路器断开后再投入故障未恢复，做关门车操作，司机做完制动试验后列车正常运行。

(2)原因分析

06 车继电器盘故障。

(3)途中处理要点

"制动控制装置"、"制动控制"、"紧急制动"断路器断开再投入，进行紧急复位操作，若故障未恢复则将故障车做关门车处理。

(4)库内检查处理

更换 06 车继电器盘。

五、转 向 架

轴温报警故障

(1)案例概况

CRH_2-001B 动车组运行时，司机接到调度报"地面红外检测仪检测到 200101 车 7 位轴温偏高"，司机通知随车机械师查看 MON，MON 上并未报任何关于轴温的故障。随车机械师在前方站下车点温检查，确认 200101 车 7 位轴温为 88 ℃，轴温异常。立即按规定程序反馈信息，铁路局启用热备车 CRH_2-002B 替换 CRH_2-001B 执行剩余交路，同时发布命令限速 160 km/h 运行，沿途随车机械师继续监控轴温。

(2)原因分析

轴承故障导致轴温异常。

(3)注意事项

途中下车时，注意邻线行车情况，确保人身安全。

(4)途中处理要点

①立即在 MON 查看相关轴温信息。

②在前方站停车检查报警的轮对状态，用红外线点温计测轴温。

③若检查无异常，通知司机维持运行，继续跟踪检查，每一停车站均应下车检查该车轴温。

④如检查确认轴温故障时，按规定程序汇报调度，等待指示。

(5)库内检查处理

①轴箱各紧固件无异常。

②拆除 LKJ 速度传感器，外观检查无异常。

③打开轴箱端盖和传感器压盖后检查，轴箱端盖内无异物，轴承外观无变色，润滑油脂无异常。

④对 01 车 4 位轮对进行更换，并对轴承进一步分解检查。

六、空调系统

空调故障

(1)案例概况

CRH_{2A} 型重联动车组，运行时前动车组 02 车和 03 车客室温度偏高，点温显示 02 车 28 ℃，03 车 27 ℃，外温 36 ℃左右，该两节车厢超员约 20%。应急处理后，02 车和 03 车空调运转率时有时无。后续换乘热备车组运行。

(2)原因分析

回库测试空调性能正常,无泄漏、制冷效果良好,冷凝器滤网较脏。日立公司对空调进行试验,当环境温度设为 40 ~ 45 ℃;客室温度设为 28 ~ 32 ℃;冷凝器滤网封堵 1/3 左右。空调机组压缩机高压压力达到了一级保护压力(3.03 MPa),此时空调机组压缩机出现了降频工作,且持续不断出现升频和降频的问题,空调机组运行时有时无,空调运行模式不断变化。

(3)注意事项

夏季做好滤网清洁工作,防止途中空调工作异常。

(4)库内检查处理

将该交路动车组的空调冷凝器滤网周期进行调整。

第三章　CRH_3 型动车组典型故障案例

一、高压供电系统

1. 接地故障监控起作用(25EF)

(1)案例概况

CRH_3-027C 动车组担当运营交路,15:50 司机室 HMI 报 302703 车接地故障监控起作用(故障代码:25EF),03 车牵引自动丢失。

15:52,随车机械师赶到司机室对故障进行确认。

15:53,随车机械师在司机室查看 HMI,确认主断正常闭合,要求司机按最大牵引能力维持运行。

(2)原因分析

正常情况下,牵引变流器中间电压应为 2 700 ~ 3 600 V,接地检测电压应为中间电压的 1/4;接地检测理论值应为 25%(接地检测电压与中间电压的百分比),接地检测保护值设定范围为 17.5% ~ 32.5%,当中间电压大于 1 000 V 且接地检测保护值超出该范围,就会封锁牵引并报 25EF 故障。

电路图(图 3—1)中,-U31 和-U32 检测中间电压,接地电压通过 102 kΩ 和 34 kΩ 构成的分压电路-U33 检测,理论值为 34/(34 + 102) = 25%。由于分压监测点是接地的,当主回路因绝缘下降发生漏电时,相当于在检测路上并联了电阻,从而导致分压监测点电压变化。正端接地时,监测点电压升高,接地检测值增大,当大于 32.5% 时间超过 480 ms 会产生 25EF 接地故障,负端接地时,监测点电压降低,接地检测值减小,当小于 17.5% 时间超过 480 ms 也会产生 25EF 接地故障。

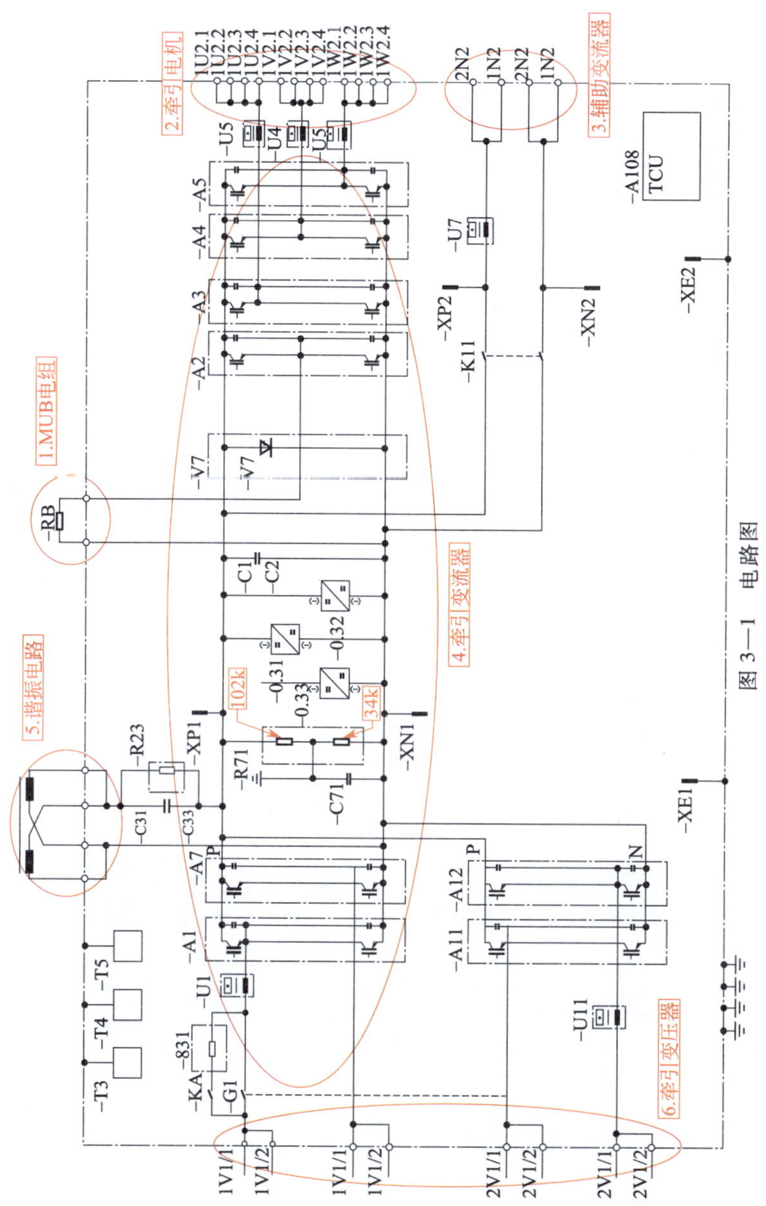

图 3—1　电路图

故障可能原因：

①限压电阻的绝缘端子表面脏，造成放电现象。

②牵引电机连接器插头进水造成对地绝缘电阻低。

③牵引电机内部接线端子烧损，造成电机三相绕组阻值不均衡，同时引起接地故障。

(3)途中处理要点

①若主断跳开，应先尝试闭合主断路器，确认故障是否消除，如故障未消除，则切除故障车牵引，继续运行。

②若主断未跳，则切除故障车牵引，维持运行

(4)库内检查处理

①下载数据发现接地检测值为 27.5%，在正常范围内。

②经进一步检查，发现 03 车 3 轴牵引电机接线盒插头螺栓上有水珠(如图 3—2)，后拆开牵引插头，发现牵引电机 3 接线盒插头内进水(如图 3—3)。随后，检修人员对 03 车的牵引电机接线盒插头进行逐个检查，用吹风机将进水插头内部吹干，后恢复牵引电机接线盒插头并打密封胶，库内检查正常，未报 25EF。

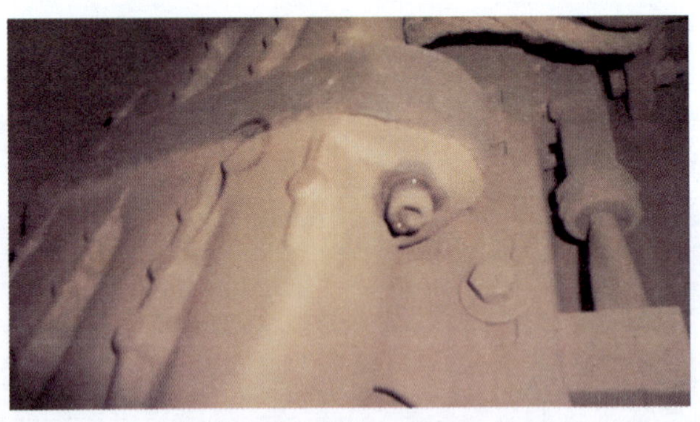

图 3—2 有水珠

2. 牵引电动机风扇接通状态异常(代码 24D6)

(1)案例概况

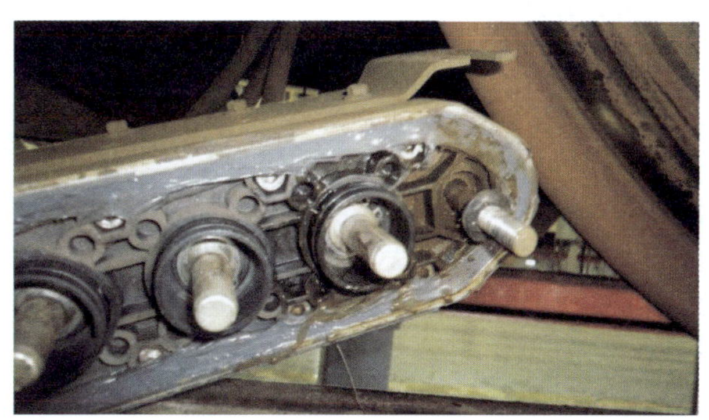

图 3—3 插头拆开后

CRH3-059C 动车组担当运营交路，13:10，305900 车报牵引电机风扇接通状态异常（故障代码:24D6），该车牵引力自动丢失，维持最大牵引运行。

（2）原因分析

24D6 故障代码产生原理:TCU 发出牵引电机冷却风扇启动指令和高低速指令后，如果在 10 s 后仍未收到电机风扇高速或低速运转反馈信号，TCU 封锁牵引并发出 24D6 故障报告。主要故障原因有：

①牵引电机冷却风扇相关插头进水；

②牵引电机冷却风扇电机接触器故障；

③冷却风扇电机接触器供电或相关 KLIP 站输入或输出点故障；

④牵引电机冷却风扇电机空开断开。

（3）注意事项

如果发现故障频繁发生，应当切除故障牵引变流器来保护设备。

（4）途中处理要点

①不需要处理，列车以最大牵引力维持运行，适时进行复位。

②如果故障频繁发生，则切除牵引变流器。

(5)库内检查处理

动车组入动车所检修库后,检修人员下载数据,发现 305900 车多次报牵引电机风扇接通状态异常(24D6)故障。

下载的数据如下:

Car number:104859

2099h 14QC:SW-TRACO SIP 4QC TRIGGERED

Car number:104859

20B6h 67 4QC: IMPULSE INHIBITION BY SIP 4QC

Car number:104859

24D6h 14 Traction motor fan: state ON implausible

Car number:104859

2504h 1 cooling water pump defective

通过分析数据和查找电路图,并打开 00 车设备仓检查,发现控制牵引电机风扇高速运行的空开 =34-F84 跳闸,导致 TCU 检测到牵引电机风扇状态异常而自动切除 00 车牵引。经过复位空开 =34-F84 后牵引恢复正常。

3. 真空断路器故障(代码 24E6)

(1)案例概况

CRH_3-059C 动车组担当运营交路,13:10,305901 在运行时 HMI 报 305901 车 TCU 真空断路器 =10-Q01 故障(代码 24E6)。动车组主断跳开,切除 305906 车牵引后合主断,限速 300 km/h 运行。

(2)原因分析

动车组的每个 TCU 均对两个牵引单元的主断路器的状态进行检测,当检测值与实际情况不符时,TCU 就会跳主断,封锁牵引并发出 24E6 故障报告。如图 3—4 所示。

动车组在运行过程中,动车组升 TC07 车受电弓,合 TC07 主断。由于主断路器辅助触点 W106、W110 接线松,在动车组在高速运行过程中出现振动时 TCU 无法正常检测到主断路器工作状

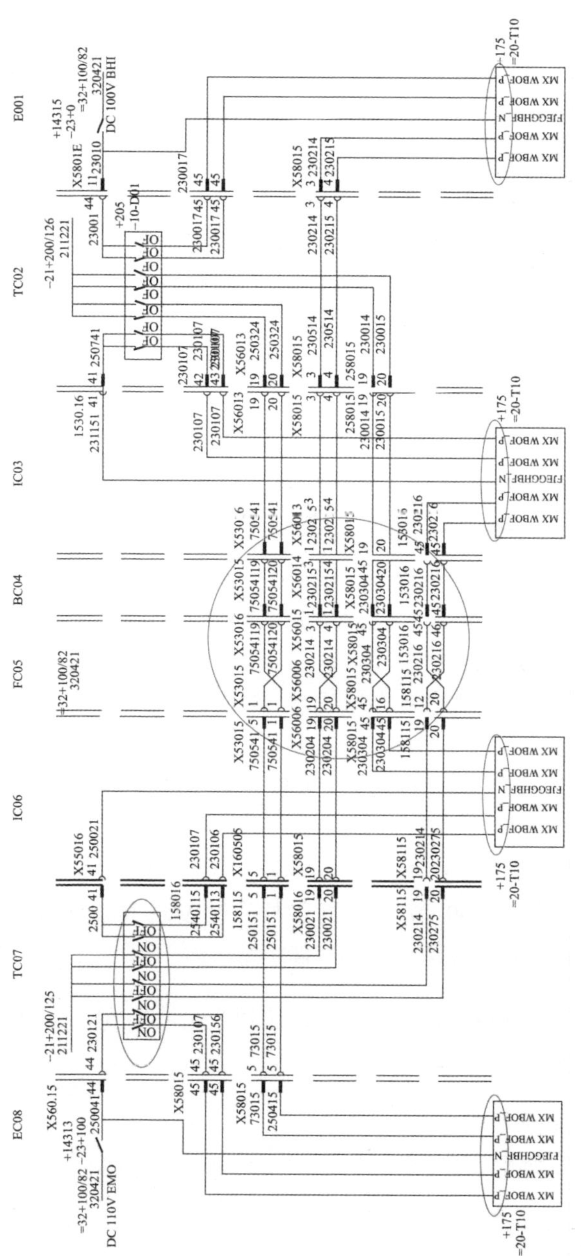

图 3—4　检测主断路器状态

态。动车组入分相区后主断路器自动断开,出分相区后 TCU 无法检测到主断路器的断开状态,造成无法合主断。在主断正常闭合时,TCU 无法检测到主断路器的闭合状态,造成 IC06 车牵引丢失。

故障可能原因:

①车端连接大线插头进水,插针腐蚀,通信中断。

②真空断路器本身故障,如触点接线松动。

③真空断路器反馈信号通信故障。

(3)注意事项

如果切除一个牵引变流器不能闭合,再切除同一单元的另一个牵引变流器。

(4)途中处理要点

①闭合主断路器。

②如果无法闭合,则换弓运行。

③如果故障频繁发生,切除故障车的牵引变流器运行。

(5)库内检查处理

CRH_3-059C 动车组入库后,检测主断路器各辅助触点状态工作正常,初步判断为 TCUC071 板卡故障,将 305906 车与 305900 车 TCU 的 C071 板卡对调后,动车组上线试运,再报 24E6 故障,对 305906 车与 305903 车的 TCU 的 C035 板卡进行对调、305906 车与 305900 车 C095 板卡进行对调后试运,再报 24E6 故障。再次入库后,打开 300107 车主断路外壳时发现其辅助触点 W106、W110 接线松动,将其紧固后故障消除。

4. IGBT 控制模块起监控起作用(代码 21AC、21AD、21AE、21AF、21B0、2210、2211、2212)

(1)案例概况

CRH_3-066C 动车组担当运营交路,15:40,HMI 报 03 车 IGBT 控制模块 A1 起监控作用(故障代码:21AC),导致 02 车主断路器跳开。

15:41,随车机械师切除 03 车牵引变流器后,02 车主断路器闭合。

15:42,车组按最大牵引维持运行。

(2)原因分析

IGBT-A1 模块内部故障造成 3 车 TCU 起保护,导致 02 车主断路器跳开。

故障代码见表 3—1。

表 3—1 故障代码及其内容

故障代码	故 障 内 容
21AC	IGBT 控制模块 A1:监控起作用
21AD	IGBT 控制模块 A2:监控起作用
21AE	IGBT 控制模块 A11:监控起作用
21AF	IGBT 控制模块 A12:监控起作用
2211	IGBT 控制模块 A4:监控起作用
2212	IGBT 控制模块 A5:监控起作用
2166	IGBT 控制模块 A6:监控起作用

(3)注意事项

报出故障以后直接切除牵引变流器,切勿对故障变流器进行强行复位。

(4)途中处理要点

①闭合主断路器。

②无法恢复时,切除牵引变流器。

(5)内检查处理

车组入库后,动车基地技术人员与检修人员对车组故障进行了查找和处理。

检查发现 HMI 中只有 03 车报故障代码 21AC(IGBT 控制模块 A1 起监控作用)。

下载 03 车的 TCU 数据如下:

Betriebsnummer:104366

21ACh:IGBT-control module A1: supervision activated

21ACh: IGBT 控制模块 A1:监控起作用

Kommt-Zeit: 15.01.2011　15:40:06 开始时间

根据故障代码及故障现象,技术人员判断 IGBT-A1 模块内部故障,对 IGBT-A1 模块后进行了更换(图 3—5),故障代码消除,升弓闭合主断试验正常。

图 3—5　更换的 IGBT-A1 模块

5. 牵引电机定子温度传感器故障(代码 2937,2938,2939,293A,293B,293C)

(1)案例概况

CRH_3-028C + CRH_3-031C 动车组担当运营交路,12:20 303101 车报牵引电机 2 定子温度传感器故障(代码 293A),该车牵引丢失。软件检测定子温度为 -40 ℃,司机切除该车牵引变流器,限速 310 km/h 运行。

(2)原因分析

故障可能原因:

①温度传感器本身内部故障或受外界异物损伤而报故障。

②传感器插头松动。

③PT100 插头松动。

④PT100 损坏。

(3)注意事项

发生上述故障时不应切除牵引变流器,该类故障发生时只是牵引丢失但不限速,可以用剩余牵引以最高速度运行,而不必限速 310 km/h。在检测或下载数据时重点检查有没有不正常的温度值。

(4)途中处理要点

不需要处理,列车以最大牵引力维持运行。

(5)库内检查处理

①回库后使用软件下载 303101 车 TCU 数据,检测到定子温度显示 -40 ℃,判断为传感器故障。

②测量该温度定子温度传感器阻值为 12 Ω,而正常阻值约为 108 Ω,而没有外部损伤,最终确认该传感器内部损坏。

③更换温度传感器后故障消除。

6. 齿轮箱传感器故障或超温故障(代码 2945,2946,2947,2948,2949,294A,294B,294C,2684,2685)

(1)案例概况

CRH3-065C 动车组担当运营交路,17:22,306500 车报齿轮 3 轴承温度感应故障(代码 294A),检测温度值为 -40 ℃,306501 车牵引丢失。

(2)原因分析

故障可能原因:

①温度传感器本身内部故障或受外界异物损伤而报故障。

②传感器插头松动。

③PT100 插头松动。

④PT100 损坏。

(3)注意事项

在检测或下载数据时重点检查有没有不正常的温度值。

(4)途中处理要点

①2945,2946,2947,2948,2949,294A,294B,294C 均为齿轮箱轴承温度传感器故障,不需要处理,列车以最大牵引力维持运行。

②2685 为轴承达到过热限制 1,须限速 200 km/h 运行。

③2684 为轴承达到过热限制 2,须限速 140 km/h 运行。

(5)库内检查处理

①回库后使用软件下载 306501 车 TCU 数据,检测到定子温度显示 -40 ℃,判断为传感器故障。

②测量该齿轮箱温度传感器阻值为 35 Ω,而正常阻值约为 108 Ω,进一步检查发现该传感器已经被异物打断。

③更换温度传感器。

7. 受电弓碳滑板断裂(代码 63C2)

(1)案例概况

12:26,CRH_3-036C 动车组在广州南站换端巡车时发现 TC02 车受电弓有漏风声音,查看 HMI 报受电弓接触片断裂(故障代码 63C2)。使用热备 CRH_3-078C 车组担当 G1066 次交路。

(2)原因分析

导致 300107 车受电弓 63C2 故障的原因是受电弓上臂风管断裂漏风,CCU 检测到 ADD 风管内压力降低,触发快速降弓动作,并且报故障代码 63C2。

故障可能原因:

①受电弓风管破裂。

②受电弓碳滑条 ADD 保护气路破裂。

③受电弓供风气囊泄漏故障。

(3)注意事项

如检查故障受电弓有部件松动,则需断电登顶,进行捆扎固定。

(4)途中处理要点

①切除故障受电弓。

②升另一端受电弓维持运行。

③运行至下一站时检查故障受电弓是否有机械损坏现象。

④随车机械师在站台巡检作业过程中检查发现异常，需对故障受电弓进行仔细检查，确认受电弓不能正常使用时，需通知司机隔离故障受电弓，换弓运行。

⑤当站台无法确认受电弓故障状态时，需申请接触网停电，进行登顶检查，必要时需对故障受电弓进行绑扎。

(5)库内检查处理

检查发现受电弓风管破裂，更换风管后故障消除。

故障图片见图 3—6。

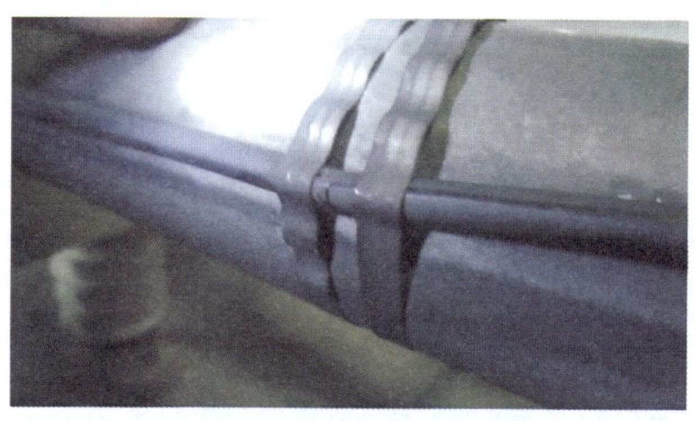

图 3—6 故障图片

8. 变压器冷却液流量故障(代码 634B)

(1)案例概况

CRH3-066C 动车组担当运营交路，20:04，3066 车组 02 车和 07 车报变压器油流故障(代码:634B)。随车机械师确认故障并开始三键复位，HMI 牵引界面恢复正常，诊断代码消除，司机升弓闭合主断成功，全列辅助变流器不工作(辅助变流器图标不变蓝)，主断再次断开。20:09，切除 02 车受电弓升 07 车受电弓，闭合主断，主断跳开，02 车和 07 车报变压器油流故障（代码：634B），01、03、06、08 车报冷却单元小于最小压力（代码：26C0）。随车机械师对全列牵引变流器进行复位，手动逐个切除 01、03、06、08 车牵引变流器，再逐个恢复 01、03、06、08 车牵引变流器。司机升弓合主断正常，辅变工作，车组动车。

（2）原因分析

通过对动车组运行数据分析，动车组在报 634B 故障之前报 64A4 故障，此故障描述为："3AC 440 V 供电电缆测试运行'启动'短路"，该故障是因为中间直流环节电压低于限值引发，该故障将导致系统自动启动 440 V 供电电缆测试，440 V供电终止，最终导致变压器冷却系统停止工作，真空断路器自动断开，牵引变压器锁闭，正常情况下此检测将持续 20 min。

故障可能原因：

①油流传感器故障。

②冷却器系统管路故障。

③本单元辅助供电停止，牵引变压器冷却系统电机和油泵停止工作。

（3）注意事项

伴随 64A4 故障出现时切勿直接合主断，可用 monitor 软件进行复位。

（4）途中处理要点

①单独出现故障代码 634B：

使用 MONI32 软件对 CCU 进行复位。如果故障仍然存在，切除故障车车顶隔离开关运行。

②HMI 上出现故障代码 634B 和 64A4：

复位故障车 ACU 电源空开并使用 MONI32 软件进行高压设备和 ACU 复位。如故障仍然存在切除故障车单元车顶隔离开关，维持 50% 牵引力运行。

9. 牵引电机定子温度超温故障(代码 2672 2675)

(1)案例概况

CRH3-038C 动车组担当运营交路,17:40,3038 车组运行至乐昌东—郴州西间 K2155 +000 m 处,MMI 报 03 车牵引电机超出允许最高温度,故障代码为 2672。随车机械师用 Monitor 软件监控 03 车牵引电机各温度传感器数值,发现 3 轴牵引电机温度异常。17:46,随车机械师通知司机在 HMI 上切除 03 车的牵引变流器,按动车组最大牵引能力维持运行。

(2)原因分析

①牵引电机温度高,达到报警条件。

②传感器插头松动,接触电阻大。

③PT100 模块插头松动,接触电阻大。

④PT100 模块损坏。

⑤传感器防护管损坏,进水造成传感器电阻大而误报温度高。

(3)注意事项

HMI 报 2672、2675 故障时,不显示具体哪个电机温度高,只能通过读取 TCU 内部数据才能判断具体电机或传感器故障。

(4)途中处理要点

该故障出现时,本车牵引会自动丢失,不需切除牵引变流器,以免人为造成限速。

(5)库内检查处理

3038 车组入广州南动车所检修库后,下载 03 车 TCU 数据,发现如下故障代码:

Betriebsnummer:104338

2672h 8 Traction motor: max. permitted operating temperature exceeded/牵引电机:最大允许运行温度超限/

Betriebsnummer:104338

2675h 7 Traction motor: excess temperature limit value reached/牵引电机：达到过热限制/

Betriebsnummer:104338

2676h 8 Traction motor 3: max. permitted operating temperature exceeded/303803 车 3 轴牵引电机：最大允许运行温度超限/

Betriebsnummer:104338

267Eh 7 Traction motor 3: excess temperature limit value reached/303803 车 3 轴牵引电机：达到过热限制/

Betriebsnummer:104338

26DCh 1692 storage data of the gear bearing temperature

Betriebsnummer:104338

26DDh 1692 storage data of the traction motor bearing temperature

从故障代码 2672、2675、2676 和 267E 中可以判断 303803 车 3 轴牵引电机超出最大允许运行温度值。

技术人员在车组断电后下地沟对 03 车 3 轴的牵引电机进行了检查，发现温度贴片温度值未超过 104 ℃，在正常范围之内（图 3—7）。

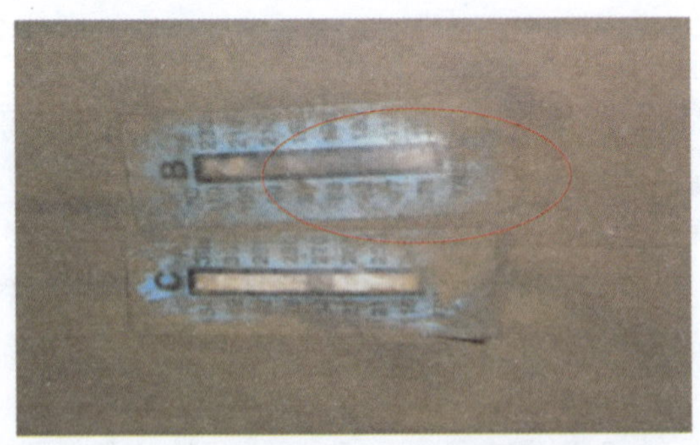

图 3—7 303803 车 3 轴牵引电机温度贴片数值

因此技术人员拆下 03 车 3 轴温度传感器，对温度传感器外观进行检查,未发现异常。判断可能是温度传感器内部线路接触不良导致牵引电机温度传感器故障,更换了 03 车牵引电机温度传感器(更换后的温度传感器如图 3—8 所示)。

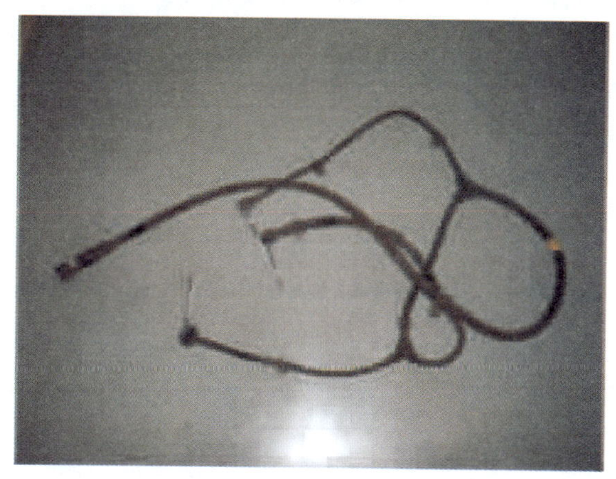

图 3—8 303803 车 3 轴更换下来的牵引电机温度传感器

10. 牵引电机轴承温度传感器温度故障(代码 293D,293E,293F,2940,2941,2942,2943,2944)

(1)10.1 案例概况

CRH3-001C 动车组担当运营交路,6:46,车组运行至存车一场时 MMI 报“300101 车牵引电机 3 轴承 DS 温度感应故障”(代码 2941),01 车牵引丢失。启用热备。

(2)原因分析

①电机温度传感器损坏。

②传感器插头松动。

③PT100 模块插头松动。

④PT100 模块损坏。

(3)注意事项

该故障出现时,本车牵引会自动丢失,不需切除牵引变流器,以免人为造成限速。

(4)库内检查处理

根据故障代码 2941 含义,工作人员初步判断为牵引电机 3 温度传感器坏,决定更换牵引电机温度传感器,更换后对牵引变流器进行了解锁复位,车组试验正常。

工作人员对故障温度传感器进行测量,发现其阻值正常,其外观也没有破损的现象,但更换后故障消失,证明故障的确是该温度传感器故障所致。

电机温度传感器坏会导致牵引系统起保护,从而封锁该牵引变流器。

11. 牵引电机轴承温度超温故障(代码 2679 ,267B)

(1)案例概况

【案例 1】 CRH3-001C 动车组担当运营交路,15:42,列车在郴州西—乐昌东区间,CRH3-036C 列 IC03 车报牵引电机轴承:达到过热限制 1,故障代码:267B。出现故障后,车组限速 200 km/h,随后故障消除,车组正常运行到达广州南站后启动热备。

列车入库后,技术人员检查 CRH3-036C 列 IC03 车 TCU 数据如下:

Betriebsnummer:104336

267Bh 2 Traction motor bearing: excess temperature limit value 1 reached

267B 牵引电机轴承:达到过热限制 1

Betriebsnummer:104336

26A7h 1 Traction motor 2 bearing DS: excess temperature limit value 1 reached

26A7 牵引电机 2 轴承:达到过热限制 1

Temperatur Fahrmotor 1 (Lager AS)...... = 98.7 ℃

Temperatur Fahrmotor 1 (Lager BS)...... = 60.1 ℃
Temperatur Fahrmotor 2 (Lager AS)...... = 120.3 ℃
Temperatur Fahrmotor 2 (Lager BS)...... = 60.1 ℃
Temperatur Fahrmotor 3 (Lager AS)...... = 103.3 ℃
Temperatur Fahrmotor 3 (Lager BS)...... = 63.5 ℃
Temperatur Fahrmotor 4 (Lager AS)...... = 101.0 ℃
Temperatur Fahrmotor 4 (Lager BS)...... = 60.1 ℃

由数据发现牵引电机 2 驱动端轴承温度高于其他轴，所以到车下检查牵引电机 2 的电机温度传感器，发现温度传感器外部有损伤(图 3—9)，初步判断为电机温度传感器由于外部损伤导致温度测量故障，更换后检测温度正常。

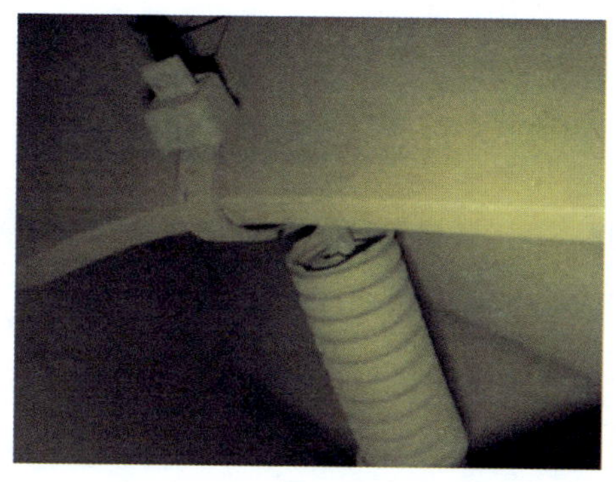

图 3—9　温度传感器有损伤

【案例 2】　CRH3-036C 动车组担当运营交路，车组报 3603 牵引电机轴承温度过高，故障代码:267B，限速 200 km/h。12:13 故障消除，恢复正常速度。

13:39 报:牵引电机轴承达到过热限制 2，故障代码:2679，限速 140 km/h，13:59 故障消除，恢复正常速度。

14:20 报电机轴承温度过高(267B)，限速 200 km/h 运行。

14:45 到武汉(图点 14:20)晚点 25 min。后续交路由 3022

车组担当。

处理情况：长沙南空送广州南所库内查找故障点。3036 车组入检修库后，立即对该车组 CCU 数据进行了下载，从数据得知为 3 车 2 轴电机超温。

由于 303603 车 2 轴牵引电机已经于前一日更换了 3 车 2 轴电机温度传感器。于是对 303603 车 2 轴牵引电机进行了更换。

(2)原因分析

267B 故障：牵引电机轴承温度达到过热限制 1(120 ℃)，自动限速 200 km/h；2 679：牵引电机轴承温度达到过热限制 2(140 ℃)，自动限速 140 km/h。上述故障原因为：

①电机温度传感器损坏。

②传感器插头松动。

③PT100 模块插头松动。

④PT100 模块损坏。

⑤牵引电机轴承故障，造成温度高，更换牵引电机。

(3)注意事项

本车牵引会自动丢失，并自动限速，不需切除牵引变流器，等温度降低或故障恢复时可正常运行。

(4)途中处理要点

通过读取故障车 TCU 数据确定具体故障点，以确定正确处置方式。

(5)库内检查处理

① 下载 CRH_3-001C 数据分析确定是 300103 车 2 轴电机报轴承温度高。

②经进一步分析，确定温度传感器没有损坏和阻值异常，对 300103 车故障牵引电机进行了更换。

③对此类超温故障可以通过粘贴温度贴片进行跟踪对比试验，以判断是温度传感器故障还是轴承温度高故障。

12. 车顶电缆:差动保护响应(6CA8)

(1)案例概况

CRH3-032C 动车组担当运营交路,23:23,运行时 HMI 报:"TC07 车车顶电缆分离器无法关闭"故障(代码 63CE);"车顶电缆:差动保护响应"故障(代码 6CA8)。随车机械师软件复位后开车。

23:37,车组再次报 63CE 故障,停车后切除 EC01、IC03 车变流器后开车。

23:48,车组再次报 63CE 故障,停车后恢复 EC01、IC03 车变流器切除 IC06、EC08 车变流器后开车。00:04,该故障第四次出现,停车后切除第二单元受电弓、隔离开关、主断、变流器后开车。

(2)原因分析

①车顶高压线漏电;

②电流检测故障。

(3)途中处理要点

①当系统报出这类高压系统故障时,必须非常小心,如果需要进行复位,需要检查确认车组高压系统正常。

②线上应急时避开使用车顶高压电缆,必须通过车顶隔离开关切除故障牵引单元,避开车顶高压线缆的导电。如故障再报,换升另一架受电弓即可。

(4)库内检查处理

测量检测线路对地电阻,发现本牵引单元电流输入检测线路对地导通,进一步对线路进行逐段测量,发现 EC08 车终端箱左侧 =97-X580.14(图 3—10)的 1 针(A 模块)对地,拆开模块插座发现接线破损与插座金属外壳相连。

由于 EC08 车变压器 22-T02 连接线故障和 EC08 车终端箱插座接线破损与插座金属外壳相连,导致左侧 =97-X580.14 的 1 针(A 模块)对地故障,致使 CCU 采集的本牵引单元的输入电流信号错误，CCU诊断系统认为车顶输入电流与本牵引单元的输入电流差异较大(大于20A)，引起“车顶电缆:差动保护响应”故障(代码6CA8)，由此引发“10-Q20:车顶隔离开关锁闭，无法重启”故障(代码63CE)故障。

对破损的接线进行了包扎处理，恢复后车组升弓送电，HMI没有再报故障，对车顶隔离开关进行反复试验，车组状态正常。

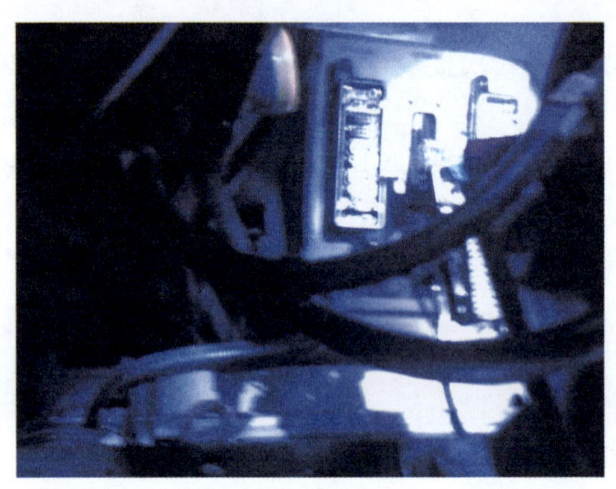

图3—10　EC08车=97-X580.14插座

13. 接触网欠压或过压(63E2/63E4)

(1)案例概况

CRH3-068C动车组担当运营交路，14:09，CRH3-068C动车组司机通知随车机械师，HMI上显示接触网无网压，司机使用紧急制动停车。14:11，随车机械师到达306808车司机室查看相关情况。检查HMI无相关高压、受电弓故障显示。14:17，司机在随车机械师要求换升TC07车受电弓，网压正常，具备动车条件。14:21，动车组动车，临停11 min，动车组正常运行。14:35，动车组到达衡阳东站，随车机械师在站台目测306802车受电弓，受电弓外观无异常。

(2)原因分析

①接触网瞬时网压异常，电压互感器检测不到网压所致。

②电压互感器故障。

电压互感器用于测量和监视接触网的电压，电压互感器的信号由 CCU 和 TCU 共同测定，电压互感器检测到接触网电压为零，因此，CCU 认为网压异常报故障代码 63E2。

(3)注意事项

出现此类故障时需要特别注意接触网过压，可能导致高压设备的损坏。

(4)途中处理要点

及时通知司机通过 HMI 监控接触网网压情况。待网压恢复正常，主断闭合信号变蓝，手动操作闭合主断，不成功再尝试换弓处理，维持正常运行。

同时注意避免频繁操作主断，否则可能进一步导致车组报 6307 真空断路器无法闭合。

(5)库内检查处理

CRH3068C 动车组进入广州南动车所后，广州动车段技术人员对车组故障进行了查找。

①下载 EC01 车 CCU 数据，发现如下故障代码：

Car number:104168

Diagnostic code:63E3h:Line undervoltages CCU

Set time:23. 03. 2011　14:10:27

Car number:104168

Diagnostic code:63E3h:Line undervoltages CCU

Set time:23. 03. 2011　14:10:27

63E2:接触网欠压

下载环境数据，查看车组报 63E2 故障时的网压值为 0。

UIC Car number .... = 104168

CCU number .... = 1

Software version number .... = 9. 05

Diagnostic code .... = 63E2h

Frequency .... = 1

in maintenance mode . . . . = 0

Line undervoltages CCU (TD)

Set time(date, time of day). . . . . =23. 03. 2011 14:10:27

Train status

CCU is master. . . . . =1

Position F MVB-wide . . . . =0

Position R MVB-wide . . . . =1

Driver's cab occupied, DS in ‘F’. . . . . . =0

Own driver's cab occupied. . . . . =0

Own TU leading. . . . . =0

Own TU guided. . . . . =1

Tractive effort controller ‘0’ pos. . =1

Own TU PANTO up. . . . . =1

TCU 1 or TCU 2 have start-up command =1

Main key switch in position on. . . . . =0

External power supply active. . . . . =0

Maintenance mode is activated. . . . . =0

Stabling operation active. . . . . =0

Actual traction/braking effort own TU = 1 kN

V_actual (CDS). = 330 km/h

Line current for own TU. . . . . = 0 A

Residual current for own TU. . . . . = -0 A

Line voltage for own TU. . . . . = 0 kV

(故障时的网压监测值)

Average outside temperature. . . . . = 12 ℃

Average U_Batt on own TU. . . . . = 108 V

Average U_Batt on other TU. . . . . = 110 V

Earth fault value ACU1. . . . . = 0%

Earth fault value ACU2. . . . . =　0%

Earth fault value ACU3. . . . . =　0%

Mileage (km) . . . . =　445 099 km

②下载 EC01、IC03、IC06 和 EC08 车 TCU 数据,均发现如下故障代码:

25A0:Catenary undervoltage 接触网欠压

持续时间均为 14:10:25 到 14:11:16

检查车顶高压设备,各器件外观正常,没有发现异常。测量受电弓接触力和升降弓时间,上升压力为 76 N(1 m)和 78 N(1.5 m),下降压力为 94 N(1 m)和 98 N(1.5 m),升弓时间为 9.4 s,降弓时间为 5.8 s,均在合格范围之内。

检查 02 车厢内电压互感器熔断器,熔断器接触良好无松动,用万用表测量,测量结果正常。检查线路连接,没有发现异常。

14. 高压系统:TCU 模块脉冲锁闭(20B6)

(1)案例概况

CRH3-035C 动车组担当运营交路,7:20,3035 车组运行至广州南-广州北区间,机械师报:06 车 TCU 模块 SIP1:脉冲锁定(代码 20B6),06 车牵引自动丢失,车组按最大牵引力运行。17:33,图停清远站。17:34,02 车主断自动跳开,司机合主断不上,机械师要求司机手动切除 06 车牵引。主断可以合上。21:23,3035 车组到达武汉站,终到晚点 18 min。

(2)原因分析

①受电弓受流不良

②TCU 电压检测有问题,CRH3 动车组升弓后,通过线电压互感器 =10-T02 检测接触网电压,其副边输出分别给本牵引单元 CCU、TCU 和另一牵引单元 TCU,每辆动车变流器内有两个线电压中间传感器 PT-T3 和 T4,其作用是将 =10-T02 副边输出的 150 V 电压降低至 TCU 允许的 5V,其中 T3 接收另一牵引单元线电压互感器输出,T4 接收本牵引单元互感器输出。见图 3—11。

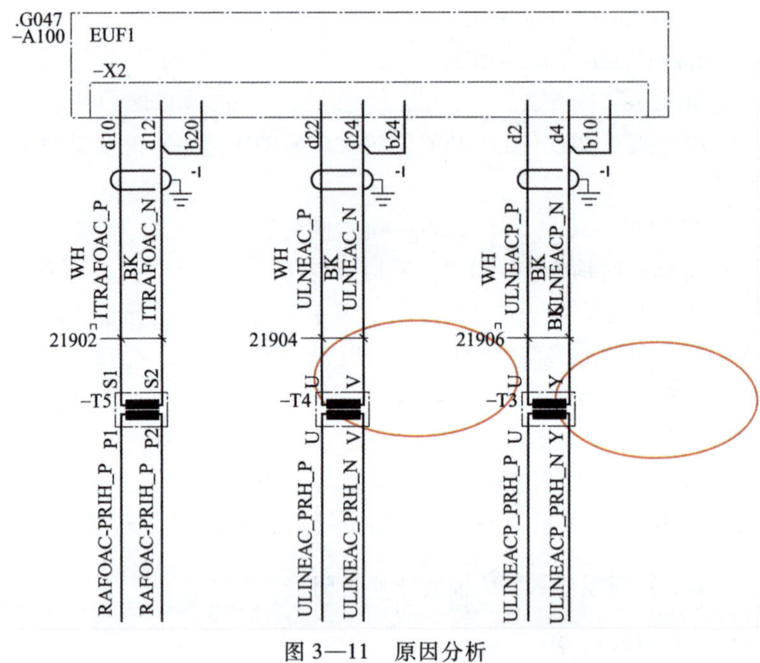

图3—11　原因分析

本次故障是由于303506的线电压中间传感器PT-T3故障，导致TCU接收的信号电压值不正确，检测到的网压异常，报出20B6故障。

(3)注意事项

实际运用过程中，对于真正受流不良的情况需要区分是因接触网原因如接触网结冰，还是因为受电弓接触力不良产生，要明确故障根源。如果是重联车组，接触网状况基本一致，如果一组车报故障，一组没报，有可能是受电弓本身有问题，可尝试换弓处理。

此故障一般会导致一个牵引单元高压系统锁闭。该类故障发生后，随车机械师应该沉着冷静，对故障确认后，要求司机换弓运行，再对锁闭单元进行复位。尽量维持动车组运行，再处理故障。

（4）途中处理要点

CRH3 系列动车组一个弓下面带着四个牵引变流器，如果是受流不良，至少应该有两个变流器同时报。实际系统中两个变流器的检测都出故障，且两个故障同时出现的可能性不大。如果只是车组中的某个变流器报故障，则往往是单个变流器的原因，在目前降速到 300 km/h 运行时可尝试将其切除，根据本例的原理分析，也可尝试换弓，以增加牵引能力。

（5）库内检查处理

恢复 6 车牵引后 HMI 上不断闪报 6 车 20B6 故障，主断无法闭合，用 Monitor32 软件连接 TCU 进行软件复位，HMI 不再闪报 20B6 故障，主断闭合，进行牵引试验全列牵引正常。下载 6 车 TCU 数据：

Betriebsnummer：104635

20B6h　4198 4QC：IMPULSE INHIBITION BY SIP 4QC

可以发现 20B6 故障共发生 4198 次。该故障车次运行中占用 8 车司机室，升 2 车受电弓；库内也占用 8 车司机室，升 2 车受电弓，用 Monitor32 软件连接 8 车 CCU 读取网压：

本牵引单元有效网压	本牵引单元 CCU 检测网压	本牵引单元 TCU1（8 车）检测网压	本牵引单元 TCU2（6 车）检测网压
U_line_TU	U_line_CCU	U_line_TCU1	U_line_TCU2
$10M5W11	$10E5W01	I24E5W00	I25E5W00
[kV　]	[kV　]	[kV　]	[kV　]
28.33	3.33	28.33	24.95
28.33	3.33	28.33	24.95
28.33	3.33	28.33	24.95
28.33	3.33	28.34	24.95
28.34	3.33	28.34	24.95
28.33	3.33	28.33	24.95
28.33	3.33	28.32	24.94
28.32	3.33	28.32	24.94
28.32	3.33	28.32	24.94

28. 32	3. 33	28. 32	24. 94
28. 32	3. 33	28. 33	24. 95

从中可以看出 6 车 TCU 检测到的网压值比 CCU 和 8 车 TCU 偏低，此时（升 2 车弓）6 车通过其牵引变流器内的线电压中间传感器 PT-T3 检测网压。换升 7 车受电弓，读取电压值：

U_line_TU	U_line_CCU	U_line_TCU1	U_line_TCU2
$ 10M5W11	$ 10E5W01	I24E5W00	I25E5W00
[kV]	[kV]	[kV]	[kV]
------------	------------	------------	------------
28. 30	28. 51	28. 30	28. 40
28. 30	28. 51	28. 29	28. 40
28. 29	28. 49	28. 29	28. 40
28. 29	28. 49	28. 29	28. 39
28. 29	28. 49	28. 29	28. 39
28. 29	28. 49	28. 29	28. 39
28. 29	28. 49	28. 29	28. 39
28. 29	28. 49	28. 29	28. 39
28. 29	28. 49	28. 29	28. 39
28. 29	28. 48	28. 29	28. 39
28. 28	28. 47	28. 28	28. 38
28. 28	28. 47	28. 27	28. 37

6 车检测网压值正常，此时（升 7 车弓）6 车通过其牵引变流器内的线电压中间 PT-T4 检测网压。

通过以上数据对比分析可知，6 车牵引变流器的线电压中间传感器 PT-T3 可能存在故障，导致检测的网压不正确，进行更换。更换后升 2 车受电弓检查网压值恢复正常：

U_line_TU	U_line_CCU	U_line_TCU1	U_line_TCU2
$ 10M5W11	$ 10E5W01	I24E5W00	I25E5W00
[kV]	[kV]	[kV]	[kV]
------------	------------	------------	------------
28. 24	3. 32	28. 24	28. 26
28. 24	3. 32	28. 24	28. 26

28.24	3.31	28.23	28.25
28.23	3.31	28.23	28.25
28.23	3.31	28.23	28.25
28.23	3.32	28.23	28.26
28.23	3.31	28.24	28.26
28.24	3.31	28.24	28.27
28.24	3.30	28.24	28.27

15. 冷却循环:最大允许的运行温度超限(2688)

(1)案例概况

CRH3-017C 动车组担当运营交路,19:05,CRH3-017C 动车组报“冷却循环:达到过热温度限 2”故障(代码 269B)(“冷却循环:达到过热限制”故障(代码 2689)和“冷却循环:最大允许的运行温度超限”故障(代码 2688),302708 车牵引丢失。启用热备 3032 动车组,3017 动车组入库检修处理故障。

(2)原因分析

301708 车牵引变流器冷却系统温度故障是由于冷却水进口温度传感器功能不正常造成。

(3)注意事项

无。

(4)途中处理要点

最大时速 300 km 运行时,如在正线上遇到此类故障,无需切除故障车牵引变流器,维持运行。

(5)库内检查处理

3017 动车组入库后技术人员立即对故障进行了检查,发现 08 车冷却系统风扇起高速,HMI 上给低速指令时 08 车风扇不受控。查看 08 车 TCU 发现如下故障信息:

Betriebsnummer: 104817

2379h : Cooling circuit: temperature registration flow defective

冷却循环:温度感应供给路线路故障

Kommt-Zeit(故障发生时间)：15. 04. 2010　19:11:04

269Bh ：Cooling circuit：excess temperature limit value 2 reached

冷却循环:达到过热温度限 2

Kommt-Zeit(故障发生时间)：15. 04. 2010　19:04:03

2689h ：Cooling circuit：excess temperature limit value 1 reached

冷却循环：达到过热限制

Kommt-Zeit(故障发生时间)：15. 04. 2010　18:55:18

2688h ：Cooling circuit：max. permitted operating temperature exceeded

冷却循环：最大允许的运行温度超限

Kommt-Zeit(故障发生时间)：15. 04. 2010　18:55:08

269B 故障发生时 TCU 监测 8 车牵引变流器冷却系统冷却液出、入口温度如下：

Temperatur Kuehlwasser-Zulauf 冷却水进口温度　=　85. 2 ℃

Temperatur Kuehlwasser-Ablauf 冷却水出口温度　=　16. 6 ℃

软件监测当前数据如下：

Temp. Kuehlwasser Zulauf　冷却水进口温度　=　41. 8 ℃

Temp. Kuehlwasser Ablauf　冷却水出口温度　=　18. 4 ℃

Temp. Containerinnenraumk lung Wasser 箱体内部冷却水温 = 18. 9℃

Temp. Containerinnenraumk lung Luft 箱体内部空气温度 = 19. 8 ℃

Temperatur Umgebung 环境温度 ....　=　16. 2 ℃

冷却水进口温度异常。

更换了冷却水进口温度传感器,供电检查 8 车风扇不再起高速,软件检测冷却水进出口温度正常,数据如下：

Temp. Kuehlwasser Zulauf　冷却水进口温度　=　19. 6 ℃

Temp. Kuehlwasser Ablauf 冷却水出口温度 = 19.6℃

Temp. Containerinnenraumk lung Wasser 箱体内部冷却水温 =20.3℃

Temp. Containerinnenraumk lung Luft 箱体内部空气温度 = 21.1℃

Temperatur Umgebung 环境温度......... = 17℃

二、制动及供风系统

1. 停放制动无法缓解

(1)案例概况

CRH3-028C + CRH3-031C 动车组担当运营交路,HMI 显示 302804 车停放制动故障(代码:172F),缓解停放制动按钮,停放制动界面显示 302804 车停放制动不可作用,故障诊断代码 172F 未消除,经随车机械师应急处理后,停放制动故障无法恢复。

(2)原因分析

当司机通过停放制动按钮施加停放制动时,占用端头车的 28-K91 得电吸合,其常开触点 13、14 闭合。当司机通过停放制动按钮缓解停放制动时,占用端头车 28-K92 得电吸合,其常开触点 13、14 闭合。其施加或缓解的信号分别给头车负责整列车制动管理的 BCU 内。见图 3—12。

当司机在头车操作停放制动后,只通过停放制动按钮将 28-K91(施加)或 28-K92(缓解)继电器脉冲式得电激活,继电器得电后,相关的常开触点闭合,通过 BCU 外部接触器,直接激活相对应的脉冲电磁阀,使其保持得电后的初始状态。同时,BCU 内 MB03B-A4 板卡监测停放制动风缸压力传感器 H01.05 的反馈压力值。

当车组 BCU 暂时无法检测压力传感器、风管截断阀 H29 的状态或板卡通信偶然故障时,会报出诊断代码 172F,其为一个总体描述性代码,不能判断停放制动故障部位。若 BCU 硬件或板

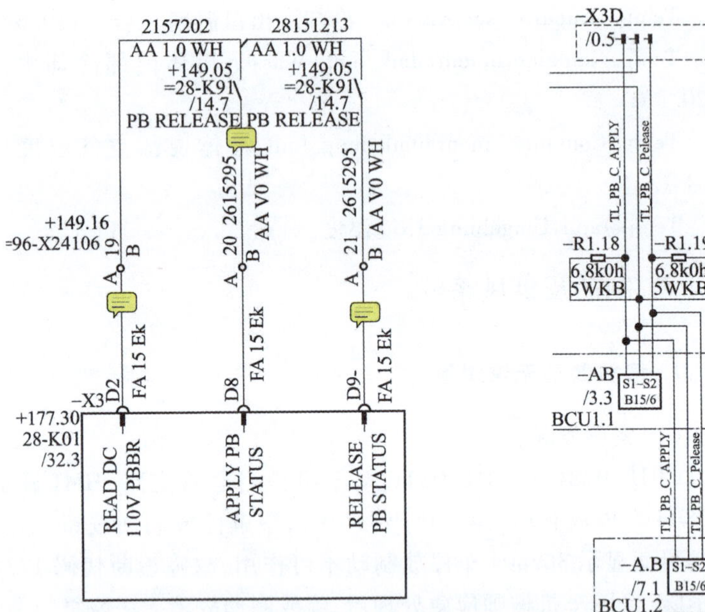

图 3—12　原因分析 1

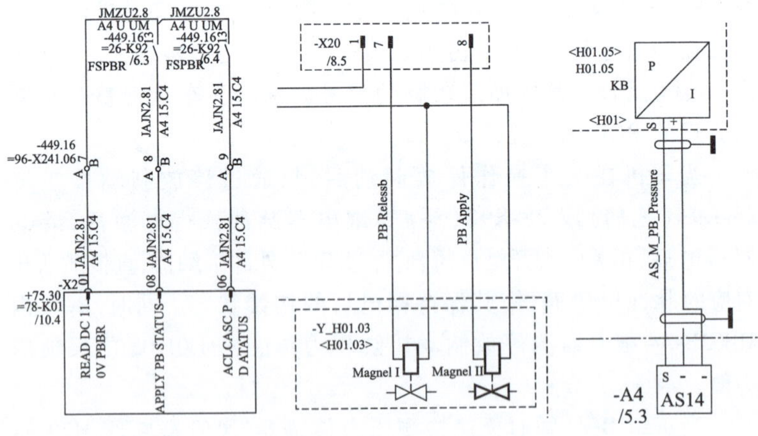

图 3—13　原因分析 2

卡故障，则同时会报出相关的诊断代码，如 178B 等；若 BCU 硬件正常，则只报出 172F 诊断代码，此代码是由硬件检测延迟引起。

(3)注意事项

必须正确地对故障车的 BCU 进行复位工作。

(4)途中处理要点

① 在故障车电气柜对 BCU 进行复位。若停放制动不缓解故障消除，则按制动有效率限速运行。

② 若故障不消除，根据相关规定下车，对故障车进行停放制动切除操作。完成后通知司机。

③ 车组按制动有效率限速运行。

(5)库内检查处理

①检查 H29 阀电气连接，如果故障，更换 H29 阀电气插头。

②检查压力传感器 B02H01.05，如果故障，更换压力传感器 B02H01.05。

③检测 BCU 的 EB02B-A8 及 MB03B-A4 板卡，如果故障，更换故障板卡。

2. 紧急制动不缓解

(1)案例概况

CRH3-064C 车组担当运营交路。随车机械师接司机反映 HMI 报诊断代码 66DC：请求紧急制动，43-K33，43-K34 接触器未闭合，旅客换乘。

(2)原因分析

紧急制动请求回路，是将所有会引起紧急制动的条件，串联在一起，通过继电器 43-K33 或 43-K34 反映出来。见图 3—14。

正常情况下（没有紧急制动请求时），43-K33 及 K34 会得电。紧急制动回路（区分上述紧急制动请求回路）继电器 43-K24 处于闭合状态，不会导致紧急制动阀排风。见图 3—15。

当没有识别上述六个条件产生紧急制动的情况下，意外的产生了紧急，则会报出代码 66DC。

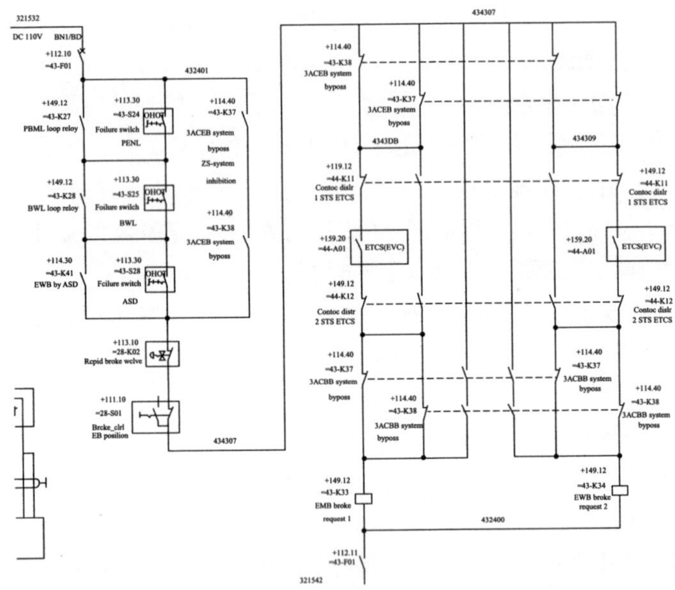

图 3—14 原因分析 1

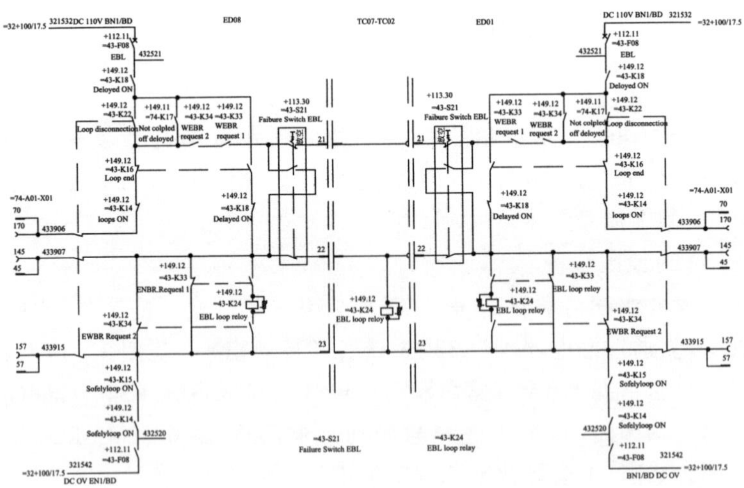

图 3—15 原因分析 2

(3)注意事项

按照要求依次切除故障面板开关。

(4)途中处理要点

①制动手柄置“OC”位,如果紧急制动缓解,维持运行。

②如果紧急制动不缓解,则将制动手柄置紧急制动位,过 5 s 后,将制动手柄置“OC”位,紧急制动缓解,则再次将制动手柄置紧急制动位,过 5 s 后,将制动手柄置“OC”位,紧急制动缓解,维持运行。

③如果紧急制动不缓解,将司机室右侧故障面板的“紧急制动阀”及“紧急制动回路”开关设为“关”位,紧急制动缓解,将司机室右侧故障面板的“紧急制动阀”及“紧急制动回路”开关设为“开”位,没有再次施加紧急制动,列车状态正常,则将制动手柄置紧急制动位,过 5 s 后,将制动手柄置“OC”位,紧急制动缓解,维持运行。

④如果紧急制动再次施加,将司机室右侧故障面板的“紧急制动阀”及“紧急制动回路”开关设为“关”位,紧急制动缓解,将故障面板的“紧急制动阀”设为“开”位,再将故障面板的“ATP 隔离开关”设为“隔离”位,10 s 后将“ATP 隔离开关”设为“运行”位,ATP 重新启动,如果 ATP 工作正常,没有紧急制动异常发生,则将制动手柄置紧急制动位,过 5 s 后,将制动手柄置“OC”位,紧急制动缓解,维持运行。

⑤如果紧急制动再次施加无法缓解,将故障面板的“ATP 隔离开关”设为“隔离”位,“紧急制动阀”开关设为“关”位,通知控制中心,限速运行。

(5)库内检查处理

依次测量所涉及的接触器、继电器电压值,如果电压值异常,更换故障接触器、继电器。

3. HMI 制动界面制动功能为“?”状态

(1)案例概况

CRH3-024C 动车组车站折返，司机换端至 00 车时发现 HMI 屏上 01 车制动显示“?”，并报 BCU11 的 MVB-PD 通信故障（代码 6156）。复位 01 车 BCU 后故障消除，01 车制动有效率丢失，制动有效率为 87.5%，启用热备 CRH3-079C 车组担当其后续交路。

（2）原因分析

动车组的网络结构图见图 3—16。

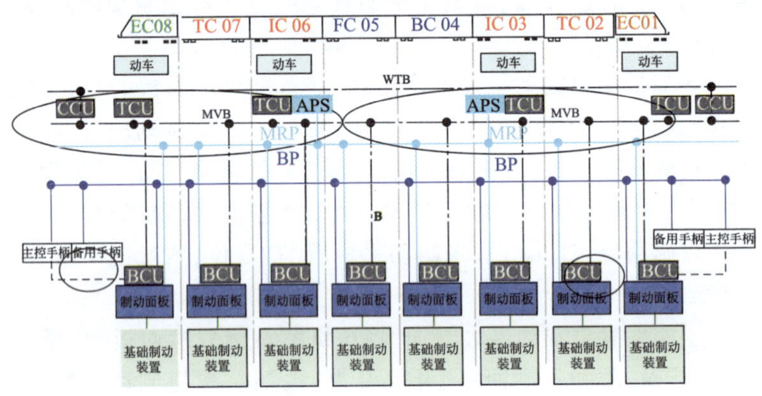

图 3—16 动车组网络结构

单列动车组有两个牵引单元，每个牵引单元均有一个主 BCU 负责本单元内制动系统的管理；车组占用激活时会重新进行网络配置，由于未知原因 BCU11 与 MVB 通信中断，从而报 6156：BCU 11 的 MVB-PD 通信故障，导致制动信息丢失而在 HMI 屏上显示“?”。

（3）注意事项

必须正确地对故障车的 BCU 进行复位工作。

（4）途中处理要点

①如观察制动有效率为 100%，继续行车，终到站后处理。

②对故障车 BCU 的 28-F11、28-F12 进行复位，BCU 信息显示为“?”消失后，司机做全套制动试验，检查制动有效率为 100%，正常运营。

③若经过上述处理后，BCU 信息显示为“?”仍无法消除，随

车机械师需对故障车制动通过操作 43-S12 进行切除后，按规定限速运行。

(5)库内检查处理

①检测 MVB 网络的功能是否正常。

②检测牵引单元主 BCU 的功能是否正常，若有异常，则在 BCU 内故障数据的指导下对 BCU 故障部件进行更换。

③检测牵引单元主 BCU 与 MVB 之间的连线状态，若有异常则进行处理。

4. 制动软管断裂

(1)案例概况

CRH3-026C + CRH3-3038C 重联动车组担当运营交路，在武汉站 CRH3-038C 随车机械师报：巡检时发现 02 车 B 架 4 轴中间制动软管丢失。切除 303802 车常用制动后限速 280 km/h 开车。

(2)原因分析

异物击打。

(3)注意事项

由于制动力不足，进站停车的制动距离会增加，司机应提前做好准备。

(4)途中处理要点

①如有风管断裂，需绑扎牢固。

②区分停放制动管还是常用制动管，如果为停放制动管，则还需切除该车停放制动。

(5)库内检查处理

对故障的软管进行更换处理。

5. 单车制动故障类制动有效率丢失

(1)案例概况

CRH3-039C + CRH3-037C 重联车组计划担当运营交路。车组报“换端后制动有效率为 0，司机重做制动试验”。司机重做制动试验完成后，制动有效率 100%，正点开车。运行至郴州西—清远区间时车组再次报："303903 车制动力被改变"故障（代码 1902），下载 303903 车 BCU 数据报摩擦制动不能缓解（代码 1775）司机做制动清扫试验后正常，但 03 车制动有效率丢失，维持运行。

（2）原因分析

制动有效率的试验主要通过直接制动、间接制动和紧急制动三项试验来进行。可能造成制动有效率丢失（1774、1775）的原因是下列任一部件功能不正常（图 3—17）：

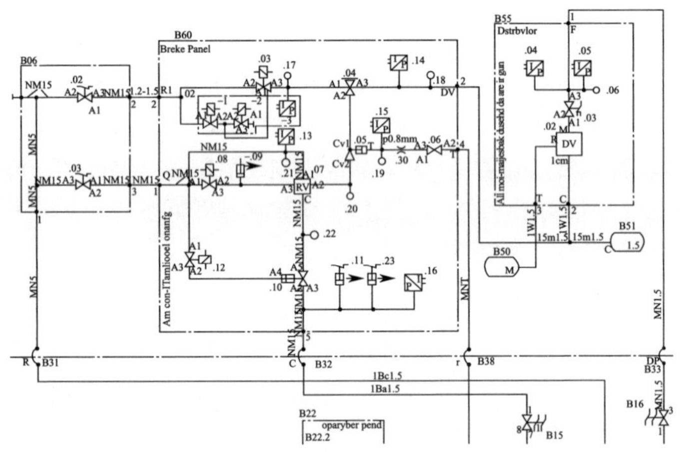

图 3—17 原因分析

①压力开关 < B02B60. 23 >；

②压力传感器 < B02B60. 16 >；

③双向止回阀 < B02B60. 04 >；

④限压阀 < B02B60. 05 >；

⑤中继阀 < B02B60. 07 >；

⑥电磁阀 < B02B60. 12 >；

⑦活塞阀 < B02B60. 10 >；

⑧隔离塞门 < B02B06. 03 >；

⑨隔离塞门 <B02B60.02>。

(3)注意事项

出现此类现象后,司机在进站前要注意掌握适当制动距离。

(4)途中处理要点

①在制动手柄处于缓解位置时,按下制动手柄上的按钮实施清扫制动;按下按钮保持 10 s,通过司机显示屏,查看所有制动是否施加。

②如果制动没有完全施加,司机根据显示的信息“制动力已经改变”来实施正常的操作步骤;如果所有制动已经施加,司机则继续步骤③。

③在制动手柄处于缓解位置时,释放制动手柄上的按钮缓解清扫制动。释放按钮,10 s 后,通过司机显示屏,察看所有制动是否都缓解。

④如果所有的制动没有完全被缓解,司机根据显示的信息“制动力已经改变”来实施正常的操作步骤;如果所有制动已经被缓解了,司机则继续步骤⑤。

⑤列车可以继续正常运行,不需要附加任何限制条件。

(5)库内检查处理

测量车辆的设置,检查列车管(不持续泄漏,或者启动间接模式)施加摩擦制动时读取压力表 <B11> 的 C 压力:

①如果有 C 压力:

a. 检查压力开关 <B02B60.23>。

b. 检查压力开关和制动控制单元 BCU-B01 的扩展卡 A7 之间的连接线。

c. 检查压力传感器 <B02B60.16>。

d. 检查压力传感器和制动控制单元 BCU-B01 的主板 A4 之间的连接线。

上述部件如存在故障,进行更换或处理。

②如果没有 C 压力:

a. 检查双向止回阀 <B02B60.04>。

b. 检查限压阀 <B02B60.05>。

c. 检查中继阀 <B02B60.07>。

d. 检查电磁阀 <B02B60.12>。

e. 检查活塞阀 <B02B60.10>。

f. 检查隔离塞门 <B02B06.03>。

g. 检查隔离塞门 .03 和制动控制单元 BCU-B01 的扩展卡 A7 之间的连接线。

h. 检查隔离塞门 <B02B60.02>。

i. 检查隔离塞门 .02 和制动控制单元 BCU-B01 的扩展卡 A7 之间的连接线。

j. 检查制动控制单元 BCU-B01 的扩展卡 A7。

k. 更换制动控制单元 BCU-B01 的主板 <B02B01-A4>,并下载应用软件。

上述部件如存在故障,进行更换或处理。

6. 防滑速度传感器故障(代码 1712、1722、1732、1742、17A2、17B2、17C2、17D2)**及列车自动停止 DNRA**(代码 68C8)

(1)案例概况

CRH$_3$-058C 动车组担当运营交路,司机通知随车机械师 08 车报诊断代码 68C8(列车自动停止 DNRA,运行监控强制制动)。列车自动施加制动,停车后车组自动开始滚动测试并通过,维持运行。

(2)原因分析

防滑速度传感器(G03、G04)用于测量各个轮对的轴转速,并转换为电信号传递给 BCU 的 MB03B 板卡。速度传感器接收的信号电流值的范围为 7 ~ 14 mA,在通过一个电阻,转换成电压信号,传输给 BCU 单元的 MB03B 板卡。当传感器短路或断路时,输出的电流和电压信号不正确,通过制动软件的检测,报出故障代码为 1736 等传感器信号故障。速度传感器检测速度的原理公式为:

(0. 7Vref-axlespeed) > 50 km/h

Vref 的取值与列车速度的参考值相关，当车辆处于牵引状态时，动车电机的速度会比拖车车轴转速高，所以取该动力车厢牵引电机的最高速度为速度参考值，速度比较接近列车速度；当车辆处于制动状态时，动车电机的转速会相对于拖车车轴转速低，这个值与实际车速接近，则取这个数值为速度参考值。这个速度值是给 Vref 提供依据的重要参考。

axlespeed 是速度传感器反馈的数值。正常情况下，(0. 7Vref-axlespeed) 的数值都是在 50 km/h 以下，当它的值大于 50 时，就说明 axlespeed 数值偏小，且已经超出了安全范围，而当系统持续检测这个大于 50 km/h 数值在 4 s 以上时，就会认为轴抱死了则报出轴不旋转的故障。动车速度传感器为单通道的，它输出的信号只传递给 BCU，当轴报不旋转故障时，会报出代码为 17 ×2(×代表 1,2,3,4) 的故障。见图 3—18。

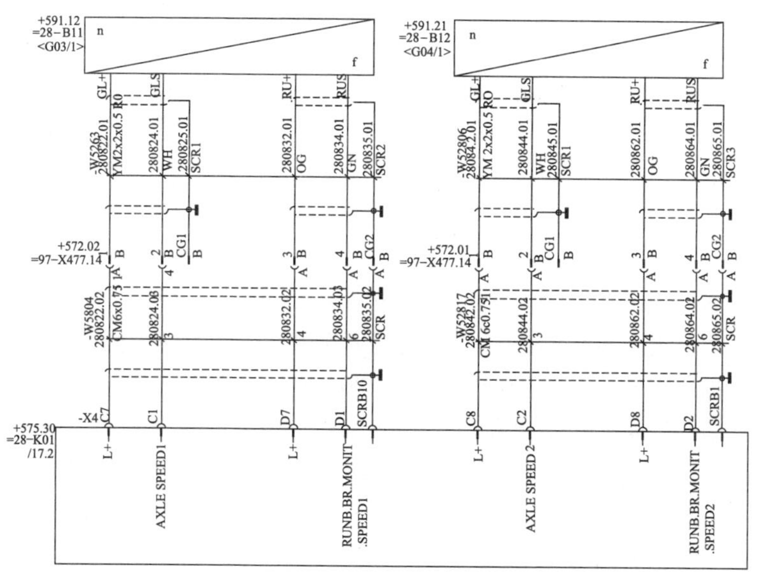

图 3—18 原因分析

(3)注意事项

车组运行进行滚动试验时,禁止司机施加制动。

(4)途中处理要点

①车组限速 40 km/h 运行进行滚动试验,试验通过后,恢复正常运行。

②如果实验未通过,司机施加最大常用制动停车,停车后,司机重新启动列车,加速至 35 ~ 40 km/h,开始进行第二次滚动试验,如果试验成功,车组继续按照正常速度行车。

③如果未出现滚动测试,或者 HMI 屏出现代码:68C8、19D ×(×代表 1、2、3、4、5、6、7、8),2F8 ×,(×代表 1、2、3、4)或 294D、294E、294F、2950,列车会自动停车。通知控制中心,按照相关规定下车检查。

④下车检查确认:

a. 静态检查并确认转向架状态:检查轮对踏面的状态。检查故障车、故障车轴的车轮踏面是否存在擦伤;检查故障车车轴电机端盖、联轴结及牵引电机吊装螺栓的状态是否存在异常。

b. 进行转向架状态的动态检查,检查项点如下:

车辆限速 5 km/h 运行约 20 m,随车机械师在故障车轴处检查车轴的转动状态是否存在异常,若车轴旋转异常,则立即请求救援;若是转向架机械故障引起轴不旋转,则按限速表要求,限速运行或请求救援。

c. 如果判断转向架等机械硬件正常,则需进行以下处理:将故障车电气柜内转向架监测故障开关 43-S12 置“关”位;将故障车进行切除空气制动操作;限速 200 km/h 运行。

(5)库内检查处理

①检查对应故障车的速度传感器,如果故障,更换故障的速度传感器。

②检查对应故障车的车轴,如果故障,更换故障车轴。

③检查对应故障车的转向架等机械硬件,如果故障,更换故障机械硬件。

7. 防滑器速度传感器感应故障(代码 1736、17C6、1711、1721、1731、1741、17A1、17B1、17C1、17D1)

(1)案例概况

CRH3-036C + CRH3-039C 动车组担当运营交路,303607 车报速度传感器故障(代码 17C6),DNRA 信号故障。限速 200 km/h。将 07 车制动切除,司机做 2、3、6 步制动试验通过后开车,继续限速 200 km/h 到达广州北站。

(2)原因分析

防滑速度传感器(G03、G04)用于测量各个轮对的轴转速,并转换为电信号传递给 BCU 的 MB03B 板卡。速度传感器接收的信号电流值的范围为 7 ~ 14 mA,在通过一个电阻,转换成电压信号,传输给 BCU 单元的 MB03B 板卡。当传感器短路或断路时,输出的电流和电压信号不正确,通过制动软件的检测,报出故障代码为 1736、17C6 等传感器信号故障。速度传感器检测速度的原理公式为:

(0. 7Vref-axlespeed) > 50 km/h

Vref 的取值与列车速度的参考值相关,当车辆处于牵引状态时,动车电机的速度会比拖车车轴转速高,所以取该动力车厢牵引电机的最高速度为速度参考值,由于速度比较接近列车速度;当车辆处于制动状态时,动车电机的转速会相对于拖车车轴转速低,这个值与实际车速接近,则取这个数值为速度参考值。这个速度值是给 Vref 提供依据的重要参考。见图 3—19。

(3)注意事项

由于制动力不足,进站停车的制动距离会增加,司机应提前做好准备。

(4)途中处理要点

参照代码:1736、BCU 故障记录中存在 1711、1721、1731、1741、17A1、17B1、17C1、17D1,确认故障位置后,进行以下处理:

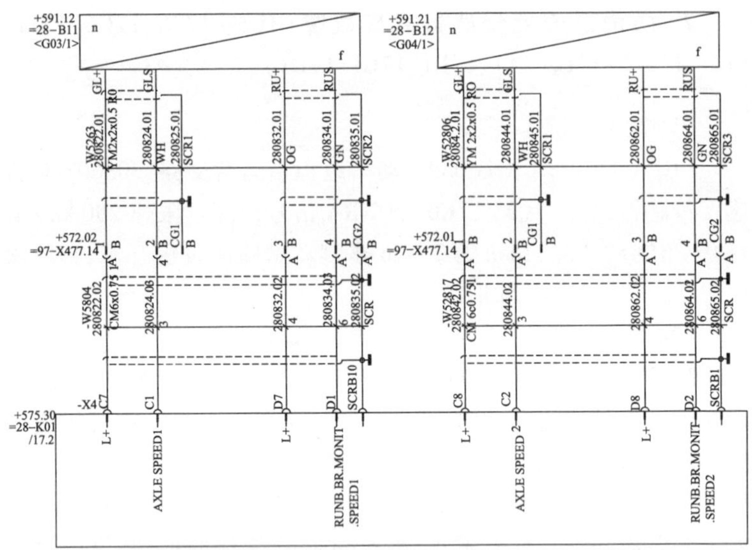

图 3—19 原因分析

①将故障车进行切除空气制动操作。

②通知司机，处理完毕。

③司机按制动有效率限速运行。

(5)库内检查处理

参照代码：1736、BCU 故障记录中存在 1711、1721、1731、1741、17A1、17B1、17C1、17D1，确认故障位置后，进行以下处理：

①检查传感器状态，如果故障，更换故障的速度传感器。

②检查故障速度传感器的线路连接。如果异常，进行处理。

③检测 BCU 的 MB03B 板卡，如果故障，更换故障板卡。

8. 制动切除相关故障

(1)案例概况

CRH3-026C + CRH3-038C 重联动车组担当运营交路,在武汉站随车机械师巡检发现 02 车 B 架 4 轴中间制动软管丢失。切除 303802 车常用制动后限速 280 km/h 开车。

(2)原因分析

异物击打。

(3)注意事项

由于制动力不足,进站停车的制动距离会增加,司机应提前做好准备。

(4)途中处理要点

①如有风管断裂,需绑扎牢固。

②区分停放制动管还是常用制动管,如果为停放制动管,则还需切除该车停放制动。

(5)库内检查处理

对故障的软管进行更换处理。

三、网络系统

1. MVB 通信故障(6144)

(1)案例概况

CRH3-056C 动车组担当运营交路,12:23,CRH3-056C 车组 306500 车报 TCU1 的 MVB-PD 通信故障(代码 6144),系统自动切除 306500 车牵引变流器后,限速 310 km/h 运行。

(2)原因分析

CRH3 型动车组每个牵引单元中 CCU 作为 MVB 的主设备,控制着所有的 MVB 设备,当 CCU 与 TCU 的通信中断持续超过 60 s 时或控制电源中断, HMI 报通信故障。造成此类故障的主要原因有:

①MVB 线路连接不良。

②TCU 单元本身的故障,引起的 MVB 通信不正常。

③TCU控制单元的供电线路的故障，导致TCU不能正常工作。

(3)注意事项

仅允许复位1次。

(4)途中处理要点

①在HMI主页面中选择“开关”，然后选择“牵引界面”，光标移动到故障牵引变流器位置选择“切除”，然后再“恢复”。

②如果恢复成功，则闭合主断路器正常运行。

③如果恢复失败，系统自动切除故障变流器后，重新闭合主断路器。

④动车组减少25%的牵引功率运行。

(5)库内检查处理

①检查牵引箱的通信板卡(10-T10-A100. C047)正常。

②检查10-T10-X14中MVB连接电缆和接头正常。

③检查TCU内部供电线路和相关的器件(k23、k24、z1)正常。

④检查TCU供电的线路，发现10-T10-X13上的230102. 03号线绝缘不良，造成TCU内部供电继电器K23失电断开。更换此线后，故障消除。

2. WTB通信故障

(1)案例概况

CRH3-035 + CRH3-033C动车组担当运营交路，303501车为主控占用端。16:20在303501车组驾驶室HMI的制动界面上3035车组1、2、3、4车以及3033全列显示问号，司机实施紧急制动停车，同时发现ATP进入休眠模式；初步判断为网络通信故障，首先用软件进行两次复位，两次复位均无效后进行CCU1、2系切换，切换后故障仍无法消除。随车机械师对车组进行两次断蓄电池大复位均无效，主控驾驶室HMI显示列车无法正常配置，无法激活车组。司机换端占用303301司机室，操作台HMI界面一直显示“正在配置中”，车组无法激活。随后开始分离电气钩头，操作过程中误拉解钩拉绳（此动作导致电钩完全分离，机械钩头内部解锁）。在3033动车组HMI显示单列配置成功，断开3035动车组蓄电池，施加停放制动，将拖曳开关打至“开”位，进入拖曳模式。开始3033动车组拖曳3035动车组试拖。3033动车组施加牵引后移动，但3035动车组未移动，车钩分离。司机换端至303300车司机室，以2 km/h的速度进行连挂完毕。开始切除3035动车组拖车停放制动与常用制动。随后，车组限速5 km/h动车。到站后恢复3035动车组全部制动系统的的阀门。重新连挂电气钩头后，两车组的网络配置仍异常。司机进行解编操作。两车组的制动系统及网络通信状态良好。

（2）原因分析

每个牵引单元有两个网关，它们之间用WTB进行通信和数据处理。网关负责从列车总线（WTB）到车辆总线（MVB）的处理数据信号汇集和信息数据发送。当WTB出现中断时，列车配置将会丢失，而且CCU无法通过网关与其他单元的CCU正常通信。

（3）注意事项

紧急模式状态下，不允许升弓过分相区。

（4）途中处理要点

①列车进行大复位。

②按照HMI上提示进入紧急模式行车。

③如紧急模式无法启用，则直接进入拖拽模式。

（5）库内检查处理

对3035车组逐个车厢的WTB总线进行故障排查发现：303502车2位端终端箱右侧的=97-X580.12插头EFⅡ的1针有轻微缩针的现象，303508车报网关故障，代码6279。

四、转 向 架

1. 热轴故障

(1)案例概况

CRH3-039C + CRH3-038C 重联动车组担当运营交路,303808 车为主控端。22:12 报 303802 车右侧 1 转向架 2 轴右热轴预警(代码:6AAC),机械师申请下车检查。22:22 停车于K2131 +705 处,22:31 收到邻线限速 160 km/h 的调度命令下车检查非邻线侧,检查 2 轴上行左温度是 55 ℃,其余是 20 ℃。22:55 收到邻线限速 80 km/h 下车检查,检查 2 轴上行右温度是 46 ℃,其余是 20 ℃。23:00 机械师上车,23:04 开车,临停 42 min。

(2)原因分析

CRH3-039C + CRH3-038C 重联车组入库后,技术人员下载 CCU 数据,发现数据中有 6AAC 故障:

Car number: 104238

Diagnostic code: 6AACh : Hot box warning bogie 1 axle 2 right

Set time: 28. 11. 2012 22:12:10

303802 车右侧 1 转向架 2 轴右热轴预警(故障发生时间)

下载 303802 车部分轴温数据如下:

1 轴左	2 轴左	1 轴右	2 轴右	3 轴左	4 轴左	3 轴右	速度
22. 549	64. 627	23. 685	63. 482	23. 685	23. 685	23. 685	242. 27
22. 549	64. 627	23. 685	63. 482	23. 685	23. 685	23. 685	242. 27
22. 549	64. 627	23. 685	63. 482	23. 685	23. 685	23. 685	242. 27
22. 549	64. 627	23. 685	63. 482	23. 685	23. 685	23. 685	242. 27
22. 549	64. 627	23. 685	63. 482	23. 685	23. 685	23. 685	242. 27
22. 549	64. 627	23. 685	63. 482	23. 685	23. 685	23. 685	242. 27

诊断代码 6AAC 发生的逻辑图见图 3—20。

(3)注意事项

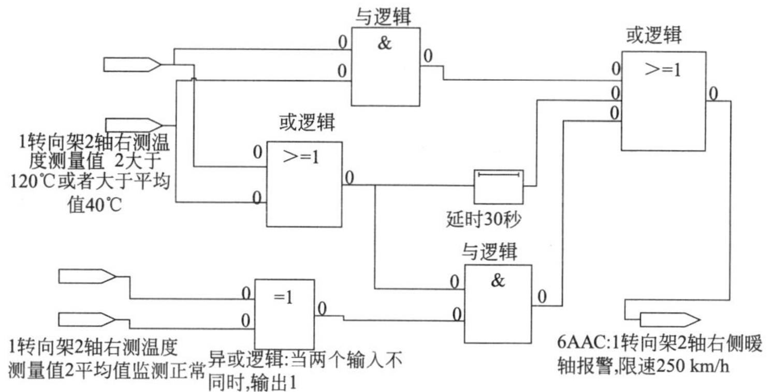

图 3—20　诊断代码 6AAC 发生的逻辑图

故障代码梳理：

1 级报警：

	1 轴	2 轴	3 轴	4 轴
左	6AA0	6AA4	6AB0	6AB4
右	6AA8	6AAC	6AB8	6ABC

其中,6AAC Hot box warning bogie 1 axle 2 right 右侧 1 转向架 2 轴热轴预警。

2 级报警：

	1 轴	2 轴	3 轴	4 轴
左	6AC0	6AC4	6AD0	6AD4
右	6AC8	6ACC	6AD8	6ADC

一般情况下,二级过温是很难出现的,到达一级过温时,车组已经采取了降速保护措施,温度一般会回落。

68C7　Automatic train stopping hot box monitoring 热轴监控触发自动停车

(4)途中处理要点

①报轴温故障或者热轴故障,必须通知司机立即停车。

②通知司机申请邻线封锁命令,待命令到达后,随车机械师下车对故障车厢的 8 个轴点温。确认实际温度正常后使用 Reset all 进行复位,若不消除将相应车辆 2 端电气柜中的转向架监控开关 43-S12 打到关位,提升限速到 200 km/h,随车机械师后续要全程监控故障车厢的轴温。见图 3—21。

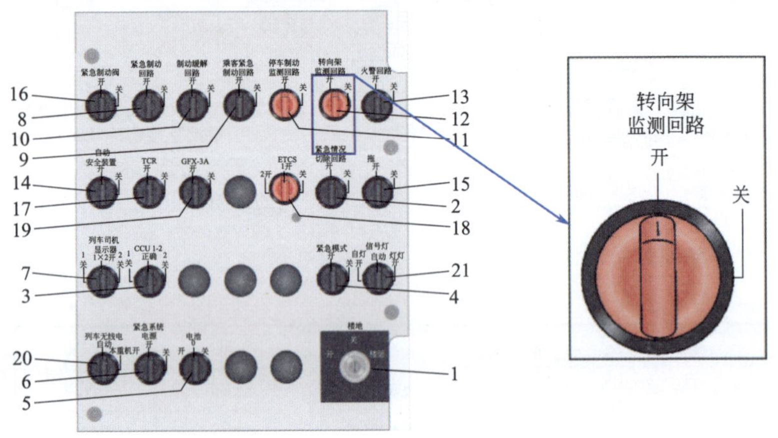

图 3—21　转向架监测回路开关

③如果确认发生热轴故障,通知司机限速 40km/h 运行,同时随时监控轴温上升情况。

(5)库内检查处理

车组降弓断电后,长客对 303802 车 2 轴的轴端盖进行了开盖,检查无异常。从 303802 车轴温数据以及 6AAC 发生的逻辑图分析可得,由于 303802 车 2 轴右轴温测量的平均值超过同架 1 轴左轴温测量的平均值 40 ℃,并且持续 30 s 后 CCU 将报出诊断代码 6AAC。303802 车 2 轴新装轴承为 SKF 生产的试验轴承,由于 SKF 的轴承(圆柱形滚子)与 FAG 轴承(圆锥形滚子)结构上的不同,会使 SKF 新轴承比 FAG 轴承达到油脂饱和度的过程长,从而导致 SKF 新轴承运行时温度上升较大。

2. 转向架横向加速度监控报警

(1)案例概况

CRH3-024 C 动车组担当运营交路,15:49,07 车报带临时限速的横向加速度第一次报警(代码:6B1A),01 车报列车自动停止整备操作监控(代码:68C9),HMI 提示限速 280km/h,15:51 诊断代码消除,司机恢复正常速度运行。

(2)原因分析

①横向加速度传感器故障。

②车轮之间磨耗不均,造成轮径差较大。

(3)注意事项

①必须立即降速至 280 km/h 以下。

② 维持 280 km/h 以下运行 2 min。

(4)途中处理要点

①当速度降至 280 km/h 以下后,司机将制动手柄打到 OC(过充)位,制动缓解,维持 280 km/h 以下运行。

②故障代码消除后,维持正常速度运行。

(5)库内检查处理

①检查横向加速度传感器是否正常,如有损坏进行更换处理。

②测量故障车厢踏面的等效锥度,最大等效锥度接近 0.4 时,进行踏面修形。

3. 车轴温度传感器故障

(1)案例概况

CRH3-029C 动车组 15:15 广州南站待开 G6012 次。15:27 司机换端作业过程中报: 01 车左侧 1 转向架 1 轴热轴预警故障(故障代码 6AA0);01 车同时报出 68C4,随车机械师下车点温,01 车 8 个轴的温度均为 42 ℃左右,用软件监测 EC01 车左侧 1 转向架 1 轴轴温,左侧 87 ℃,右侧 44 ℃,判定为轴温传感器故障。

启用热备。

(2)原因分析

下载 CCU 数据,发现数据中有 6AA0 故障:

Car number: 104129

Diagnostic code: 6AA0h : Hot box warning bogie 1 axle 1 left

1 转向架 1 轴左侧暖轴故障

Set time: 28.07.2010 15:25:32

但是 CCU 数据中伴随 6AA0 发生的还有 32 次 685C 和 1 次 687C,代码含义如下:

685C: 1 转向架 1 轴左侧温度测量故障;

687C: 1 转向架 1 轴左侧轮对轴承温度测量故障;

因此从数据上初步判断:EC01 车 1 轴左侧温度传感器的温度测量系统出现了问题,可能的原因有传感器损坏、插头插接不良、COMPACT PT100 损坏。

(3)注意事项

随车机械师如果只监控了 A 信道即 $E1A0T00,而没有同时监控 $E1B0T00。不能通过左右温度值差异判定是传感器自身故障,可以通过轴温两信道之间的差异故障初步判定。

故障代码梳理:

1 级报警:

	1 轴	2 轴	3 轴	4 轴
左	6AA0	6AA4	6AB0	6AB4
右	6AA8	6AAC	6AB8	6ABC

其中,6AA0 Hot box warning bogie 1 axle 1 left 左侧 1 转向架 1 轴热轴预警。

2 级报警:

	1 轴	2 轴	3 轴	4 轴
左	6AC0	6AC4	6AD0	6AD4
右	6AC8	6ACC	6AD8	6ADC

一般情况下，二级过温是很难出现的，到达一级过温时，车组已经采取了降速保护措施，温度一般会回落。

68C7　Automatic train stopping hot box monitoring 热轴监控触发自动停车

(4)途中处理要点

①凡是报轴温故障，随车机械师必须通知司机立即停车。申请邻线封锁，随车机械师下车对故障车厢的8个轴点温。并且检查轴温传感器的外观状态。

②若8个轴轴温没有明显的差别，轴温传感器的外观良好，可判断为轴温传感器内部故障，随车机械师应根据代码68C4所报的车辆号所在牵引单元CCU下载故障统计数据。确认故障轴位。可以根据轴位进一步监测轴温的当前两个信道的检测值。

③确认实际温度正常后使用Reset all进行复位，若不消除将相应车辆2端电气柜中的转向架监控开关43-S12打到关位（图3—22），提升限速到200 km/h，且每停站下车点温。见图3—22。

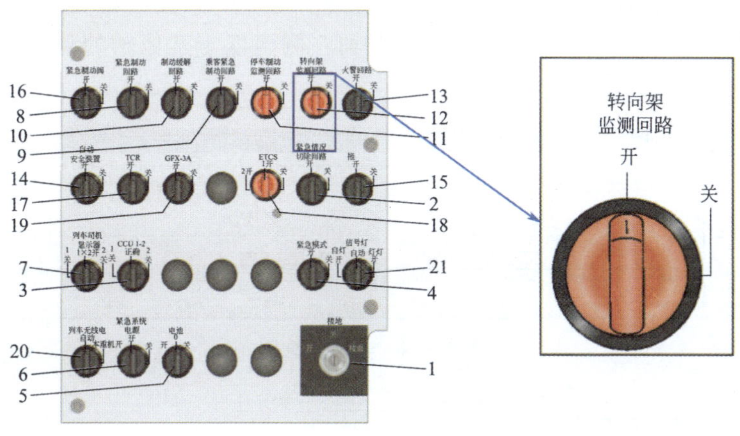

图3—22　转向架监测回路开关

④终到站或入库后，确认故障传感器的位置，对传感器进行更换。

⑤如果确认发生热轴故障,通知司机限速 40 km/h 运行,同时随时监控轴温上升情况。

(5)库内检查处理

从数据上初步判断:EC01 车 1 轴左侧温度传感器的温度测量系统出现了问题,可能的原因有传感器损坏、插头插接不良、COMPACT PT100 损坏。测量传感器阻值时发现 A 通道阻值异常,针脚 1 和 2(A 通道)之间的阻值为 0.2 Ω,针脚 5 和 6(B 通道)之间的阻值为 111 Ω,见图 3—23。

(a) A通道　　(b) B通道

图 3—23　检查通道

在更换新传感器后,故障消除,用 Monitor 软件监测 EC01 车各个轴的温度,各轴温度正常,1 轴左侧温度与其他轴的温度相差不大,见图 3—24。

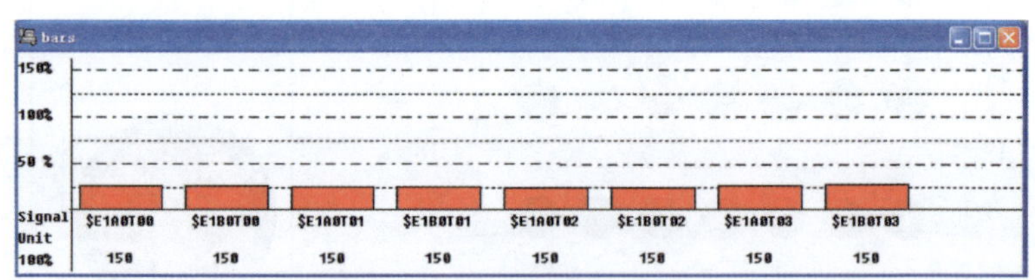

图 3—24　轴温示意图

五、车门系统

1. 车门自动打开故障

(1)案例概况

CRH3-001C 动车组，在站内集控开门后，车门已经全部集控打开到位，但 HMI 上显示 1、3、6、8 动车外门故障，复位后正常。

(2)原因分析

故障的直接原因是软件设置问题，门控单元(DCU)从 MVB 接收实际速度信号，通过硬线从 BCU 接收 $v>5$ km/h、$v<5$ km/h 和 $v>10$ km/h 的速度信号。如果判断从 MVB 和 BCU 硬线来的速度信号不一致，会导致 HMI 上显示车门异常。当动车组以小级别制动减速进站时，所有的动车均施加电制动，拖车无制动力施加，因此，所有动车轴实际转速比列车的实际速度低，导致故障。

(3)注意事项

次类故障是由于软件设计原因造成，在新软件版本中已经解决，线上遇到此类问题及时复位边门。

(4)途中处理要点

此故障在列车低速进站时或停车时发生，对列车进行单车门复位(复位 =80-F01、=80-F02)。

(5)库内检查处理

此故障在新版软件中已解决。

2. 车门不能关闭故障

(1)案例概况

【案例 1】 CRH3-037C 动车组担当运营交路，车组报 303702 车厢左 1 车门关不上。机械师马上到达 303702 车厢，对该故障边门进行复位操作。但两次复位，故障仍然没有消除，隔离该边门；处理完毕后开车，晚开 2 min。

【案例 2】 CRH3-037C 车组担当 G1026 次交路。司机报 03 车左 1 边门故障。机械师赶到报故障的边门，立即对该门进行隔离操作，车组晚开 3 min。机械师利用站停时间对 03 车边门进行检查，发现站台补偿器下有异物(有一个矿泉水瓶盖)，清除异物后进行复位操作，故障消除。G1026 次正点到达终到车站。

(2)原因分析

①外门门控器的接线松动。

②限位开关中辅助触点的接触电阻过大,导致接触不良,反馈信号状态异常,不能集控关门。

③外门 MVB 通信故障。

④边门机构位置不正确、润滑脂变脏阻力增大、旅客误操作、异物卡滞等。

(3)注意事项

①严禁对故障车门进行多次复位操作,边门出现故障时,确认锁闭状态良好后,立即隔离行车,特别是当多个车门故障时。

②边门因故障隔离后,在停站时间充足时,才尝试对边门进行复位操作,严禁对反站台侧故障边门进行复位操作。

③ 巡车作业结束后,在监控室加强对车组边门状态的监控,特别是在停站开关门操作时。

④故障车门隔离到位与否是不能以隔离锁拧不动为判断标准的,应以隔离锁锁舌可靠的插入锁口板,并且隔离锁芯未隔离时,锁芯上的标记线应位于垂直方向。隔离好时,锁芯上的标记线应位于水平方向。

(4)途中处理要点

①接到司机通知车组出现边门故障时,及时查看监控室 HMI 上故障情况,或在前往故障车厢过程中向司机询问清楚故障情况。

②为确保车组运行秩序,在准备发车出现边门故障时,首选直接对边门进行隔离操作,确认锁闭良好后,通知司机开车,并通知列车长。

③用四角钥匙操作门扇上的隔离锁将车门可靠隔离。闭合门控器开关。锁闭平顶检查门。

(5)库内检查处理

库内检查发现边门润滑脂变脏阻力增大,站台补偿器下有异物,清洁异物,润滑边门后正常。

3. HMI 上显示边门状态为“?”

(1)案例概况

CRH3-078 C 动车组担当运营交路,08:35,随车机械师接司机通知 307807 车 2-2 边门显示“?”,司机停车,随车机械师立即赶至司机室确认故障信息,发现 HMI 报诊断代码 1C9E:数据总线与车门 2L 的通信故障,307807 车 2-2 边门显示“?”。随车机械师检查 307807 车 2-2 边门处于关闭状态,对边门进行隔离,隔离完后通知司机动车。08:45 车组动车,临停 10 min。

(2)原因分析

CRH3 型动车组每个边门有一个门控器,但每节车厢只有一个门控器是主门控器,主门控器通过 MVB 总线与列车控制单元相连(BC04 车无边门,所以没有边门与 MVB 总线的接口)。车厢内其他边门的门控器是从门控器,通过 CAN 总线与主门控器进行通信。门控器故障,将导致门控器与列车控制系统通信故障,HMI 上显示该门为“?”。

(3)注意事项

门控器故障导致通信故障时,HMI 显示该边门状态是“?”,此时不论是否隔离门页和站台补偿器,HMI 显示该门都是“?”,并且 HMI 上报出对应门的通信故障诊断代码。当外门不是由于通信故障隔离时,只要隔离门页(不管补偿器是否隔离),HMI 上显示该门时都是黄色底框,不报诊断代码。只隔离补偿器时,HMI 上显示该门为红色底框,不报诊断代码。

(4)途中处理要点

此故障需要随车机械师确认边门可靠隔离,与司机及乘务人员做好沟通工作,维持车组运行。

(5)库内检查处理

检查门控器各接线,如果还不能排除故障,需要更换门控器。

4. 关门时,站台补偿器不能及时收回

(1)案例概况

CRHB-6433L 车组担当运营交路。18:08 车组报 14 车上行左 1 边门关门故障,由于车组临近发车点,18:09 随车机械师隔离该边门后车组正点发车。

(2)原因分析

由于控制站台补偿器收起的气阀排气速度偏慢,导致站台补偿器在关门时未能及时收回到位,限位开关 B11 未接到信号,报出关门故障。

(3)注意事项

①严禁对故障车门进行多次复位操作,边门出现故障时,确认锁闭状态良好后,立即隔离行车,特别是当多个车门故障时。

②边门因故障隔离后,在停站时间充足时,才尝试对边门进行复位操作,严禁对反站台侧故障边门进行复位操作。

③巡车作业结束后,在监控室加强对车组边门状态的监控,特别是在停站开关门操作时。

④故障车门隔离到位与否是不能以隔离锁拧不动为判断标准的,应以隔离锁锁舌可靠的插入锁口板,并且隔离锁芯未隔离时,锁芯上的标记线应位于垂直方向。隔离好时,锁芯上的标记线应位于水平方向。

(4)途中处理要点

①接到司机通知车组出现边门故障时,及时查看监控室 HMI 上故障情况,或在前往故障车厢过程中向司机询问清楚故障情况。

②为确保车组运行秩序,在准备发车出现边门故障时,首选直接对边门进行隔离操作,确认锁闭良好后,通知司机开车,并通知列车长。

③用四角钥匙操作门扇上的隔离锁将车门可靠隔离。闭合

门控器开关。锁闭平顶检查门。

(5)库内检查处理

补偿器快排阀由于出厂时涂抹有黄油,导致黄油将快排阀排气口堵塞,导致排气速度过慢,补偿器不能够在规定时间内收起,更换新的排气阀后作用良好。

六、空调系统

1. HVAC 的 MVB-PD 通信故障、HVAC 断开

(1)案例概况

CRH3-064C 重联车组,运行时 306403 车空调发生 IC:HVAC 3 的 MVB-PD 通信故障和 HVAC 断开故障(代码 6173、697C)。对 306403 车空调控制器进行复位无效后,对空调的通信板更换后空调系统恢复正常。

(2)原因分析

①空调 MVB 板卡通信软件丢失。

②空调 MVB 板卡硬件故障不能工作。

③MVB 通信线路连接不良。

(3)注意事项

每次空调复位后须等待 5 min 观察空调是否启动,禁止短时间内频繁复位。对空调控制控制柜内的看门狗的插拔作业前,必须保持 F2 空开是断开的。

(4)途中处理要点

①随车机械师通过 HMI 进行复位。

②在空调控制柜中通过切断供电开关复位。

③空调仍然无法启动(不制冷时),断开 F2,拔掉空调控制柜内的看门狗,合上空开 F2。

(5)库内检查处理

库内检查空调制冷效果是否良好,检查 MVB 通信板卡是否正常工作。

2. 压缩机 1、2 接触器永久失效

(1)案例概况

CRH_3-001C 动车组,运行时 300107 车报 716C:压缩机 1 接触器永久失效(代码 716D:压缩机 2 接触器永久失效),空调制冷效果差。随车机械师通过在 HMI 上复位无效后,车组继续运行。

(2)原因分析

故障可能原因:

①客室空调控制板卡故障;

②空调供电接触器 61-Q02、61-Q04 或控制电路继电器 61-K14、61-K15 工作不正常。

(3)注意事项

每次空调复位后须等待 5 min 观察空调是否启动,禁止短时间内频繁复位。

(4)途中处理要点

①客室空调板卡故障,更换客室空调板卡,更换方法:

打开空调控制柜,断开控制柜所有空气开关,顺着卡槽,拔出故障板卡,换上新卡,插进卡槽,锁紧四颗固定螺栓,合上所有空气开关,5 min 后在 MMI 上重新打开该车厢空调开关,检查空调启动情况。

②进行复位处理。随车机械师通过 HMI 进行复位,在空调控制柜中通过切断供电开关复位。

(5)库内检查处理

在库内检查空调控制单元的控制 61-K14 的输出信号正常,检测没有 61-Q02 的反馈信号,待降弓断电后,检查 61-K14、61-Q02 的连接线正常,通电观察,发现 61-Q02 动作不灵活,更换此接触器。

3. 低压开关故障,低压传感器故障

(1)案例概况

CRH3-001C 动车组,300100 车空调报:低压开关 2 故障(代码:7152,71C6)。运行时偶尔会自动恢复,维持运行。

(2)原因分析

故障可能原因:

①空调系统缺制冷剂。

②继电器 61-K12、61-K13 不能吸合。

③压力传感器故障。

(3) 注意事项

每次空调复位后须等待 5 min 观察空调是否启动,禁止短时间内频繁复位。

(4)途中处理要点

①随车机械师通过 HMI 进行复位。

②HMI 复位无效后,在空调控制柜中切断供电开关复位。

(5)库内检查处理

通过排查,确定是车载电源箱里的接触器 61-K13 动作不良,更换该接触器后,故障消除。

压力过高或者过低都会导致压缩机损坏,这种方式确保压缩机在安全的模式下运行,当压力在正常值范围之内,开关处于打开状态,此时将开关状态传递给微处理器,从而能确保系统在控制中运行。如果是压力开关问题,则更换损坏部件。

4. 车厢内有轻微烧焦味

(1)案例概况

CRH3-069C 动车组运行途中随车机械师巡检发现 01 车有轻微焦味,检查 01 车各配电柜均正常,车组到达后入库检修。

(2)原因分析

①废排风口风缸故障,导致废排通风不良。

②废排风口风机故障,产生轻微烧焦味。

③空调加热电阻烧损也可能导致客室内有烧焦味。

(3)注意事项

发现车内有烧焦味,一定要仔细检查,排查火灾隐患。每次空调复位后须等待 5 min 观察空调是否启动,禁止短时间内频繁复位。对空调控制控制柜内的看门狗的插拔作业前,必须保持 F2 空开是断开的。

(4)途中处理要点

①随车机械师仔细排查异味来源,排查火灾隐患。

②通过关闭空调或者降低客室温度来对比查找故障点。

③在空调控制柜中通过切断供电开关复位。空调仍然无法启动(不制冷时),断开 F2,拔掉空调控制柜内的看门狗,合上空开 F2。

(5)库内检查处理

库内检查空调开启时仍然有轻微焦味,检查车内电器柜及客室各设施,未发现异常。检查车下废排单元,发现客室空调废排风口风缸动作异常,风缸动作卡滞,废排风机也有卡滞现象。检修库内更换废排风口风缸后,给电测试,车内仍然有轻微焦味。对废排风机进行更换,更换后测试空调运转正常,车内无焦味。

5. 车厢内有异音

(1)案例概况

CRH_3-077C 动车组运行途中,随车机械师巡检发现,307704 车一位端下方噪声较大,随车机械师检查车内设施无异常,车组无明显晃动。随车机械师关闭空调后进行检查异音消除,维持运行。

(2)原因分析

①由于 BC04 车一位端上方时空调机组,空调机组内通风机、冷凝风机、压缩机等工作时都会发出声音,如果某个电机转轴卡滞,就会产生较大声音。

②空调机组盖板松动也会产生异响。

(3)注意事项

①发现异音异响,应立即仔细检查,如果短时间内不能找到

故障点,因申请停车检查。

②每次空调复位后须等待 5min 观察空调是否启动,禁止短时间内频繁复位。

(4)途中处理要点

①发现异音异响,应立即仔细检查,如果短时间内不能找到故障点,因申请停车检查。

②如果判断是空调系统运转时的异音,可以在不影响旅客舒适性的前提下关闭空调,维持运行。

(5)库内检查处理

在库内检查发现 307704 车车顶空调机组内,1 号通风机转轴有松动,运转时风机产生异响。更换通风机后正常。

七、辅助供电系统

1. 充电机失效故障

(1)案例概况

CRH3-065 C 动车组担当运营交路,17:22 发生 110V 电源故障(代码 6516),随后故障消失。一段时间后 306504 车电池充电机故障(代码 651D),全列空调停用,停车进行检查处理。

(2)原因分析

充电机失效故障(6516、651D、6523)由列车中央控制单元判断并生成,但故障的最初引发原因应为电池充电机通过 MVB 报告充电机故障,在接收到故障信息后,CCU 陆续断开直流 110 V 负载设备,首先断开大部分由 BN 供电的负载,然后陆续断开空调紧急通风及照明、人机界面设备等,最后断开 PIS 和广播等系统,即报告 6516 故障;由于电池充电机存在故障,因此在重新上电时无法正常启动,此时 CCU 报告故障代码 651D;当 CCU 在等待一段时间后,检测到电池充电机不能正常工作,报 6523 故障。

(3)途中处理要点

关断 32-F51 开关,切除故障充电机,列车正常运行。

(4)库内检查处理

对 CRH_3-065C 充电机部件进行检查,通过软件复位后观察,确定故障为 300104 车充电机主风扇故障引起的,更换充电机冷却风扇后,对 CRH_3-065C 供电试验,故障消失。

2. 启动电池外部供电故障

(1)案例概况

CRH_3-038C 动车组担当运营交路,19:48,303802 车发生真空断路器故障(代码:6307)。用电脑进行软件复位后主断闭合,辅助变流器正常,但无牵引力。关断蓄电池进行大复位无效。查看 CCU 故障信息报 303804 车启动外部充电器故障(代码 651F),断开 303804 车的空开 32-F51 并切除 303802 受电弓,升 07 车受电弓,合主断,故障消除。

(2)原因分析

该故障是由于电池充电机检测到"110 V 外部供电已经连接"的信号。外部 110 V 电源是通过 =32-G01-X21 插头给车辆进行外部供电。当车辆进行外部供电时,充电机会马上通过 X4 接收到此信号,并通过 MVB 总线传送到 CCU,CCU 检测到车辆正在进行外部充电,所以不能进行正常的牵引操作。温度传感器(NTC)直接接在电池上,该温度传感器为负温度系数型,由于将此传感器接到外部供电检查开关上,当温度升高时,导致 Pin3 和 Pin4 导通,引起 651F 故障误报。当 =32-F51 开关(充电机控制电源)断开时,充电机停止工作,不向 MVB 发送有"外接充电"的信号,CCU 认为可以进行正常的牵引操作。所以当断开 =32-F51 开关充电机不再工作,车辆恢复正常。

(3)注意事项

第一时间关断 32-F51 开关,无需换弓。

(4)途中处理要点

关断 32-F51 开关,切除故障充电机。

(5)库内检查处理

①手动恢复两车被锁闭的受电弓，状态正常，排除 303802 车的主断故障。

②恢复 303804 车空开 32-F51，报 651F 故障，无牵引力。

③根据电路图 651F 故障是由于 X11 的 pin3 和 pin4 短路所致。

④查线发现 X11 插头的 pin1 和 pin3 与 pin2 和 pin4 接反。

八、车钩故障

车钩或导流罩故障

(1)案例概况

CRH3-031 + CRH3-030C 动车组担当运营交路，随车机械师报：16：16，3031 车组 8 车报头部车钩错误解锁（故障代码 69BE），技术人员确认不影响车组运行。

(2)原因分析

当报故障 69BE 的时，存在两种情况，一是传感器故障，另一种是车钩锁闭结构意外解锁，如图 3—25 所示，锁销退出来。发生该故障时由于很难在车上鉴别，提醒司机必须按照 HMI 的提

图 3—25　锁销状态

示减少牵引制动力,减少解锁车钩在运行中的伸缩。运行到前方站后立即检查确认锁销状态,确认没有解锁后恢复正常运行。

(3)注意事项

下车检查时,应注意导流罩与车钩是否都处于锁紧状态,以防止运行中损坏其他设备。

(4)途中处理要点

①终到站之后,观察 HMI 确认开闭机构是否正常关闭。

②随车机械师下车目视检查导流罩及车钩,确定导流罩是否关闭并锁紧,以及车钩是否缩回,如果目视检查状态完好,上车通知司机继续行车,不需要采取其他措施;若导流罩状态不良,进行机械锁闭,并关闭开关 74-F13 后,正常运行。

(5)库内检查处理

①对车钩动作进行确认,车钩和导流罩动作正常。

②检查车钩上的传感器安装是否牢固。

九、其　他

1. ASC 误操作

(1)案例概况

CRH3-067C 动车组担当运营交路,8:45 随车机械师接到司机通知:HMI 显示 CRH3-067C 车组全列制动处于施加状态无法缓解,无任何故障代码。

随车机械师立即赶到 306701 车司机室,检查车组正常,未报任何故障代码,查看 HMI 显示屏,全列制动处于施加状态。随车机械师在处理过程中发现 306701 车定速手柄处于 0 位,导致全列车制动无法缓缓解,HMI 显示制动施加。处理好后于 8:56 开车,11:56 到达终到站,晚点 21 min。

(2)原因分析

随车机械师检查 306701 车 ASC(速度自动控制)设置状态及定速手柄状态,发现 ASC 设置在“最大速度”一项,而定速手柄处于 0 位,判断因定速手柄未设置速度等级,导致全列车制动无法缓缓解,HMI 显示制动施加。

ASC 即 Automatic Speed Control 自动速度控制,该功能不是自动驾驶,只是对司机驾驶的一种辅助功能。司机设置目标速度值,车组自动整合牵引制动系统进行速度的调节。

所以,ASC 手柄与牵引,制动手柄之间存在的一定的关系,处于安全的考虑,车组对各设置值的读取具有一定的优先级。

首先评估 ASC 设定的速度值,然后在牵引手柄设置的牵引力作为最大可用值进行调节。如果司机在 ASC 控制过程中操作制动,系统立刻将 ASC 目标速度值设置为 0。

为了防止溜逸,使用 ASC 停车时,在速度低到几公里每小时时,车组会自动上空气制动,称为停车制动(Stopping Brake),汼意此制动不是停放制动(Parking Brake)。这种制动只是空气制动系统的一种特定的功能。一旦需要离开司机室,必须使用停放制动进行防溜。

根据此原理,一旦我们开启了 ASC,需要驱动动车组的时候。首先需要通知车组目标速度值。如果此时定速手柄位于零位,系统认为司机期望车组处于 V 为 0 的状态。故车组自动施加常用制动,防止溜逸。

这时只要关闭 ASC 或将定速手柄定到目标速度再推牵引手柄,方可缓解。

实际试验情况如下,在 HMI 将 ASC 置于“最大速度”位置,定速手柄置于 0 位(此时车组认为司机期望车组速度为 0)。见图 3—26。

将制动手柄置于 0 位,缓解制动。车组空气制动处于自动施加的状态,不缓解(车组认为司机期望值为零,车组停车,防止溜逸,自动施加空气制动的停车制动功能)。见图 3—27。

将牵引手柄推至“Pmax”位置。无牵引力输出(车组认为司机期望值为零,车组不应当动车,故没有牵引力输出)。见图 3—28、图 3—29。

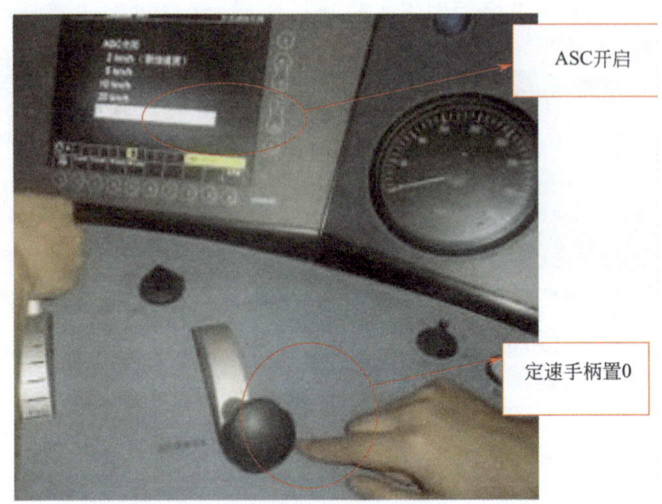

图 3—26　ASC 开启

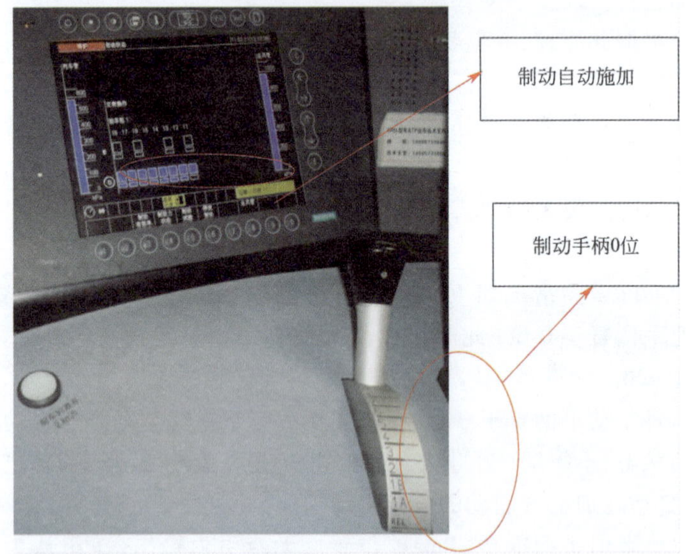

图 3—27　试验结果显示

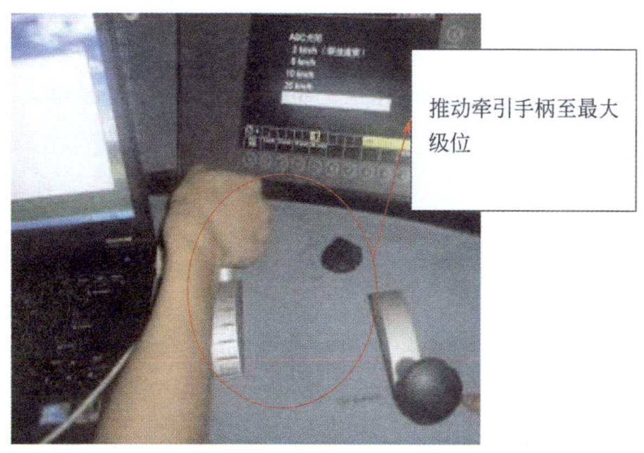

图 3—28 推动牵引手柄

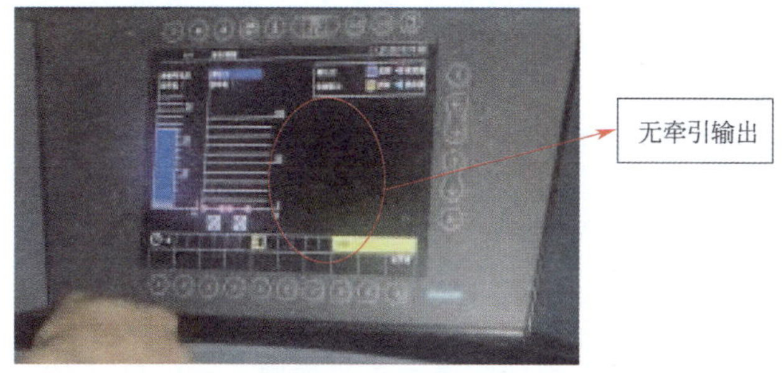

图 3—29 无牵引输出

(3)注意事项

当全列制动不缓解,无法充分时,注意查看 ASC 状态和定速手柄状态。

(4)途中处理要点

在司机反映车组全列制动无法缓解时,随车机械师立即赶到司机室了解情况,经检查确认车组无任何相关故障代码。随后随车机械师按照《关于 CRH3 型 061 号及以上动车组补充常用制动不缓解应急处理办法的通知》(运装客车电[2010]2513 号文件)要求司机"将制动手柄放于最大常用制动位，缓解停放制动，再将制动手柄推至 OC 位，然后施加停放制动"，但车组全列制动仍显示施加，查 HMI 里未报任何制动相关故障，初步判断车组状态正常，制动无法缓解与司机操作有关。

8:50 随车机械师检查 306701 车 ASC（速度自动控制）设置状态及定速手柄状态，发现 ASC 设置在"最大速度"一项，而定速手柄处于 0 位，判断因定速手柄未设置速度等级，导致全列车制动无法缓缓解，HMI 显示制动施加。08:54 要求司机将 ASC 开关关闭，车组制动缓解，推牵引手柄车组有牵引力。将 ASC 开关打开，将定速手柄处于定速位后于 8:56 开车，11:56 G1025 次到达终到站，晚点 21 min。

（5）库内检查处理

进库后检查未发现任何有关制动不缓解的故障代码，下载 CCU 数据进行分析，情况与线上处理过程基本相同。

2. 列车就绪模式错误触发

（1）案例概况

CRH_3-065C 动车组担当运营交路。司机换端后反映制动不缓解，随车机械师查看 HMI，状态信息显示"列车管充风被截断"，司机反应，停放制动缓解后又自动施加。经检查发现，司机误操作将车组置于"列车就绪"模式。

（2）原因分析

司机在长时间待车过程中，错误激活了"列车就绪（Secure Train）"模式。

"列车就绪（Secure Train）"模式使用在如下模式下：车组连挂前，静止列车为了防止连挂时的冲动，选择该模式，系统将自动施加紧急制动和停放制动。在系统界面下选择编组连挂页面，即可启动该模式。见图 3—30 ~ 图 3—32。

若通过 HMI 开启导流罩，有关的按钮也仅在此模式激活后才能使用。

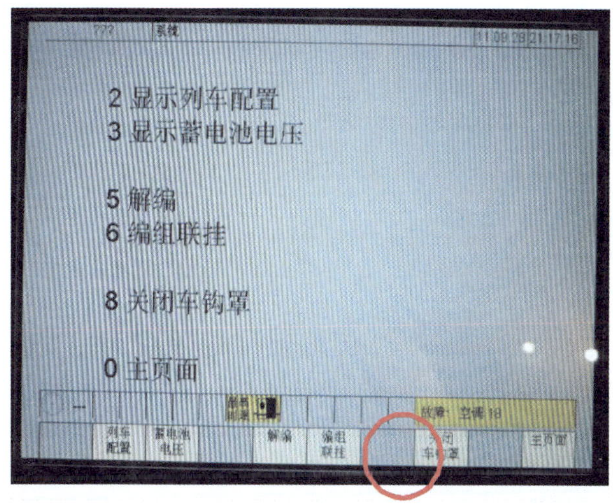

图 3—30　连挂页面

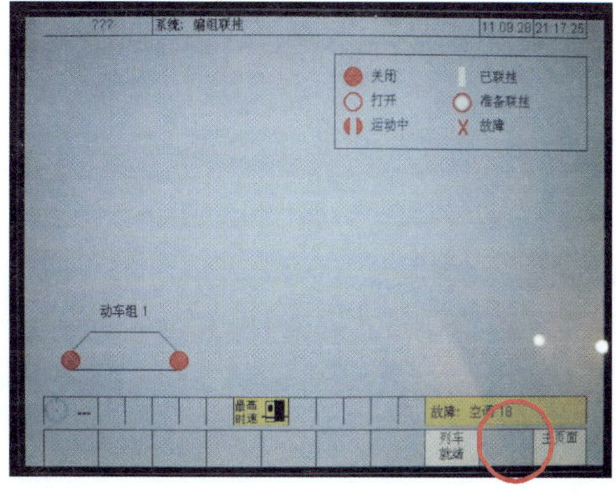

图 3—31　列车就绪

在此模式下，车组自动施加停放制动若认为缓解，车组会报错 69DC，连挂\解编时并非所有的停放制动已施加。且处于安全

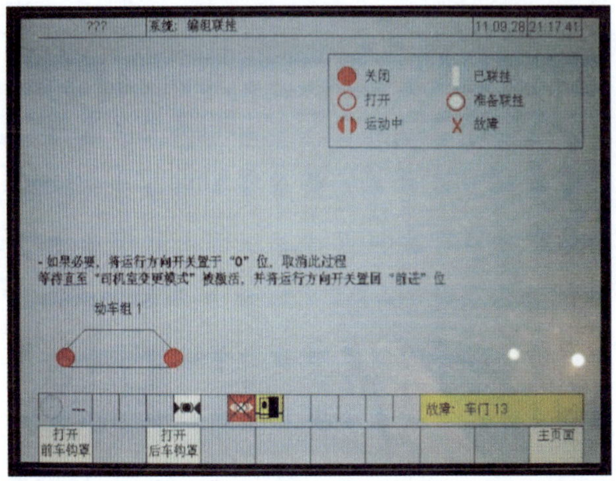

图 3—32　第四步操作界面(按压“列车就绪”按钮的显示界面)

考虑,车组会自动施加停放制动。

所以该模式的功能是连挂前固定列车,Secure Train 翻译为列车就绪不够精确,应翻译为列车固定模式较为合理。

若需要取消该模式,实际上 HMI 上有提示信息。“如果必要,将运行方向开关置于‘0’位,取消此过程,等待直至‘司机室变更模式’被激活,并将运行方向开关置回‘前进’位”。

(3)注意事项

无。

(4)途中处理要点

碰到此故障,只需重新激活方向开关即可。

(5)库内检查处理

3. HMI 黑屏

(1)案例概况

CRH3-072C 车组担当运营交路。15:28,报 08 车辅列车司机 HMI 与主列车司机 HMI 以太网连接故障(代码:0053),右屏正常,维持运行,终到复位后恢复正常。

(2)原因分析

由于软件设计缺陷,导致08车左HMI通信信号接收处理异常,HMI内部环境控制器接收不到任何通信,看门狗没有被激活,从而使HMI内部PC断开,HMI自动重启。

(3)注意事项

随车机械师线上遇此类故障时严格按照应急处理手册上步骤操作。

(4)途中处理要点

①如果HMI自动重启,检查重启后HMI功能是否正常。

②如果HMI不能自动重启,需要手动重启,关闭司机室后空开面板的42-F01(左屏)、42-F02(右屏)30 s后闭合重启HMI。

(5)库内处理情况

CRH3-072C车组进库后,对08车HMI进行了检查,发现左HMI屏显示正常,各按键功能良好,两屏之间切换无障碍,多次开关HMI屏正常。检查车组当前的MVB通信状态,均正常。见图3—33。

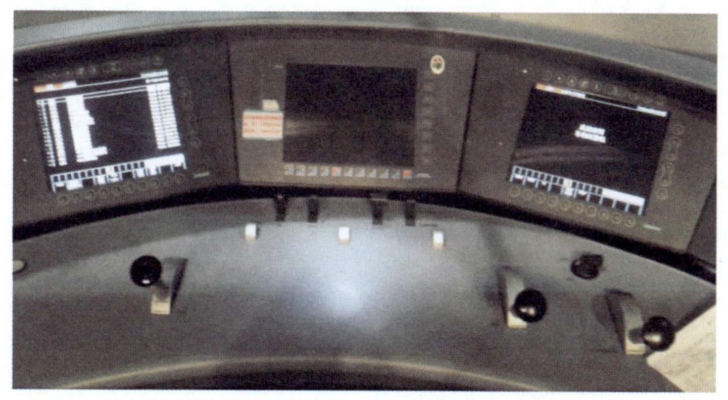

图3—33　库内处理

为防止线上车组再次报故障,对08车左HMI屏进行重新上载软件,HMI正常后测试各按键功能良好,两屏之间切换无障碍,多次开关HMI屏正常。

第四章　CRH5 型动车组典型故障案例

一、高压供电系统

1. DJ1 烧损

(1)案例概况

CRH5-00A + CRH5-00B 重联车组,运行时 500B03 车主断跳开,手动闭合无效,两列车主断同时跳开,500B05、500B06 车顶上部有异响、糊味,在车站停车后做小复位升 500B06 车受电弓无法升起,查看 LT 屏发现 500B06 车 CLTA、CLTB 报红,牵引变压器切除,断开 500B06 车 CLTA、CLTB 空开,并切除 500A05 车 DJ1 后,做大复位,升 500B03 车受电弓正常,主断仍无法闭合,随车机械师下车检查 500B03、500B06 车受电弓、接触网未发现异常。后切除 CRH5-00B 列 03、06 车受电弓,升 500-A03 车受电弓正常,对 CRH5-00B 列进行检查,发现 500B06 车 CLTA、CLTB 空气开关未闭合,闭合后进行小复位,主断无法闭合,做断蓄电池大复位,升 06 车弓后 CRH5-00A 列 5 牵 5 辅正常、CRH5-00B 列恢复 1 个牵引、1 个辅助。再次进行复位后,CRH5-00B 列恢复正常。

(2)原因分析

由于网压频繁超出范围,造成 500B03 主断无法闭合,500B05 车 DJ1 烧损。见图 4—1。

(3)注意事项

①发现 DJ1 烧损,主断无法闭合的情况,确认受电弓和接触网正常的情况下,立即手动切除 DJ1,进行小复位,然后升 03 或 06 车受电弓,再闭合自主断路器。如果属于接触网问题,通知司

图 4—1 DJ1 烧损

机报告调度与供电段联系。

②断开 500B06 车 CLTA、CLTB 空开，并切除 500A05 车 DJ1 后，应及时恢复 06 车 CLTA、CLTB 空开，否则无法主断闭合。

③下车检查做好邻线防护。

(4)途中处理要点

CRH5 型动车组，DJ1 烧损，主断无法闭合的故障，可采用下列方法进行处理：

①车组在合适的地点停车，降弓，注意不要停在分相区。

②停车后确认受电弓及接触网状态良好，网压正常，如果属于接触网问题，通知司机报告调度与供电段联系。

③断开故障车 CLTA、CLTB 空开。

④切除故障车 DJ1。

⑤恢复 CLTA、CLTB 空开。

⑥升 3 或 6 车受电弓。

⑦合故障车断路器。

⑧如果故障车合主断后牵引辅变异常，需要在故障车主控端进行断蓄电池大复位。

(5)库内检查处理

①将 500B03、500B06 及 500B05 车断路器检查门打开，检查外观及密封均良好，03、06 车内部检查正常。再对 05 车断路器

内部检查时，发现严重烧损。

②500B05 车断路器更换完毕后，升 500B03 车受电弓，闭合主断路器正常，高压系统检测正常、加载试验正常，测试 500B06 车 CLTA、B 功能正常。

2. 避雷器烧损

(1)案例概况

CRH_5-00A 动车组，进站前网压为“0”，主断断开，滑行后停车，接触网恢复供电后重新升 03 车弓合主断，下车观察发现弓网之间有火球出现，同时网压为“0”，降弓，将 05 车 27Q02、27Q03、27Q04 空气开关断开，切除 DJ1，接触网恢复供电。换升 06 车弓，车下观察弓网间有火球出现，车上显示网压为“0”，降弓。换升 03 车弓，车下观察弓网间依然出现火球，申请救援。见图 4—2。

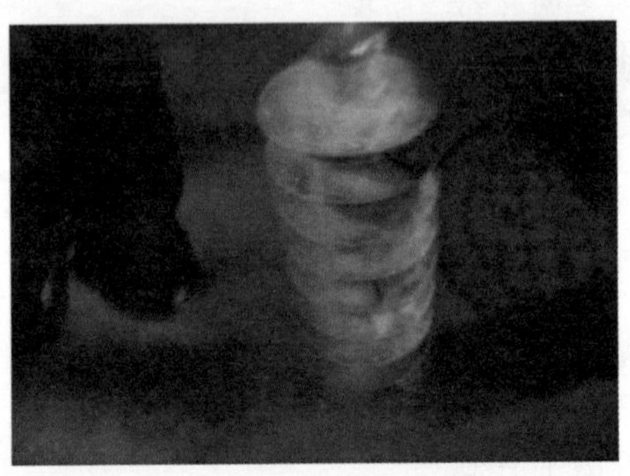

图 4—2　避雷器烧损

(2)原因分析

①极端恶劣的大雾天气造成了空气绝缘等级降低，避雷器外部吸附灰尘水汽等使避雷器绝缘等级降低，再加上避雷器本身绝缘硅橡胶性能下降、网压过高等综合因素，使放电现象首先发生在避雷器安装螺栓与主断底板安装螺栓间(安装螺栓放电现象最严重)，造成避雷器破损接地。当再次升弓合主断时，高压短路，产生了其他部位大面积放电现象，导致(TAL、TAP)过流，变

压器切除、DJ 断开。

②通过对当时 TCU 记录的分析,没有牵引力的原因是接触网网压过高,导致牵引自动保护。

(3)注意事项

发现打火现象不可再次升故障受电弓,防止受电弓和接触网再次打火使设备受损伤。

(4)途中处理要点

①发现弓网之间打火,立即降下故障受电弓;

②手动切除 DJ1 后,换升另一受电弓;

③如果升另一受电弓仍有打火现象,则请求救援。

(5)库内检查处理

经检查发现 03 车 DJ 后端避雷器(FSC1)顶端、底端及主断安装座有放电痕迹,避雷器硅橡胶褶伞崩开,硅橡胶表面卫生情况较好。03 车受电弓碳滑板表面有灼蚀痕迹。下载了 TCMS 记录及 04、07、00 车 TCU 记录,TCMS 记录见图 4—3。

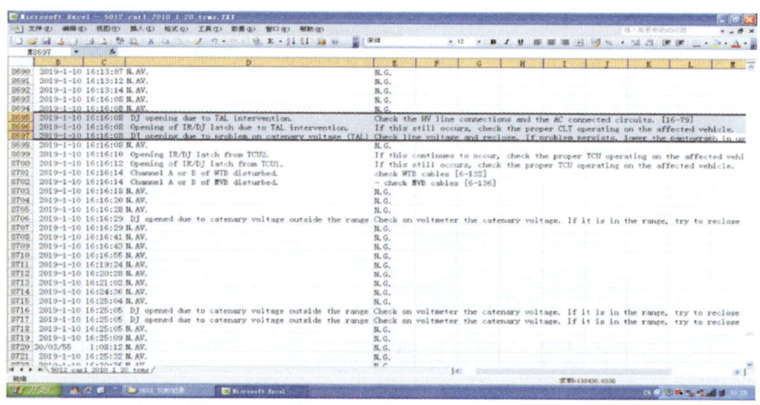

	B	C	D	E
8690	2019-1-10	16:13:07	N. AV.	N. G.
8691	2019-1-10	16:13:12	N. AV.	N. G.
8692	2019-1-10	16:13:14	N. AV.	N. G.
8693	2019-1-10	16:16:08	N. AV.	N. G.
8694	2019-1-10	16:16:08	N. AV.	N. G.
8695	2019-1-10	16:16:08	DJ opening due to TAL intervention.	Check the HV line connections and the AC connected circuits. [16-79]
8696	2019-1-10	16:16:08	Opening of IR/DJ latch due to TAL intervention.	If this still occurs, check the proper CLT operating on the affected vehicle.
8697	2019-1-10	16:16:08	DJ opening due to problem on catenary voltage (TAL)	Check line voltage and reclose. If problem persists, lower the pantograph in us
8698	2019-1-10	16:16:08	N. AV.	N. G.
8699	2019-1-10	16:16:10	Opening IR/DJ latch from TCU2.	If this continues to occur, check the proper TCU operating on the affected vehi
8700	2019-1-10	16:16:12	Opening of IR/DJ latch from TCU1.	If this still occurs, check the proper TCU operating on the affected vehicle.
8701	2019-1-10	16:16:14	Channel A or B of WTB disturbed.	check WTB cables [6-132]
8702	2019-1-10	16:16:14	Channel A or B of MVB disturbed.	- check MVB cables [6-136]
8703	2019-1-10	16:16:18	N. AV.	N. G.
8704	2019-1-10	16:16:20	N. AV.	N. G.
8705	2019-1-10	16:16:28	N. AV.	N. G.
8706	2019-1-10	16:16:29	DJ opened due to catenary voltage outside the range	Check on voltmeter the catenary voltage. If it is in the range, try to reclose
8707	2019-1-10	16:16:29	N. AV.	N. G.
8708	2019-1-10	16:16:41	N. AV.	N. G.
8709	2019-1-10	16:16:43	N. AV.	N. G.
8710	2019-1-10	16:16:55	N. AV.	N. G.
8711	2019-1-10	16:19:24	N. AV.	N. G.
8712	2019-1-10	16:20:28	N. AV.	N. G.
8713	2019-1-10	16:21:02	N. AV.	N. G.
8714	2019-1-10	16:24:36	N. AV.	N. G.
8715	2019-1-10	16:25:04	N. AV.	N. G.
8716	2019-1-10	16:25:05	DJ opened due to catenary voltage outside the range	Check on voltmeter the catenary voltage. If it is in the range, try to reclose
8717	2019-1-10	16:25:05	DJ opened due to catenary voltage outside the range	Check on voltmeter the catenary voltage. If it is in the range, try to reclose
8718	2019-1-10	16:25:05	N. AV.	N. G.
8719	2019-1-10	16:25:09	N. AV.	N. G.
8720	30/03/55	1:08:12	N. AV.	N. G.
8721	2019-1-10	16:25:32	N. AV.	N. G.

图 4—3　TCMS 记录

16:16:08 主断由于 TAL 干预断开;16:16:08 集成仪表箱检测到 TAL 干预导致主断断开;16:16:08 主断由于网压超出范围导致断开。TCU 记录见图 4—4、图 4—5。

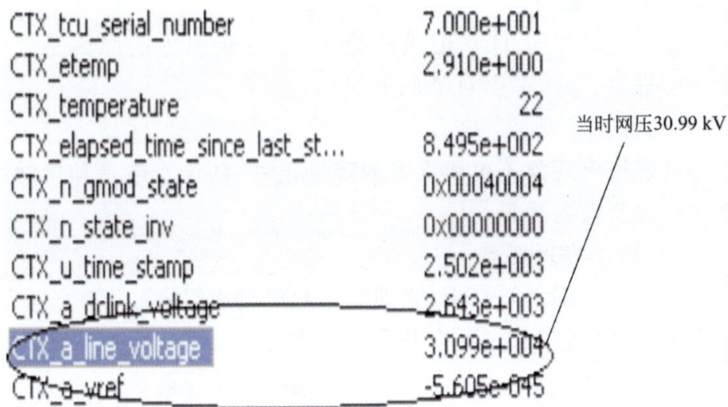

CTX_tcu_serial_number	7.000e+001
CTX_etemp	2.910e+000
CTX_temperature	22
CTX_elapsed_time_since_last_st...	8.495e+002
CTX_n_gmod_state	0x00040004
CTX_n_state_inv	0x00000000
CTX_u_time_stamp	2.502e+003
CTX_a_dclink_voltage	2.643e+003
CTX_a_line_voltage	3.099e+004
CTX_a_vref	-5.605e-045

(a) 500A04车TCU记录

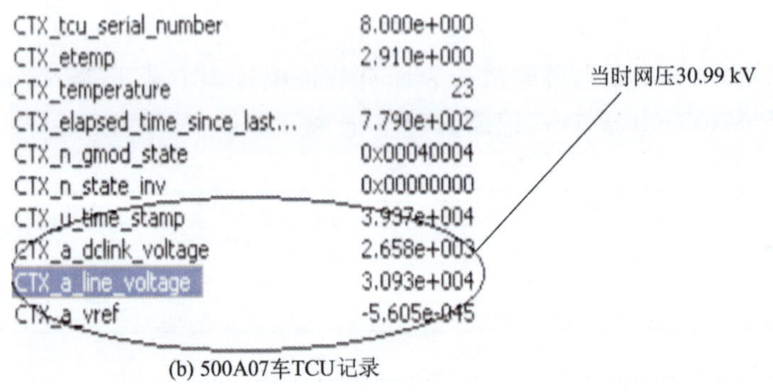

CTX_tcu_serial_number	8.000e+000
CTX_etemp	2.910e+000
CTX_temperature	23
CTX_elapsed_time_since_last...	7.790e+002
CTX_n_gmod_state	0x00040004
CTX_n_state_inv	0x00000000
CTX_u_time_stamp	3.937e+004
CTX_a_dclink_voltage	2.658e+003
CTX_a_line_voltage	3.093e+004
CTX_a_vref	-5.605e-045

(b) 500A07车TCU记录

图 4—4 TCU 记录

更换避雷器后，试验正常。

3. 油流传感器故障导致变压器切除

(1)案例概况

CRH$_{5}$-00A + CRH$_{5}$-00B 重联车组进站前，CRH$_{5}$-00A 的 03、06 车变压器同时切除，DJ1 断开，到站停车后做两次断蓄电池大复位，切除 DJ1 及 04 车牵引、辅助，升 06 车受电弓，07、00 车牵引、辅助正常，中压扩展正常。出站过第一个分相后，500A07 车

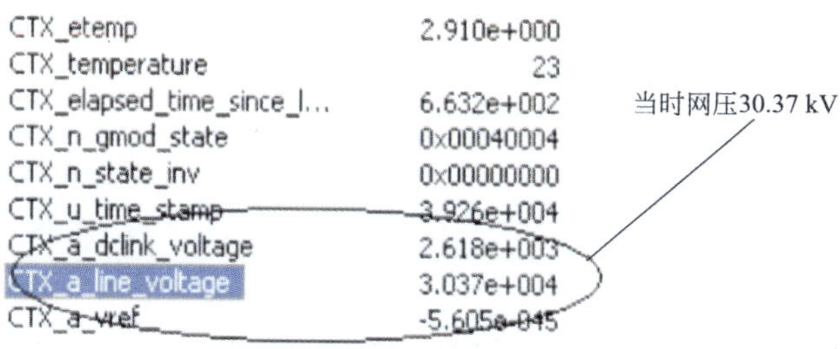

图 4—5 500A00 车 TCU 记录

辅助切除,主断不自动闭合,手动闭合主断,中压无法正常扩展,CRH5-00A 车的 01～05 车无中压,小复位操作后 05 车 DJ1、04 车牵引、辅助恢复,升 06 车受电弓合主断后,03 车、06 车变压器正常,施加牵引时,主断又跳开,同时 06 车变压器切除,03 车正常,进行小复位操作,升 03 车受电弓合主断,01～05 车中压正常,但 06～00 车无中压,断电降弓,将 05 车 DJ1 切除,小复位操作,升 03 车弓,合主断,01～05 车中压正常,06～00 车仍然无中压,维持运行到站进行断蓄电池大复位,升 03 车受电弓合主断后,中压扩展正常,各车厢空调均正常工作。

(2)原因分析

①500A03 车和 500A06 车变压器切除的原因是由于油流传感器产生故障导致,如果两个油流传感器同时检查不到油流,那么网络认为冷却泵故障,就会自动切除变压器。通过复位后油流传感器检测正常后,变压器恢复正常。

②中压不扩展的原因是由于当 03 车或者 06 车有一个变压器切除时,控制 04 车牵引变流器的 KSAZ3 接触器没有打开,网络监测错误,导致中压无法扩展。经断蓄电池复位后,KSAZ3 接触器动作正常后,中压扩展恢复正常。

(3)注意事项

出现油流传感器故障导致变压器的故障,应手动切除故障车 DJ1,切除故障车变压器,进行小复位。

(4)途中处理要点

在有条件的情况下（停车时间较长的情况下），可下车打开主变压器的裙板，检查油流传感器的接线情况，进行小复位操作，可能恢复故障车变压器，恢复正常运行。

（5）库内检查处理

检查500A03车，其CLT正常，冷却泵阻值正常，调整了油流传感器B，调整了B路油流流动速度；检查500A06车，其CLT正常，冷却泵阻值正常，调整了油流传感器B，调整了B路油流流动速度。再次试验牵引变压器工作正常。

4. 高压箱10A05X03烧损导致变压器切除

（1）案例概况

CRH5-00A+CRH5-00B重联车组，运行时500A03、500B03车变压器切除，500A01、500A02、500A07、500B01、500B02车牵引切除、辅变不工作。在车站做大复位后，两车主变压器仍未恢复。中压扩展正常，但500B02车空调不工作，5牵5辅维持运行。

（2）原因分析

①CRH5-00A动车组03车主变压器切除是由于03车高压控制箱上10A05X03烧损，从而导致主变压器的两个冷却泵均不工作，造成主变压器切除。

②由于CRH5-00B动车组02车变流器切除，中压重新分配，03车中压箱内的KL3接触器闭合，03车的中压B线负载均通过KL3接触器供电。CRH5-00B动车组03车中压箱15XM2B端子排U相螺柱折断，152041/C、152041/E两根线压接于同一螺柱，而连接KL3到15XM2B端子排U相的母排虚接。当02车变流器故障时，中压自动扩展后电流经过虚接的母排，引起过流，导致控制主变压器冷却泵的15Q5、15Q6空开跳开，两个冷却泵均不工作，造成主变压器切除。见图4—6。

（3）注意事项

①由于高压接触器箱属于高压设备，检查前必须确认高压接

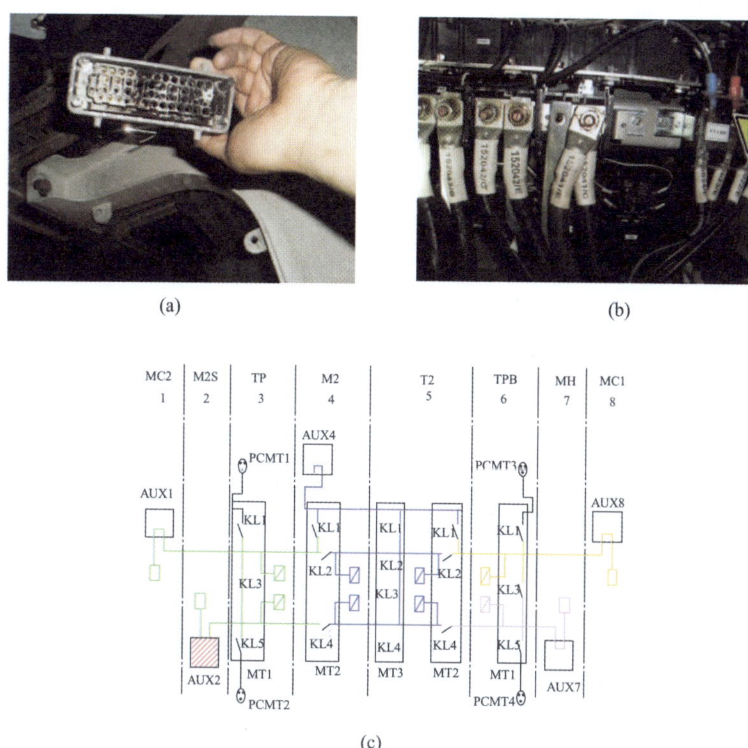

图 4—6　原因分析

触器断电，时刻注意人身安全。

②随车机械师在线路上检查高压接触器箱前要做好邻线防护，避免人身伤害。

③检查完毕应注意恢复好裙板。

(4)途中处理要点

①发现主变压器不工作的故障，需停车后下车检查故障车高压接触器箱 X03，如发现烧损时，断开中压接触器箱内空气开关 15Q5、15Q6(给变压器辅助负载供电的电源开关)。

②切除 03 车变压器，小复位操作后，升 06 车受电弓、合主断，中压扩展正常。

(5)库内检查处理

①500A03 车高压控制箱上的中压连接插头 10A05X03 烧损,更换此插头及插座,更换 CRH5-00A 动车组 06 车 KSAZ12 高压接触器。

②检查 CRH5-00B 动车组 02 车 QEL 电气柜中压发现 U 相无电,检查 03 车中压箱发现 15XM2B 端子排 U 相螺柱折断,152041/C、152041/E 两根线压接于同一螺柱,将 152041/C、152041/E、母排接到同一根螺柱上,之后库内试车正常。

5. 17XMB2N 负线端子排烧损导致受电弓无法升起

(1)案例概况

CRH5-00A + CRH5-00B 重联车组,在出库前进行升弓供电时,500A03 受电弓不能正常升起,换升 06 车受电弓,仍不能正常升起。进行 1 次大复位、2 次断蓄电池复位后 CRH5-00A 列 03、06 车弓还是无法升起;之后经过 3 次断蓄电池、1 次断网关复位,500A06 车受电弓可以升起,但 500A03 车受电弓仍无法升起。

(2)原因分析

17XMB2N 负线端子排结构或安装工艺不合理,端子排的短连片接触不良,使接触电阻增大,导致过热使得短连片和负线端子排烧损。见图 4—7。

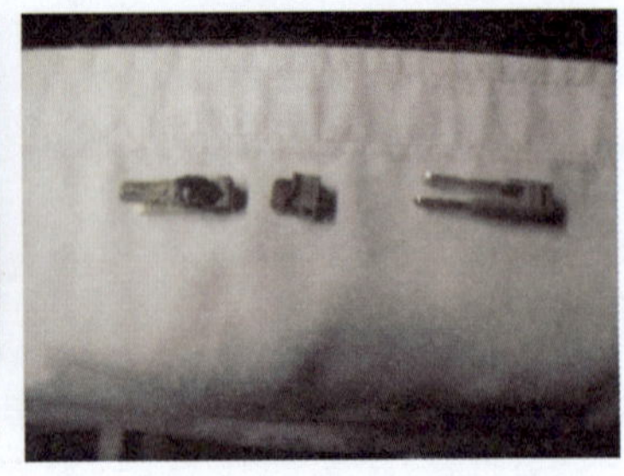

图 4—7 原因分析

(3)注意事项

处理故障过程中注意蓄电池电压,若有必要,需接通外接电源,避免蓄电池亏电。

(4)途中处理要点

一个受电弓升弓失败后,更换另一个受电弓,若另一个受电弓依然不能升起,小复位。检查 03、06 车 17XMB2N 负线端子排及短连片是否松动。如仍未恢复,则在前方站内停车断蓄电池再做大复位。

(5)库内检查处理

对 500A03 车检查发现 3 位塞拉门上部 DC 24 V 的 17XMB2N 负线端子排松动、虚接,重新插接紧固后,恢复正常。

6. 司机控制器(以下简称司控器)**故障**

(1)案例概况

CRH5-00A + CRH5-500B 重联动车组始发站准备开车时,全列施加牵引无效。进行小复位操作后,推动牵引手柄施加牵引时有时无,随车机械师经 TCMS 复位后,全列牵引恢复施加。

(2)原因分析

主要原因是由于 500A01 车司控器故障。因司控器故障后导致 TCMS 无法确定手柄移动角度,进而无法确定牵引象限(T)组成的每个驱动位,最终导致该车主控时全列无牵引力。

(3)库内检查处理

①对 500A01 车司控器进行牵引试验,存在施加牵引时间迟缓问题;对 500A01 车司控器进行制动缓解试验,未发现异常;在 500A01 车司机室进行自动制动试验,发现自动制动试验不能通过。

②对 500A01 车司控器进行模拟变量试验检查,发现该车牵引手柄位置变量反馈值不一致,因此判定 500A01 车司控器故障。

变量监控截屏见图 4—8。

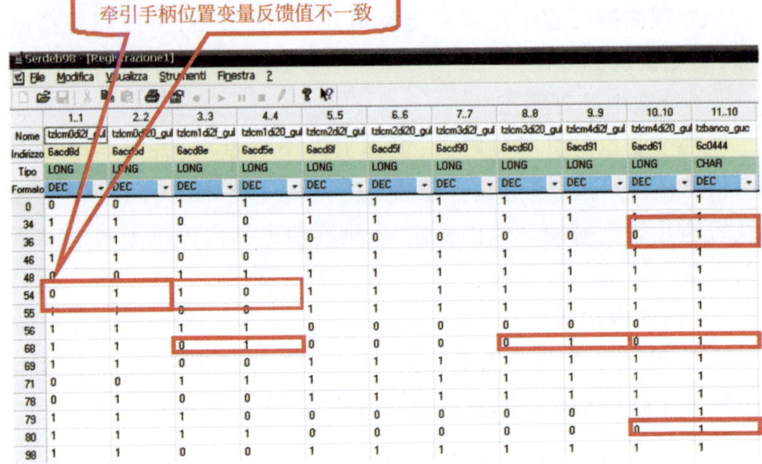

	1..1	2..2	3..3	4..4	5..5	6..6	7..7	8..8	9..9	10..10	11..10
Nome	tzlcm0di2f_gul	tzlcm0di20_gul	tzlcm1di2f_gul	tzlcm1di20_gul	tzlcm2di2f_gul	tzlcm2di20_gul	tzlcm3di2f_gul	tzlcm3di20_gul	tzlcm4di2f_gul	tzlcm4di20_gul	tzbanco_guc
Indirizzo	6acd8d	6acd5d	6acd8e	6acd5e	6acd8f	6acd5f	6acd90	6acd60	6acd91	6acd61	6c0444
Tipo	LONG	LONG	LONG	LONG	LONG	LONG	LONG	LONG	LONG	LONG	CHAR
Formato	DEC	DEC	DEC	DEC	DEC	DEC	DEC	DEC	DEC	DEC	DEC
0	0	0	1	1	1	1	1	1	1	1	1
34	1	1	0	0	1	1	1	1	1	1	1
36	1	1	1	1	0	0	0	0	0	0	1
46	1	1	0	0	1	1	1	1	1	1	1
48	0	0	1	1	1	1	1	1	1	1	1
54	0	1	1	0	1	1	1	1	1	1	1
55	1	1	0	0	1	1	1	1	1	1	1
56	1	1	1	1	0	0	0	0	0	0	1
68	1	1	0	1	0	0	0	0	1	0	1
69	1	1	0	0	1	1	1	1	1	1	1
71	0	0	1	1	1	1	1	1	1	1	1
78	0	1	0	0	1	1	1	1	1	1	1
79	1	1	1	0	0	0	0	0	0	1	1
80	1	1	1	1	0	0	0	0	0	0	1
98	1	1	0	0	1	1	1	1	1	1	1

图 4—8　变量监控截屏

7. 牵引变压器自动切除，DJ1 断开

(1)案例概况

CRH5-00A + CRH5-00B 重联动车组在站内进行换端操作时 500B01 车充电机离线，司机做小复位后，500A03 车牵引变压器切除，500A01、500A02 车牵引变流器切除，再做小复位后故障未消除，换升 06 车弓，500A06 车主断无法闭合，经 3 次断蓄电池大复位后，500A06 车受电弓正常升起，主断闭合良好，500A03 车变压器切除，动车组 8 牵 8 辅。动车组运行后，500A06 车主断不闭合，多次手动闭合无效，将 500A01、500A02、500A04 车牵引变流器手动切除，500A05 车 DJ1 切除后做小复位操作，故障未消除，站停时随车机械师下车查看 500A06 车受电弓未升起，压力表显示压力为“0”。到达停靠站时，随车机械师通知司机进行断蓄电池大复位操作。同时打开 500A03 车高压接触箱裙板，发现 KSAZ21 高压接触器卡滞，手动打开 KSAZ21 高压接触器，将 500A01 车牵引变流器手动切除，做小复位，升 500A03 车受电弓，

主断闭合良好，动车组恢复九牵九辅运行。

(2)原因分析

高压接触器 KSAZ21 辅助触点机械卡滞，造成 500A03 车牵引变压器自动切除。

(3)注意事项

①注意观察 TD 屏上故障信息显示，及时准确判断故障。

②注意车辆中压扩展情况，以保证车上负载可以正常使用。

③下车检查做好邻线防护。

(4)途中处理要点

CRH5 型动车组，高压接触器故障时，导致牵引变压器切除的故障，可采用下列方法进行处理：

①动车组在合适的地点停车，降弓，注意不要停在分相区。

②停车后确认高压接触器 KSAZ11/12/21/22/31/32 是否存在卡滞或粘连现象。

③若高压接触器 KSAZ 存在卡滞或粘连，则手动切除该高压接触器 KSAZ 所对应的牵引变流器。

(5)库内检查处理

①更换 500A03 车高压箱内的高压接触器 KSAZ21。

②登顶检查 500A06 车受电弓时发现受电弓碳滑板遭外物击打后断裂，大量漏风，使受电弓无法升起。更换碳滑板后，闭合主断路器正常，高压系统检测正常、加载试验正常。

8. DJ 闭合不上或跳开

(1)案例概况

CRH5-00A + CRH5-00B 重联动车组，在运行过程中 500B03 车主断跳开，主控车 500A01 车 TD 屏提示(因 500B02 车牵引变流器故障引起 DJ 打开)，将 500B02 车牵引切除后主断闭合正常，动车组正常运行。

(2)原因分析

由于 500B02 车牵引变流器故障导致 DJ 闭合不上或跳开。

(3)注意事项

①观察故障时 TD 屏上弹出的故障信息显示,判断故障。

②手动切除故障车辆牵引系统,再次闭合主断运行。

(4)途中处理要点

CRH5 型动车组主断路器跳开后有牵引自动切除故障时,如闭合不成功由随车机械师将故障牵引手动切除(MC2/MC1 车为 26Q04、26Q05、26Q06,中间车为 26Q02、26Q03、26Q04),做小复位重新闭合。

(5)库内检查处理

经检查发现 500B02 车 TV2(电压传感器)故障,当 2 车牵引控制单元 TCU 检测到 TV2 直流环节电压传感器电压值异常时,经由 TCU 信号反馈到牵引 MPU 后,从而触发 TCMS 系统车辆保护逻辑关系,并发出指令自动断开主断路器 DJ。更换 500B02 车 TV2 后,闭合主断路器正常,高压系统检测正常、加载试验正常。

9. 车顶高压供电设备污闪接地

(1)案例概况

CRH5-00A + CRH5-00B 重联动车组运行途中动车组显示无网压,造成停车。经联系得知接触网无电,申请接触网供电后,动车组升弓后显示接触网网压仍然为零,经供电工区人员到现场确认后发现接触网断开。随后申请接触网断电,登顶检查后发现 CRH5-00B 动车组 3、6 车受电弓、瓷瓶均有烧焦痕迹,最后采取救援。

(2)原因分析

由于故障发生时动车组运行环境条件恶劣,空气湿度高,空气介质绝缘能力降低,造成车顶设备集成仪表箱绝缘子、受电弓绝缘子附近产生放电、污闪现象,导致接地放炮引起接触网断开。

(3)注意事项

若运行途中发生放电、污闪现象,下车检查前应先联系相关部门确认邻线是否有车经过,再下车进行确认故障,严禁未经允许私自下车确认。

(4)途中处理要点

CRH5 型动车组运行途中出现车顶高压供电设备污闪接地时,采用下列方法进行处理:

①应立即与相关部门协调共同确认接触网状态。

②如频繁发生接触网断电情况,禁止闭合主断,须联系机车救援至临近车站,组织旅客换乘。

③到达临站后联系相关部门接触网断电,然后登顶进行车顶高压设备检查。

④如检查确认为高压系统污闪接地,无法继续升弓运行,则要求申请救援。

(5)库内检查处理

①动车组入库后,对 500A 及 500B 车顶高压设备进行检查,500A 动车组 3、6 车车顶高压设备未发现异常,500B 动车组 3 车、6 车受电弓碳滑板、集成仪表箱、受电弓绝缘子有不同程度的烧焦痕迹。

②更换 CRH5-00B 动车组 3、6 车相应受损的部件后,进行供电试验,动车组功能状态正常。

10. 主断无法闭合

(1)案例概况

CRH5-00A + CRH5-00B 重联动车组进站时显示 CRH500-A 03 车主断跳开,司机室仪表显示网压为零,作业人员下车检查,未发现异常,再次升弓试车时,站内人员反映有 CRH5-00A 放炮现象,随后将 CRH5-00A + CRH5-00B 的 5 车 DJ1 都手动切除,升 3 车受电弓,主断可以闭合,判断为 CRH5-00A 的 6 车高压系统存在故障。

(2)原因分析

此故障原因为 CHR5-00A 06 车主变压器 T 形连接头内部短路烧损,主变压器损坏漏油导致 6 车主断无法闭合。

(3)注意事项

如动车组在运行中发生放炮情况,应立即确认故障车辆是否有异味、着火等现象,确保乘客安全。

(4)途中处理要点

CRH5 型动车组主断无法闭合,动车组有放炮现象,可采用下列方法进行处理:

①主断跳开后应再次手动闭合主断。

②若有放炮现象,手动切除 DJ1,分别升 3、6 车受电弓确认车组哪个车存在高压系统故障。

③升非故障车受电弓维持运行。

(5)库内检查处理

①动车组入库后,作业人员检查动车组车顶高压系统均无异常。

②车下检查 CRH5-00A 03、06 车主变压器时,发现 CRH5-00A 06 车主变压器漏油、T 形连接头烧损;03 车主变压器、T 形连接头状态良好。

③更换故障车变压器及 T 形连接头后故障消除。

11. 原边绝缘干涉造成变压器切除

(1)案例概况

CRH5-00A + CRH5-00B 进站前,组中 500A03 车变压器自动切除,主断无法闭合,司机做小复位无效,停车后做大复位主断仍无法闭合,随车机械师按照应急处理预案硬切 500A05 车 DJ1 后主断闭合正常。

(2)原因分析

变压器原边绝缘干涉。

(3)注意事项

注意切除变压器后牵引限速状态。

(4)途中处理要点

硬切 DJ1 时注意扩展状态。

(5)库内检查处理

①下载 500A01 车的 TCMS 数据显示:09:09,报 3 车变压器初级绕组绝缘值低,同时 3 车变压器自动切除。随后又连续报了 4 次,可以判断导致 3 车变压器自动切除的原因就是 3 车变压器初级绕组绝缘值低。

②用软件对 500A03 车 CLT、集成仪表箱进行了监测,各变量数据均正常,各连接插头无松动。排除了 CLT 和集成仪表箱故障导致上述故障现象的可能。见图 4—9。

③库内分别升 3 号 6 号送电试验,牵引加载试验均正常。

④针对 503503 车变压器初级绕组绝缘值低导致变压器自动切除这一故障,需更换变压器处理。

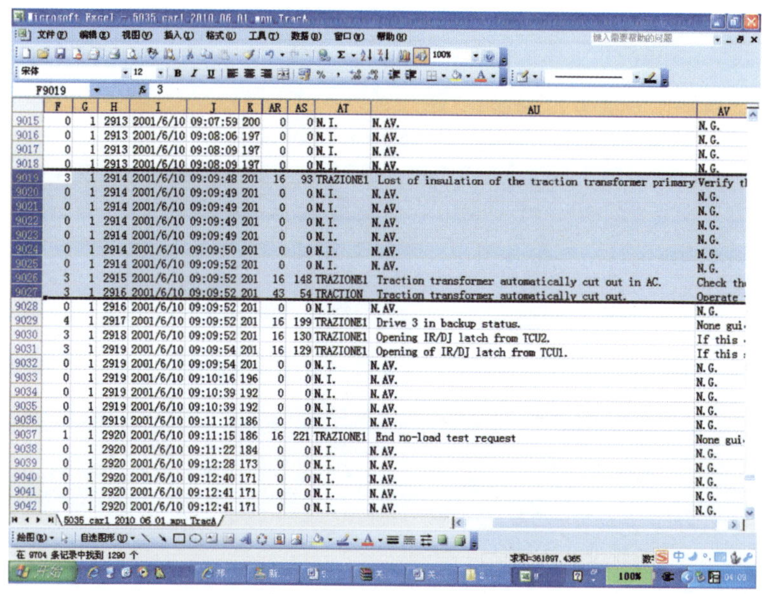

	F	G	H	I	J	K	AR	AS	AT	AU	AV
9015	0	1	2913	2001/6/10	09:07:59	200	0	0	N. I.	N. AV.	N. G.
9016	0	1	2913	2001/6/10	09:08:06	197	0	0	N. I.	N. AV.	N. G.
9017	0	1	2913	2001/6/10	09:08:09	197	0	0	N. I.	N. AV.	N. G.
9018	0	1	2913	2001/6/10	09:08:09	197	0	0	N. I.	N. AV.	N. G.
9019	3	1	2914	2001/6/10	09:09:48	201	16	93	TRAZIONE1	Lost of insulation of the traction transformer primary	Verify t
9020	0	1	2914	2001/6/10	09:09:49	201	0	0	N. I.	N. AV.	N. G.
9021	0	1	2914	2001/6/10	09:09:49	201	0	0	N. I.	N. AV.	N. G.
9022	0	1	2914	2001/6/10	09:09:49	201	0	0	N. I.	N. AV.	N. G.
9023	0	1	2914	2001/6/10	09:09:49	201	0	0	N. I.	N. AV.	N. G.
9024	0	1	2914	2001/6/10	09:09:50	201	0	0	N. I.	N. AV.	N. G.
9025	0	1	2914	2001/6/10	09:09:52	201	0	0	N. I.	N. AV.	N. G.
9026	3	1	2915	2001/6/10	09:09:52	201	16	148	TRAZIONE1	Traction transformer automatically cut out in AC.	Check th
9027	3	1	2916	2001/6/10	09:09:52	201	43	54	TRACTION	Traction transformer automatically cut out.	Operate
9028	0	1	2916	2001/6/10	09:09:52	201	0	0	N. I.	N. AV.	N. G.
9029	4	1	2917	2001/6/10	09:09:52	201	16	199	TRAZIONE1	Drive 3 in backup status.	None gui
9030	3	1	2918	2001/6/10	09:09:52	201	16	130	TRAZIONE1	Opening IR/DJ latch from TCU2.	If this
9031	3	1	2919	2001/6/10	09:09:54	201	16	129	TRAZIONE1	Opening of IR/DJ latch from TCU1.	If this
9032	0	1	2919	2001/6/10	09:09:54	201	0	0	N. I.	N. AV.	N. G.
9033	0	1	2919	2001/6/10	09:10:16	196	0	0	N. I.	N. AV.	N. G.
9034	0	1	2919	2001/6/10	09:10:39	192	0	0	N. I.	N. AV.	N. G.
9035	0	1	2919	2001/6/10	09:10:39	192	0	0	N. I.	N. AV.	N. G.
9036	0	1	2919	2001/6/10	09:11:12	186	0	0	N. I.	N. AV.	N. G.
9037	1	1	2920	2001/6/10	09:11:15	186	16	221	TRAZIONE1	End no-load test request	None gui
9038	0	1	2920	2001/6/10	09:11:22	184	0	0	N. I.	N. AV.	N. G.
9039	0	1	2920	2001/6/10	09:12:28	173	0	0	N. I.	N. AV.	N. G.
9040	0	1	2920	2001/6/10	09:12:40	171	0	0	N. I.	N. AV.	N. G.
9041	0	1	2920	2001/6/10	09:12:41	171	0	0	N. I.	N. AV.	N. G.
9042	0	1	2920	2001/6/10	09:12:41	171	0	0	N. I.	N. AV.	N. G.

图 4—9 监测数据

12. 集成仪表箱故障

(1)案例概况

CRH5-00A + CRH5-00B 正点开车时，司机汇报网压显示 31 kV，造成 500A 全列牵引报红，软切 500A03 车受电弓后开车。

(2)原因分析

集成仪表箱故障。

(3)注意事项

如仪表箱故障首先考虑断蓄电池复位。

(4)途中处理要点

首先考虑换弓处理。

(5)库内检查处理

终到入库后，下载 500A00、01 车 TCMS 数据，数据显示当时无动车组设备异常的记录(见图 4—10、图 4—11)，下载 500A 列

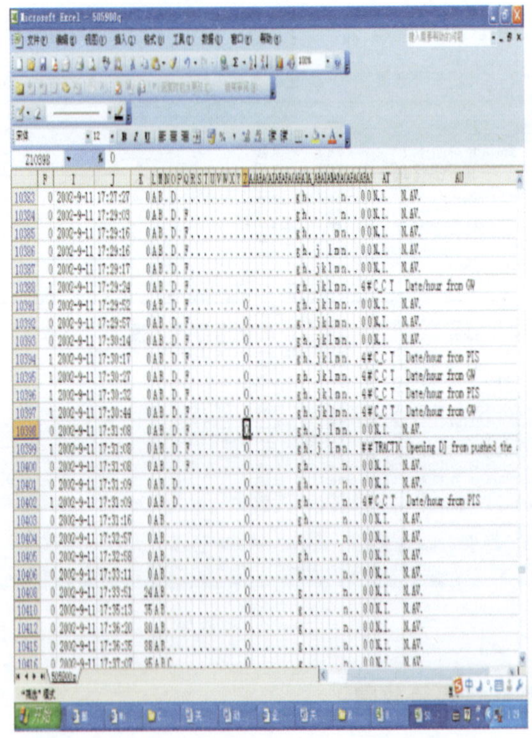

Z10398 | 0

	F	I	J	K … AT	AU
10383	0	2002-9-11	17:27:27	0AB.D...................gh.....n..00N.I.	N.AV.
10384	0	2002-9-11	17:29:03	0AB.D.F.................gh.....n..00N.I.	N.AV.
10385	0	2002-9-11	17:29:16	0AB.D.F.................gh....nn..00N.I.	N.AV.
10386	0	2002-9-11	17:29:16	0AB.D.F.................gh.j.lnn..00N.I.	N.AV.
10387	0	2002-9-11	17:29:17	0AB.D.F.................gh.jklnn..00N.I.	N.AV.
10388	1	2002-9-11	17:29:24	0AB.D.F.................gh.jklnn..4#C_CT	Date/hour from GW
10391	0	2002-9-11	17:29:52	0AB.D.F........0.......gh.jklnn..00N.I.	N.AV.
10392	0	2002-9-11	17:29:57	0AB.D.F........0.......g..jklnn..00N.I.	N.AV.
10393	0	2002-9-11	17:30:14	0AB.D.F........0.......gh.jklnn..00N.I.	N.AV.
10394	1	2002-9-11	17:30:17	0AB.D.F........0.......gh.jklnn..4#C_CT	Date/hour from PIS
10395	1	2002-9-11	17:30:27	0AB.D.F........0.......gh.jklnn..4#C_CT	Date/hour from GW
10396	1	2002-9-11	17:30:32	0AB.D.F........0.......gh.jklnn..4#C_CT	Date/hour from PIS
10397	1	2002-9-11	17:30:44	0AB.D.F........0.......gh.jklnn..4#C_CT	Date/hour from GW
10398	0	2002-9-11	17:31:08	0AB.D.F........0.......gh.j.lnn..00N.I.	N.AV.
10399	1	2002-9-11	17:31:08	0AB.D.F........0.......gh.j.lnn..##TRACTIC	Opening DJ from pushed the
10400	0	2002-9-11	17:31:08	0AB.D.F........0.......gh.....n..00N.I.	N.AV.
10401	0	2002-9-11	17:31:09	0AB.D..........0.......gh.....n..00N.I.	N.AV.
10402	1	2002-9-11	17:31:09	0AB.D..........0.......gh.....n..4#C_CT	Date/hour from PIS
10403	0	2002-9-11	17:31:16	0AB............0.......gh.....n..00N.I.	N.AV.
10404	0	2002-9-11	17:32:57	0AB............0.......g......n..00N.I.	N.AV.
10405	0	2002-9-11	17:32:58	0AB............0.......gh.....n..00N.I.	N.AV.
10406	0	2002-9-11	17:33:11	0AB............0.......g......n..00N.I.	N.AV.
10408	0	2002-9-11	17:33:51	24AB...........0.......g......n..00N.I.	N.AV.
10410	0	2002-9-11	17:35:13	35AB...........0.......g......n..00N.I.	N.AV.
10412	0	2002-9-11	17:36:20	80AB...........0.......g......n..00N.I.	N.AV.
10415	0	2002-9-11	17:36:35	88AB...........0.......g......n..00N.I.	N.AV.
10416	0	2002-9-11	17:37:07	95ABC..........0.......g......n..00N.I.	N.AV.

图 4—10 数据记录 1

TCU 数据，显示 17:29 记录的网压为 31.3 kV，（见图 4—12，当时升的 3 车受电弓），下载 5057 列 TCU 数据，显示 17:31 记录的网压为 29 kV（见图 4—13，当时升的 3 车受电弓）。

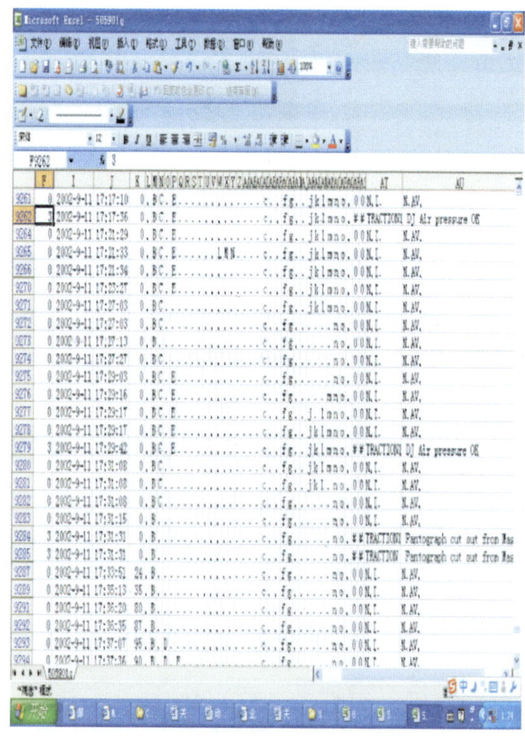

图 4—11　数据记录 2

二、牵引传动系统

1. 全列无牵引

（1）案例概况

CRH5-00A 动车组，运行时报“500A01 车主控，全列无牵引”，停于临时车站，随车机械师检查网压状态、20 系列空气开

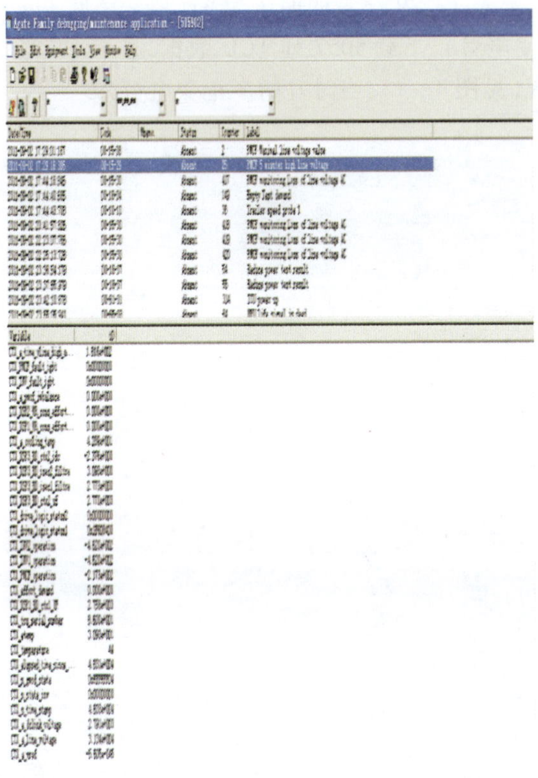

图 4—12 数据记录 3

关、列车管压力、警惕装置，无异常，随后进行大复位、断蓄电池复位均无效，司机进行换端操作，换端进行牵引试验正常，申请救援。

(2)原因分析

500A01 车制动控制单元 BCU2 中 EB02A 电路板故障，导致 ATP 最大常用制动被激活的指令通过 TCMS 传输给 TCU，全列牵引封锁。

(3)途中处理要点

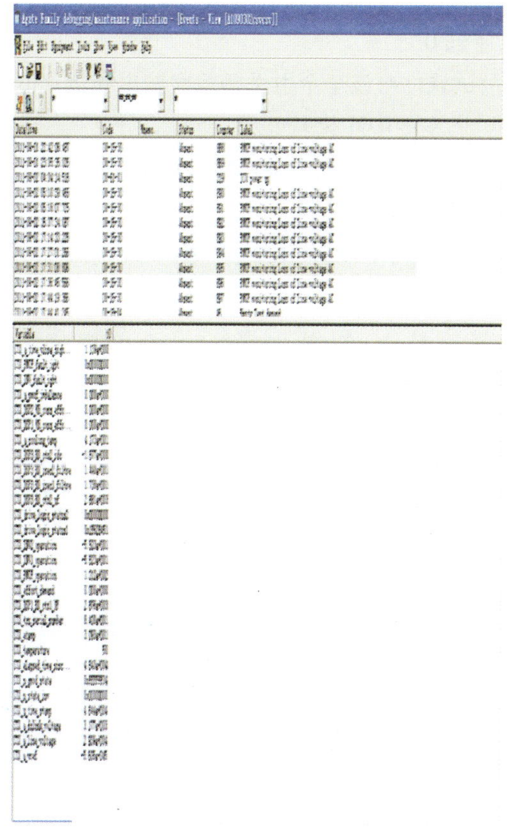

图 4—13　数据记录 4

应根据 TD 屏故障信息提示操作，应急处理时应断开主控端 BCU1 或 BCU2 电源空气开关。

(4)库内检查处理

①观察网压在正常范围内无波动现象。

②TD 屏显示安全环路正常建立。

③对 RIOM 模块的连接线进行全面检查未发现松动。

④对 01 车进行牵引试验仍无牵引力输出，TD 屏显示无牵引。

⑤下载 TCMS 数据显示牵引手柄编码器故障时，运行速度从 184 km/h 减速到 0。

⑥利用测试软件对该车牵引手柄角度输出和指令值进行检测。

⑦检查司机室 RIOM 模块正常。

⑧利用 SERDEB98 软件对各设备间的逻辑变量值进行软件检测（图 4—14），检测时发现：

a. 存在电制动请求指令“rsrichfe-gul = 1”。

b. 牵引指令不存在“tzabiltraz-gul = 0”。

经检查分析认为，引起电制动请求故障出现的原因为 500A01 车 ATP 和 LKJ 设备、BCU 控制单元存在故障。a. 检查 ATP、LKJ 正常。b. 更换 500A01 车 BCU2 控制模块中控制牵引、制动指令的 EB02A 控制板后，在 500A01 车牵引手柄置于牵引位进行牵引试验时，查看牵引指令“tzabiltraz-gul = 1”、电制动请求指令的逻辑变量“rsrichfe-gul = 0”。

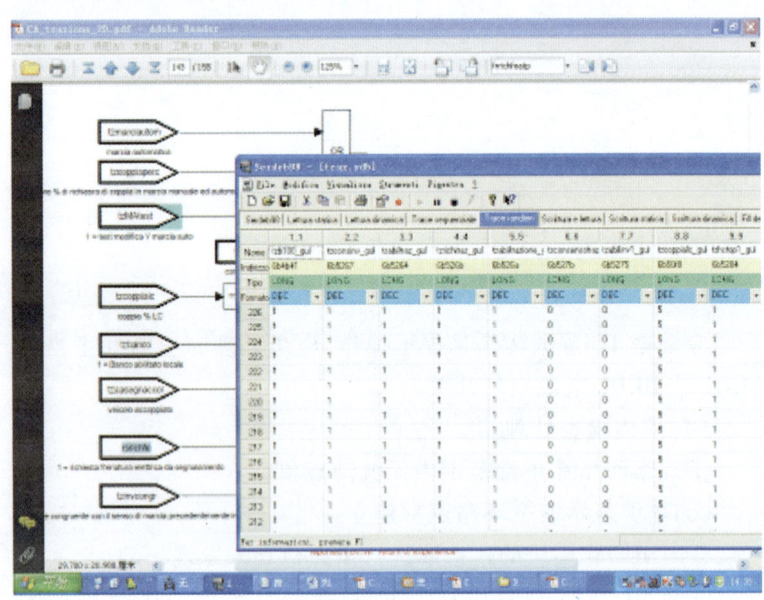

图 4—14　软件检测

2. 牵引封锁

(1)案例概况

CRH5-00A + CRH5-00B 重联车组,列车启动从车站开出后全列牵引力仅能输出 10 kN 左右,无法正常运行。检查 RIOM 模块发现 RIOM-A 显示异常,各部指示灯熄灭,空开复位无效。

(2)原因分析

500A01 车 RIOM-A 模块电源烧损,导致牵引编码器输出变量异常,致使全列只有最小牵引力,无法正常运行。

(3)途中处理要点

CRH5-00A 与 CRH5-00B 车组对调 RIOM-A 模块电源。

(4)库内检查处理

①下载 500A01 车 TCMS 数据,显示牵引编码器故障。

②检查 RIOM-A 模块电源指示灯熄灭,经测量后确认电源模块烧损。

③对 500A01 车 RIOM-A 模块更换后,进行牵引试验正常,进行加载、制动试验正常。

3. 牵引力丢失

(1)案例概况

CRH5-00A + CRH5-00B 重联车组,500A01 车主控。司机给出牵引指令后,牵引力瞬间上升后消失,查看 BPS 屏和 TD 屏,均未发现故障信息,进行启动加载试验,各牵引变流器工作正常,司机进行大复位和断蓄电池复位操作,故障依然存在,换端到 500B00 车进行操作,牵引正常,在车站将 CRH5-00A、CRH5-00B 进行调换。

(2)原因分析

500A01 车牵引制动手柄编码器故障导致全列牵引无输出。

(3)途中处理要点

①换端后在后方最近站内将车组进行换向。

②根据原铁道部相关规定,在另一端驾驶维持运行到前方站。

③若换端故障仍无法消除，申请救援。

(4)库内检查处理

①下载 TCMS 故障记录，显示 500A01 车牵引制动手柄故障。

②对该车主手柄进行更换后正常。

4. 牵引变流器故障导致安全装置破损

(1)案例概况

CRH5-00A + CRH5-00B 重联车组，运行时 TD 屏报："500A01 车牵引电动机 2 速度传感器断线、传动机构破损"，司机操纵停车。随车机械师下车对 500A01 车 2 位万向轴、齿轮箱、牵引电动机进行检查并点温正常，检查 500A01 车 1 位万向轴、牵引电动机发现万向轴靠牵引电动机侧防护筒有油渗出，因现车检查情况与 TD 屏报出故障不一致，为确保运行安全，随车机械师通知司机以 5 km/h 速度移动列车，并从车下跟车进行动态检查，未发现异常，随车机械师上车后采取手动切除 500A01 车牵引，列车以 10 km/h低速运行至临时车站，随车机械师下车对 500A01 车 1、2 位万向轴、齿轮箱、牵引电动机安全装置和转向架进行详细检查，并与相邻车状态进行对比，确定 1 位安全装置脱开，2 位安全装置正常，切除该车牵引后维持运行。

(2)原因分析

500A01 车牵引变流器逆变模块 1 烧损，造成 1 位牵引电动机瞬时输出转矩不平衡，进而导致 1 位安全装置脱开、牵引链断开。见图 4—15。

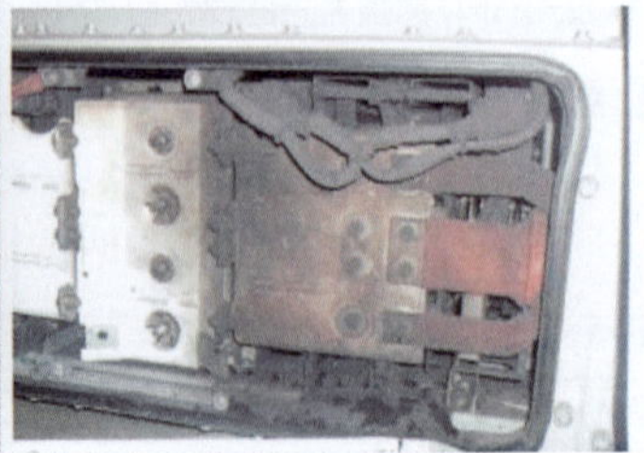

图 4—15　原因分析

(3)注意事项

①在线路上查找故障注意做好邻线防护;

②如果线路上不满足检查条件(无地沟),可低速运行至临时站检查。

(4)途中处理要点

①随车机械师需要下车检查,确认故障点。

②确认故障点后,切除故障车牵引,维持运行。

(5)库内检查处理

①入库检查该车牵引传动系统,发现 1 位牵引电动机侧与万向轴连接的安全装置脱开。

②下载故障数据显示 500A01 车的逆变模块 1 的 IGBT5、IGBT6 故障和制动斩波器故障。

③牵引变流器进行检查,逆变模块 1 烧损。

5. 受电弓故障

(1)案例概况

CRH5-00A 动车组在运行中 500A03 车主断跳开,网压零,接触网跳闸。降弓滑行至前方站内停车后,随车机械师在车下对 500A03 车受电弓进行检查,发现受电弓损坏、碳滑板和支臂变形,决定对损坏受电弓进行捆绑处理。升 500A06 车受电弓,主断闭合良好。

(2)原因分析

经现场检查和分析下载数据,受电弓下臂技术状态良好,上臂弯曲变形,断口处全部为新痕,为受外力所致。

(3)注意事项

登顶作业注意人身安全。

(4)途中处理要点

对故障受电弓进行有效捆绑,换弓运行。

(5)库内检查处理

入库检查发现受电弓弓头严重损坏;受电弓上臂部分折断三

处（全部为新痕），并且变形严重；弓头支架全部折断，弓头平衡弹簧损坏严重；下臂状态良好。运行方向前部碳滑板完好，后部碳滑板中部存在严重电弧击打损伤。在距受电弓绝缘子后部约 1 200 mm 左右车顶中部，有一处因电弧击穿产生的直径在 20 mm 左右的圆孔。延续向后车顶导流罩、车顶空调外部罩板存在不同程度的拉弧痕迹，在空调机组外罩板（运行方向左侧）旁边，有一条长 9 m、宽 200 mm 左右的淡黄色明显过热痕迹，痕迹尾部在车体侧墙与车顶导流罩连接部位消失。见图 4—16。

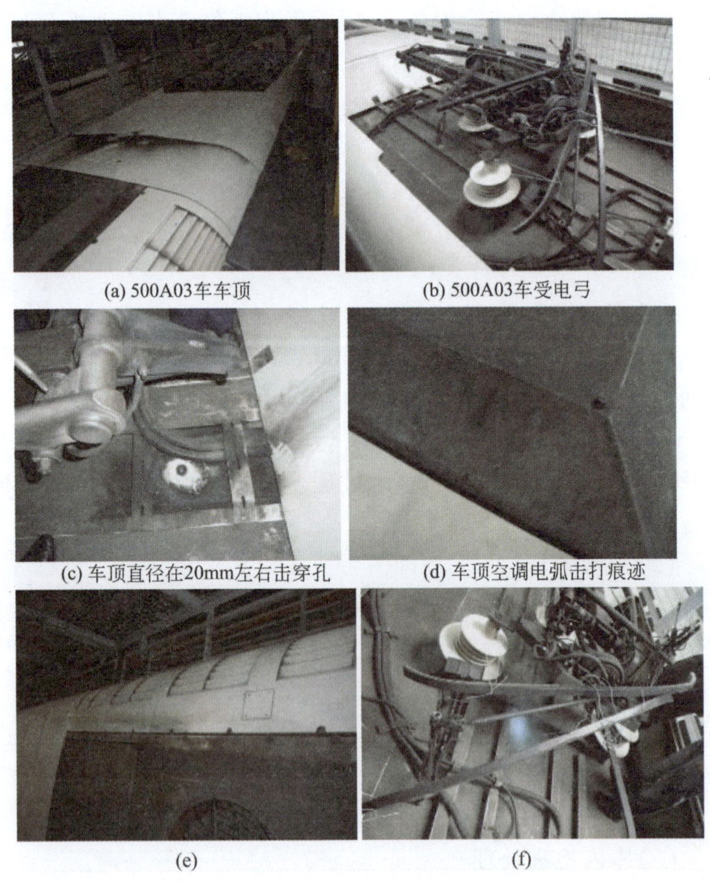

(a) 500A03车车顶

(b) 500A03车受电弓

(c) 车顶直径在20mm左右击穿孔

(d) 车顶空调电弧击打痕迹

(e)

(f)

图 4—16　库内检查

6. 牵引电机内部绕组对地绝缘不良

(1)案例概况

CRH5-00A + CRH5-00B 重联动车组,CRH5-00A00 车为主控车。途中发生 500A04 车牵引、辅助变流器自动切除后,TD 屏提示:“车辆号 5,转向架 1 机械故障”,将 500A04 车牵引、辅助变流器空开手动切除后开车。

(2)原因分析

500A04 车牵引变流器切除的主要原因是牵引电机 1 内部绕组对地绝缘不良。TD 屏提示的故障触发变量为:tzfigbti1tx3Call_gul,该变量作用是 TCU 检测 INV 模块 IGBT 工作的状态。TCU 本身发生故障、INV 模块的 IGBT 故障,或牵引电机故障均可能触发到该变量,导致 TD 屏提示转向架某侧牵引电机机械故障。

(3)注意事项

牵引、辅助自动切除后,注意 TD 屏信息提示。

(4)途中处理要点

手动切除故障牵引、辅助变流器空开,并注意观察。

(5)库内检查处理

对 500A04 车牵引变流器检查,将牵引变流器内部接线 S1、R1 拆下后,发现有对地短路现象(变流器内部接线图及变流器内部接线对地处,见图 4—17、图 4—18)。

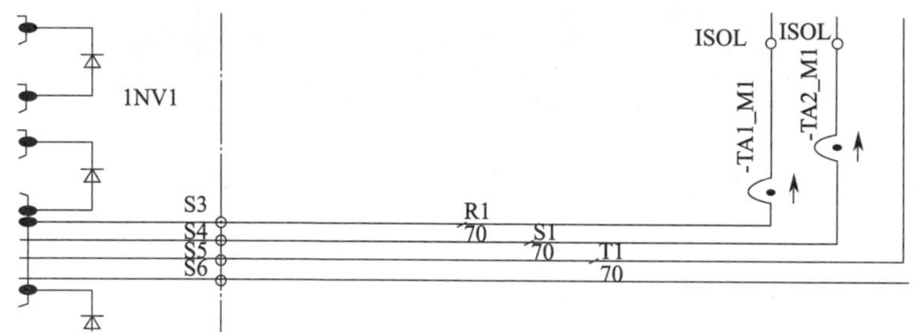

图 4—17　牵引变流器内部接线图

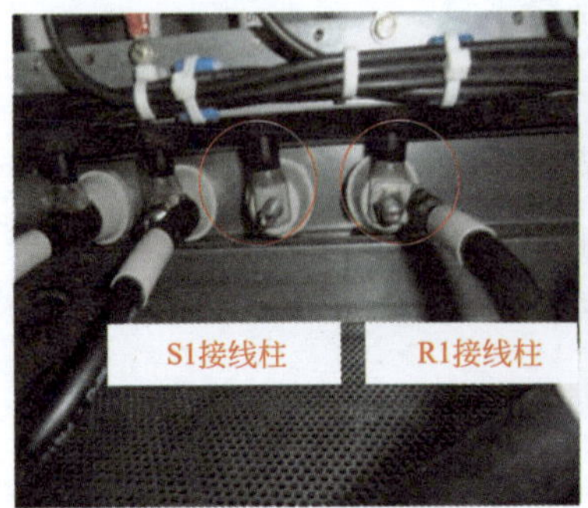

图 4—18 有问题的牵引变流器内部接线柱及线号

继续对 500A04 车牵引电机 1 问题进行检查，打开牵引电机接线处，拆除该车高压线，用万用表检测高压线线号为：101001、101002、101003 相间无短路、接地的现象。因此判断该车高压线绝缘良好。在对牵引电机内部绕组进行检测时，发现该牵引电机内部三相接线柱短路、并且接地。见图 4—19。

图 4—19 牵引电机内部三相接线柱短路、并且接地

7. 牵引变流器无法正常工作

(1)案例概况

CRH5-00A + CRH5-00B 重联动车组运行途中，500B01、02 车

牵引自动切除，500A01、02 车牵引离线，进行小复位操作故障未恢复，切除故障车牵引，动车组继续运行。

(2)原因分析

①500B01 车牵引切除是由于 KSAZ21 与 KSAZ22 接触器没有闭合。

②500B02 车牵引切除是由于 TV2 电压传感器故障。

③500A01 车牵引离线是由于牵引电机 2 风扇无法工作。

④500A02 车牵引离线是由于牵引电机 2 风扇无法工作。

(3)注意事项

运行途中发现牵引切除及离线故障，在做故障组牵引手动切除操作时，需在主断断开的情况下进行。

(4)途中处理要点

①运行途中应先检查故障车其控制空开是否跳开，若跳开则手动恢复，做小复位，若恢复则继续运行。

②若空开状态正常，则做小复位，若未恢复，将故障牵引手动切除(MC2/MC1 车为 26Q04、26Q05、26Q06，中间车为 26Q02、26Q03、26Q04)，做小复位后重新闭合主断。

(5)库内检查处理

库内下载数据发现 500B01 车牵引切除是由于 KSAZ21 与 KSAZ22 接触器没有闭合、500B02 车牵引切除是由于 TV2 电压传感器故障；500A01、02 车牵引离线是由于牵引电机 2 风扇无法正常工作。

更换 500B01 车 KSAZ21 与 KSAZ22、500B02 车 TV，对 500A01 车及 500A02 车牵引电机 2 风扇清网处理后，试验正常。

三、辅助供电系统

1. 司机室大灯、标识灯不亮

(1)案例概况

CRH5-00A + CRH5-00B 重联车组，运行时 500A01 车头灯、标

志灯不亮，在车站停车后进行断蓄电池大复位无效，对41Q107空气开关进行复位，头灯、标识灯工作正常，然后再次熄灭，检查CRH5-00A的01车各空气开关导通情况及40K18继电器状态正常。

(2)原因分析

CRH5-00A头灯、标志灯不亮，故障原因是由于500A01车40A99XM模块(外部照明控制单元)故障。见图4—20。

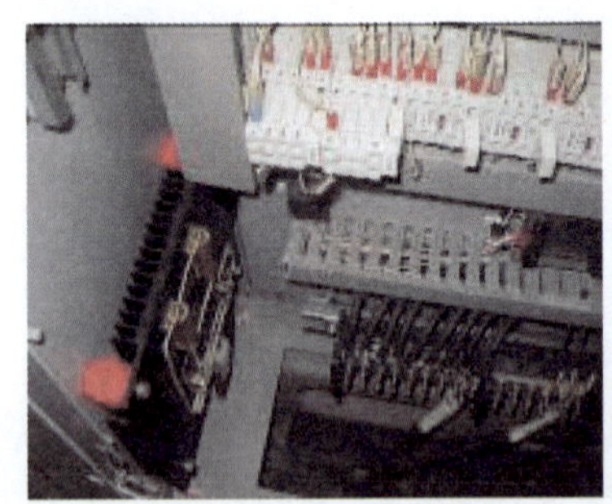
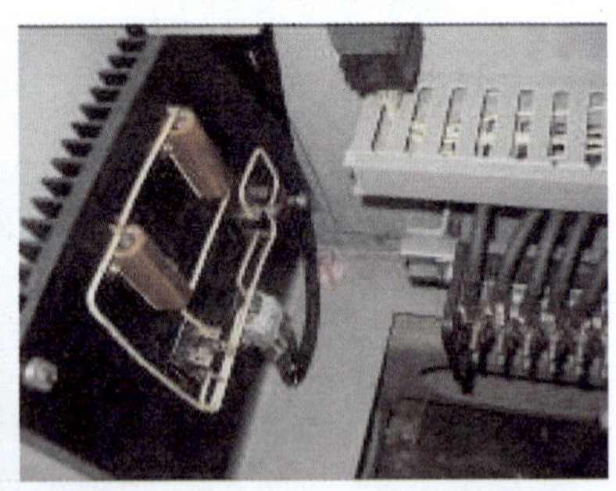

图4—20 原因分析

(3)途中处理要点

从重联端或尾端倒换40A99XM模块，维持运行。

(4)库内检查处理

①将故障40A99XM模块重新接到500A01车，故障现象重现，确认是40A99XM模块故障。

②更换500A01车40A99XM模块。

2. 辅助变流器功率模块电容阻故障

(1)案例概况

CRH5-00A动车组，1车为主控车，升6车弓运行。始发站开车后，显示接触网电压为"0"，主断跳开，500A06车主变压器切除，DJ1离线，500A07、00车牵引切除、辅助离线。经小复位后，换升3车弓，主断闭合正常，列车恢复5牵5辅状态。

继续运行，500A03车主断跳开，500A06车主变压器自动切除,DJ1 离线,500A07、00 车牵引切除、辅助离线。小复位后恢复正常。之后在运行中反复出现上述故障。

(2)原因分析

根据中压配置逻辑图,6 车的牵引变压器使用的中压电(中压 B 线)是由 7 车辅助变流器输出的。由于 7 车辅助变流器输出电压较低,热继电器输入电流大,超过了保护值,热继电器跳开后,造成 6 车牵引变压器冷却系统中压供电丢失,导致牵引变压器切除。

(3)注意事项

注意观察 TD 屏所报的提示信息。

(4)途中处理要点

及时进行复位操作,维持运行。

(5)库内检查处理

①将 5 车 DJ1 切除,升 6 车受电弓,反复进行加载试验,未发现异常。

②对 500A06 车高压箱内中压控制部分接触器及变压器中压供电插 X30、X20、X10 进行分解检查,未发现异常。

③对 500A06 车中压箱内接触器进行检查,未发现异常。

④接触网供电后,再次反复进行加载试验。查看 TD 屏电子仪器第二页,发现 500A07 车辅助变流器电压为 373 V,该车输出电压较低,低于辅助变流器正常的输出电压。用万用表对 501107 车 QEL 柜内中压接触器进行测量,辅助变流器的输出电压约为 377.9 V。将 501107 车辅助变流器切除后,中压扩展后,再次用万用表对 501107 车 QEL 柜内中压接触器进行测量,车上中压为为 391.7 V,见图 4—21。

四、网络控制系统

1. WTB 总线断开导致网络混乱

(1)案例概况

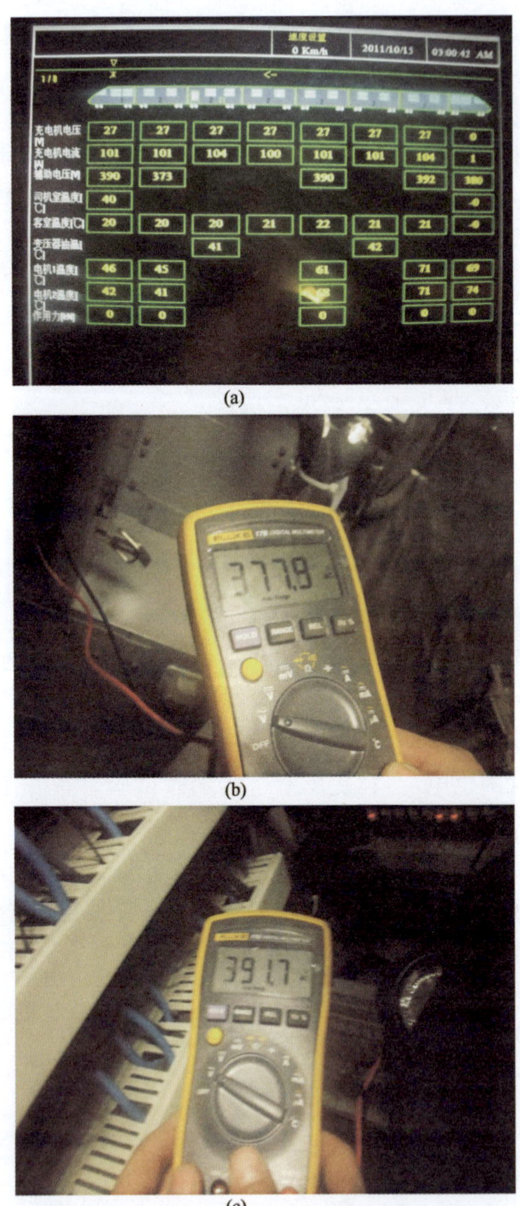

(a)

(b)

(c)

图 4—21　库内检查处理

CRH5-00A + CRH5-00B 重联车组，在动车所进行出库联检时，500A00 车 TD 屏上显示 CRH5-00A 动车组 01、02、04 车停放制动不缓解，经过几次复位后制动试验正常，不久再次发生网络故障、跳主断、无网压，TS、TD 显示“应用正在等待正确配置”，多次复位无效。后将重联车组解编运行。CRH5-00A 到站运行正常；CRH500B 到站换端后 BPS 屏报牵引变流器故障，复位后恢复正常，不久牵引再次报故障，复位无效后切除 500B04 牵引变流器。开车后，经过第一个分相区主断断开后没有自动闭合，手动闭合后 500B03 车牵引变压器自动切除，500B01、500B02 车牵引/辅助变流器切除，2 牵 2 辅维持运行。

(2)原因分析

因 CRH5-00B 车组中 500B05 与 500B06 车之间的 90X35A2M 插头松动脱落，造成网络系统 WTB 总线传输中断。

(3)途中处理要点

①对动车组采用复位，恢复正常维持运行；

②若复位不能恢复正常，对重联车组进行解编，采取单编组运行，故障动车组维持运行。

(4)库内检查处理

①CRH5-00A 动车组牵引辅助系统正常，库内试验正常。

②检查 500A01、500B00 车机械车钩和电气钩，外观未发现异常，开关动作灵活，作用正常。

③检查 CRH5-00B 动车组 01、00 车发现网关故障指示灯报红，检查网络通信发现 WTB 信号中断。

④用 TCMS 软件测试网关正常，用校验器对 WTB 总线的导通性进行测试，发现 500B05 与 500B06 车之间的 WTB 总线断开，到现车检查发现 500B05 车 2 位端的 90X35A2M 插头脱落，将该插头恢复后试验状态正常。

2. 网络传输通信不良

(1)案例概况

CRH5-00A + CHR5-00B 重联动车组,500A00 车为主控车,同升 6 车受电弓运行。途中过分相后,TD 屏显示 500A00 车和 500A07 车牵引变流器工作状态正常,而其他车辆的牵引变流器工作状态显示离线。反复进行牵引加载,故障现象依旧。进行小复位操作后,故障现象未消除。停车进行 TCMS 复位,然后对全列进行牵引加载试验,上述故障现象消除。

(2)原因分析

通过 TCMS 下载数据分析,造成此次故障的原因是由于网络传输通信不良所致。

(3)注意事项

认真观察 TD 屏信息,并进行分析。

(4)途中处理要点

进行 TCMS 复位。

(5)库内检查处理

对 TCMS 数据进行下载,其截屏见图 4—22。

通过对 500A01、500A00、500B01、500B00 车 TCMS 数据进行下载,其中显示的 L、M、N 分别对应各车牵引变流器的状态。在故障发生时,各车牵引变流器的工作状态显示同时变化,因此说明网络输出命令正常。但由于当时 500A07 车、500A00 车的牵引变流器工作正常,其他车牵引变流器显示离线状态,因此判断是由于车辆总线 MVB 传输的牵引指令在传到各车 TCU(牵引控制单元)时发生网络错误,致使各车 TCU 未能接受到 MPU(微处理器)关于施加牵引的正确指令。

3. MPU 故障

(1)案例概况

CRH5-00A + CRH5-00B 重联车组,运行途中 500A06 车监控室 LT 屏无法正常显示车辆状态,只显示“正在等待正确配置”,500A00 车司机室 TS 与 TD 屏显示同样情况,500A01 车司机室 TS 与 TD 屏显示正常,TD 屏显示 500A00 车舒适 MPU A 报红,由

0	2008/5/11	21:15:53	35	ABC.E.........O.......g..jklmn..00N.I.	N.AV.
0	2008/5/11	21:16:23	33	ABC.E......LM.O.......g..jklmn..00N.I.	N.AV.
0	2008/5/11	21:18:55	83	ABC.E.........O.......g..jklmn..00N.I.	N.AV.
0	2008/5/11	21:19:14	82	ABC.E......L..O.......g..jklmn..00N.I.	N.AV.
0	2008/5/11	21:19:15	82	ABC.E......LM.O.......g..jklmn..00N.I.	N.AV.

(a) 500A00车TCMS数据

0	2008/5/11	21:16:23	33	.B.D.F.....LMN.........g..jklmno.00N.I.	N.AV.
0	2008/5/11	21:18:56	83	.B.D.F.................g..jklmno.00N.I.	N.AV.
0	2008/5/11	21:19:15	82	.B.D.F.....LMN.........g..jklmno.00N.I.	N.AV.
0	2008/5/11	21:19:45	82	.B.D.F.................g..jklmno.00N.I.	N.AV.
0	2008/5/11	21:19:48	81	.B.D...................g..jklmno.00N.I.	N.AV.
0	2008/5/11	21:20:06	71	.B.D.F.................g..jklmno.00N.I.	N.AV.
0	2008/5/11	21:20:10	69	.B.D.F.....LMN.........g..jklmno.00N.I.	N.AV.
0	2008/5/11	21:20:14	66	.B.D.F.................g..jklmno.00N.I.	N.AV.
0	2008/5/11	21:20:14	83	.B.D.F.................g..j.l.no.00N.I.	N.AV.
0	2008/5/11	21:22:26	83	.B.D.F.................g......no.00N.I.	N.AV.
0	2008/5/11	21:22:27	83	.B.D...................g......no.00N.I.	N.AV.

(b) 500A01车TCMS数据

2008/5/11	21:18:01	82	.BC.E......LM.........g..jklmno.00N.I.	N.AV.
2008/5/11	21:18:03	82	.BC.E......LM.........g..jklmno.00N.I.	N.AV.
2008/5/11	21:18:45	82	.BC.E......LM.........g..jklmno.00N.I.	N.AV.
2008/5/11	21:18:49	83	.BC.E......LM.........g..jklmno.00N.I.	N.AV.
2008/5/11	21:18:56	83	.BC.E.................g..jklmno.00N.I.	N.AV.
2008/5/11	21:19:10	82	.BC.E.................g..jklmno.00N.I.	N.AV.
2008/5/11	21:19:11	82	.BC.E.................g..jklmno.00N.I.	N.AV.
2008/5/11	21:19:15	82	.BC.E.......M.........g..jklmno.00N.I.	N.AV.
2008/5/11	21:19:15	82	.BC.E......LM.........g..jklmno.00N.I.	N.AV.
2008/5/11	21:19:40	82	.BC.E......LM.........g..jklmno.00N.I.	N.AV.

(c) 500B00车TCMS数据

0	2008/5/11	21:18:01	82	.B.D.F.....LMN........g..jklmn..00N.I.	N.AV.
0	2008/5/11	21:18:02	82	.B.D.F.....LMN........g..jklmn..00N.I.	N.AV.
0	2008/5/11	21:18:44	82	.B.D.F.....LMN........g..jklmn..00N.I.	N.AV.
0	2008/5/11	21:18:49	83	.B.D.F.....LMN........g..jklmn..00N.I.	N.AV.
0	2008/5/11	21:18:56	83	.B.D.F................g..jklmn..00N.I.	N.AV.
0	2008/5/11	21:19:10	82	.B.D.F................g..jklmn..00N.I.	N.AV.
0	2008/5/11	21:19:10	82	.B.D.F................g..jklmn..00N.I.	N.AV.
0	2008/5/11	21:19:15	82	.B.D.F.....L..........g..jklmn..00N.I.	N.AV.
0	2008/5/11	21:19:15	82	.B.D.F.....LMN........g..jklmn..00N.I.	N.AV.
0	2008/5/11	21:19:40	82	.B.D.F.....LMN........g..jklmn..00N.I.	N.AV.
0	2008/5/11	21:19:41	82	.B.D.F.....LMN........g..jklmn..00N.I.	N.AV.
0	2008/5/11	21:19:55	78	.B.D.F................g..jklmn..00N.I.	N.AV.

(d) 500B01车TCMS数据

图 4—22　TCMS 数据

于与其冗余的舒适 MPU B 工作正常，不影响运行。列车到达终点站，换端完毕后故障自动恢复，动车组正常运行。

（2）原因分析

500A00 车舒适 MPU A 的两个子模块：MVB-1 与 MVB-2 故障，MVB 接口状态指示灯与发送数据指示灯均为熄灭状态，致使 MPU A 不能正常工作。

(3)注意事项

出现此类故障,动车组升弓供电正常运行时,禁止手动断开其控制空开复位(若牵引 MPU 故障,空开为 20Q04、20Q05;舒适 MPU 故障,空开为 20Q06、20Q07)。

(4)途中处理要点

CRH5 型动车组,MPU 故障,可采用下列方法进行处理:

①如列车运行无异常,维持运行,检查 MPU 指示灯状态及其连接器状态,如无异常,做小复位。

②如列车运行出现异常,到故障(1 或 8)车 QRK 柜,观察 MPU 故障指示灯是否正常。

③如 MPU 故障指示灯亮,检查 MPU 所有的连接器是否连接正常,若松动则紧固连接。

④如果 MPU 连接器正常,若牵引 MPU 故障,在断开主断的前提下进行手动断开 20Q04、20Q05 空开后同时闭合两个空开;若舒适 MPU 故障,手动断开 20Q06、20Q07 空开后同时闭合两个空开。

⑤若故障没消除则手动切掉故障 MPU(如果牵引 MPU1 故障就切掉 QEL 柜上的 20Q04 空开,牵引 MPU2 故障就切掉 QEL 柜上的 20Q05 空开,舒适 MPU1 故障就切掉 QEL 柜上的 20Q06 空开,舒适 MPU2 故障就切掉 QEL 柜上的 20Q07 空开)。完成后做小复位,如果不能恢复做大复位,如果不能恢复,按规定请求救援。

(5)库内检查处理

①将 500A00 车 QEL 柜门打开,检查 MPU 指示灯状态是否正常,检查 MPU 连接器连接状态是否有松动,有松动则进行紧固。

②500A00 车 MPU A 更换完毕后,司机室 TS、TD 屏状态恢复正常,6 车 LT 屏功能状态也恢复正常。

③500A 车组在升弓供电情况下车组功能状态正常。

4. 网关故障

(1)案例概况

CRH5-00A + CRH5-00B 重联动车组在库内等待进站信号时，CRH5-00A + CRH5-00B 动车组所有监控屏显示重新配置，500A00 车 BPS 屏重联标志灯常亮，进行大、小复位后故障未消除。将 500B01 车和 500A00 车分别断网关并重新闭合，然后做小复位，故障仍未消除。

(2)原因分析

由于 500B01 车网关芯片 1 的 HFW 和 HFM 指示灯亮红灯(此现象表明网关硬件故障)导致网络显示异常。

(3)注意事项

动车组升弓供电正常运行时，禁止手动断开其控制空开复位(若网关 1 故障，空开为 20Q08；网关 2 故障，空开为 20Q09)。

(4)途中处理要点

网关故障采用下列方法进行处理：

①如列车运行无异常，检查监控屏状态及网关指示灯和网关所有的连接器是否连接紧固，若正常则做小复位。

②如列车运行出现异常，到故障(1 或 8)车 QRK 柜观察网关故障灯显示是否正常，检查网关所有的连接器是否连接紧固，若松动则进行紧固。

③如果网关连接器正常，在断开主断的前提下，断开网关空开 20Q08、20Q09、20Q10，然后同时闭合此三个空开，若故障没有消除则手动切除故障网关(如果网关 1 故障就切掉 QEL 柜子上的 20Q08 空开，网关 2 故障就切掉 QEL 柜子上的 20Q09 空开)。

④若车内检查正常，对车辆端部网络连接跳线连接状态进行检查，做小复位，如果不能恢复做大复位，如仍不能恢复，按规定请求救援。

(5)库内检查处理

①将 500A00 车 QEL 柜门打开，检查 MPU 指示灯状态是否正常，检查 MPU 连接器连接状态是否有松动，有松动则进行紧固。

②500A00 车 MPU A 更换完毕后，司机室 TS、TD 屏状态恢复

正常,6 车 LT 屏功能状态也恢复正常。

③500A 车组在升弓供电情况下车组功能状态正常。

5. 监控屏显示半列网络无使能且主变压器自动切除

(1)案例概况

CRH5-00A + CRH5-00B 重联动车组运行时 500B06 主变压器自动切除,主断自动跳开,受电弓自动降下,司机采用紧急制动停车,重新升弓、手动闭合主断,司机操作前后弓均未能升起。断蓄电池并大复位处理,重启后,500B 车的 05、06、07、00 车 TD 屏显示无车辆使能,500A + 500B 的 03、06 车受电弓仍然无法升起。对 500B 车的 05、06、07、00 车 QEL 柜进行检查,发现 4 个车的 RIOM 模块的 MVB 通信模块都亮红灯。经检查 4 个车的 QEL 柜内部各连接器插头均无脱落,负线端子排均无松动,空开闭合良好。再次进行大复位 05、06、07、00 车使能仍然不能恢复。司机请求救援。

(2)原因分析

由于 500B00 车牵引 MPUB 至 RIOMA LQ 之间的网络通信线断开,使 MPU 无法收到 RIOM 通信模块发来的 B100 使能信号,进而导致主断跳开,受电弓降下。同时由于没有 B100 使能信号,升起受电弓的信号也无法发出。

(3)注意事项

①应注意检查 MPU 与 RIOM 模块指示灯状态是否正常。

②应注意检查 MPU 与 RIOM 之间的通信线及连接器状态是否正常。

(4)途中处理要点

①到故障(1 或 8 车)QPK/QEL 柜观察 MPU 与 RIOM 故障灯显示是否正常。

②若 MPU 指示灯显示正常,单车 RIOM 指示灯报红,可确定为主 MPU 与 RIOM 通信存在问题。

③检查 MPU 与 RIOM 所有连接器是否连接紧固,若松动进

行紧固。

④检查 MPU 与 RIOM 所有连接器根部线路是否存在破损或断开，如找到故障点，连接好断线。

⑤做蓄电池复位及 TCMS 大复位，如故障未消除，按规定请求救援。

(5)库内检查处理

①检查故障(1 或 8)车 QRK、QEL 柜 MPU、RIOM 故障指示灯是否正常，若 MPU 指示灯正常，单车 RIOM 指示灯报红，可确定为主 MPU 与 RIOM 通信存在问题。

②检查 MPU、RIOM 所有的连接器是否连接紧固，无松动。

③将 500B00 车牵引 MPU 至 RIOM LQ 之间的网络通信线恢复后，故障现象消除，动车组状态良好。

6. RIOM 故障网络混乱

(1)案例概况

CRH5-00A + CRH5-00B 重联，5000A 车开始出库联检，质检员检查 5000A 车司机室 TD 监控屏发现 500B00 车使能报红，立即汇报值班员。值班员通知相关技术人员上车检查处理，经检查发现组中 500B00 车 QEL 柜内 RIOM-A 电源模块故障指示灯报红，确定为 RIOM-A 故障，须进行更换处理，消除故障隐患。为确保始发正点，动车组零故障出库，启用热备车担当其交路运行。

(2)原因分析

根据库内检查及处理情况分析，该故障原因为 500B00 车 QEL 柜内 RIOM-A 电源模块故障，造成 500B00 车网络系统紊乱、使能报红。

(3)途中处理要点

①对动车组采用大复位，断空开复位，恢复正常后维持运行；

②若有一路复位不能恢复正常，维持运行途中密切盯控车辆状态。

(4)库内检查处理

动车所技术人员检查发现 500B00 车 QEL 柜内 RIOM-A 电源模块故障指示灯报红后,立即组织人员对该车 RIOM-A 进行更换处理,RIOM-A 模块更换完毕,有电试验动车组状态正常。

五、制动及供风系统

1. N02 排风全列制动不缓解

(1)案例概况

CRH5-00A 动车组,到达车站换端时,ATP 启动紧急制动测试后,全列制动不缓解。此时,总压力表压力为 790 kPa,列车管压力显示 150 kPa。随车机械师下车检查发现 00 车 N02 阀排风不止,手动切除 N02 阀后,排风现象消除,全列制动缓解正常。

(2)原因分析

由于 ATP 自检使 N02 电磁阀频繁通断电,造成 N02 电磁阀机械部件动作不良,不能完全闭合,排风不止。

(3)注意事项

如果在库内或车站,迅速查找排风点,如果在运行时,立即停车,做好邻线防护,下车查找排风点。

(4)途中处理要点

查找排风位置,手动切除 N02 阀。

(5)库内检查处理

在库内恢复 N02 阀后,经过多次换端试验,未出现 N02 阀排风不止的故障,不需更换。

2. 制动盘与制动闸片出现火花造成途停

(1)案例概况

CRH5-00A 动车组,通过车站时,站检通知机后 2 位 02 车车下有火星、停车。检查 LT 屏各车制动均显示正常,电子仪器显示全列制动缸压力为 0。停车后下车检查机次 1、2、3 位走行部,并探身检查各制动闸片和制动盘均未发现异常，做制动缓解试验正常开车、。列车通过双庙子站时，车站通知守前 2 位车下有火星、停车检查，BPS 面板无故障显示，TD 屏显示全列制动缸压力均为 0，停车后下车检查 06、07、00 车走行部，并探身检查各制动闸片和制动盘，发现 07 车 1 位轴 3 位闸盘 1 位侧闸片与闸盘间有夹渣，闸盘有划伤，3 位闸盘 2 位侧正常。手动将 500A07 车常用制动与停放制动切除，做制动缓解试验正常后开车。

(2)原因分析

因闸片局部剥落，剥落体挤在闸片与制动盘间，在运行中刨刮制动盘。由于制动盘和闸片间隙较小，刨刮下的片状屑不能掉落到轨道上，逐步堆积挤压在制动盘与闸片间，即使制动不施加也会与制动盘摩擦产生火花。见图 4—23。

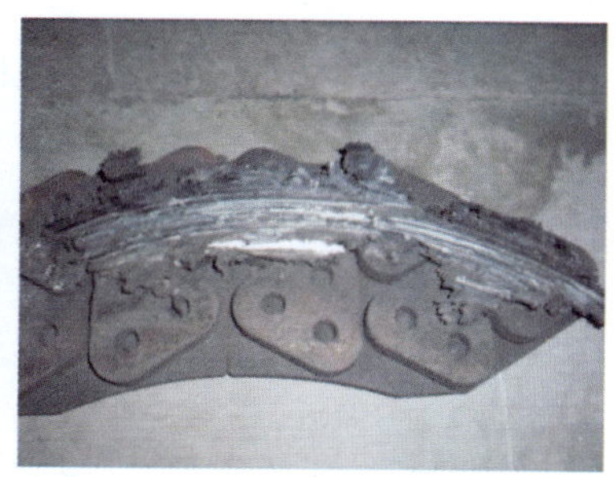

图 4—23 原因分析

(3)注意事项

由于司机错传行车指令信息（应该是 7 车异常），致使第一次停车未能准确查找到故障点，同一故障造成二次停车，耽误故障处理。

(4)途中处理要点

停车检查，切除故障车制动和停放制动，使闸片和闸盘离开缝隙，进行制动缓解试验。

(5)库内检查处理

下载 BCU 和 TCMS 记录均未发现与制动相关的故障信息；

检查 500A07 车 1 位轴基础制动装置，发现 1 位轴 3 位闸盘 1 位侧面与闸片间夹有闸盘被硬物刨刮下的片层状堆积物，闸盘有圆周状刮痕，2 位侧面与闸片未见异常，该车其他部件未见异常；卸下 1 位侧闸片，发现堆积物为长条形，边缘不规则，尺寸约为 300 mm × 90 mm，闸片存在多处缺损，更换新闸片后，恢复该车制动，进行了 3 次制动试验，制动缓解正常。

3. 电路板故障导致停放制动非正常施加

(1)案例概况

CRH_5-00A 动车组，运行至车站时，CRH_5-00A 动车组 06 车停放制动施加，停于无电区内，将 500A06 车制动全部切除后缓解正常。

(2)原因分析

500A06 车 BCU 单元 MB04B 通信板故障，输出一个错误的停放制动施加指令，在速度超过 10 km/h 时，BCU 断开安全环路，导致列车起紧急制动。

(3)注意事项

切除停放制动时做好邻线防护，切除完毕确认裙板恢复好。

(4)途中处理要点

在车上确认停放制动施加车辆后，下车切除该车停放制动，制动缓解试验正常后开车。

(5)库内检查处理

①下载 TCMS 故障记录和 BCU 故障代码，06 车 BCU 故障代码中存在 26 代码(故障代码 26 的代表 MB04B-A4 故障)。

②更换故障电路板后，恢复正常。

4. BCU 报重大故障

(1)案例概况

CRH_5-00A 动车组，车站开车后，BPS 屏闪现停放制动施加，动车组起紧急制动停车。TD 屏显示 500A03 车 BCU 故障，停放制动缓解状态不正常，全列 BCU 报重大故障。经大、小复位后故障未消除。随车机械师下车检查，确认无漏风。

(2)原因分析

由于检测不到 500A03 车 BCU 的 CB09A 板卡软件信息，导致整列车的制动 MVB 线断开，出现 BCU 重大故障报警，并在 BPS 屏和 TD 屏显示并在 TCMS 中记录。在检测不到 CB09A 软件信息后，BCU 的 MB04B 板无法将检测的停放制动状态传送给 TCMS，系统误认为停放制动施加，断开安全环路，导致列车施加紧急制动。

(3)注意事项

下车寻找漏风点注意邻线防护，并通知司机缓解停放，施加最大常用制动。

(4)途中处理要点

①查看 TD 屏相关故障信息，如发现头尾车信号受干扰的信息，则进行复位操作，恢复正常后正常运行。

②查看 TD 屏是否弹出 BCU 故障信息，如果有，断开故障车 QEL 柜中 30Q02 空气开关，查看 BPS 屏 BCU 重大故障指示灯是否熄灭，如熄灭，TD 屏仅显示该车制动控制单元故障，其他车均恢复正常，则继续运行；如重大故障指示灯不熄灭，恢复 30Q02，断开 30Q01，将该车做关门车处理，按规定限速运行。

(5)库内检查处理

①下载 TCMS 故障记录和 BCU 故障代码，并对 BCU 软件版本进行了检查，发现 500A03 车 BCU 故障代码中存在 28 代码(故障代码 28 系列代表 MB04B 内部通信故障)，并且 CB09A 板的软件版本显示为“?”号。

②更换 CB09A 故障电路板后，恢复正常。

5. 常用制动不缓解导致无牵引

(1)案例概况

CRH5-00A + CRH5-00B 重联车组，500A00 车主控，发生全列

常用制动施加故障。列车管压力 600 kPa、总风压力 900 kPa 正常。TD 屏、BPS 屏显示全列制动施加，其余均正常。断蓄电池大复位后无效，对全列的旅客紧急阀状态进行检查状态，未发现异常。随车机械师下车检查未发现漏风现象。再次做断蓄电池大复位对全列 30 系列空开复位，仍无效。切除 500A00 车 BCU1，牵引试验正常。

(2)原因分析

CRH5-00A00 车 BCU1 中 EB02A 板故障，导致 ATP 输出最大常用制动指令，全列车施加最大常用制动而不能通过手柄进行缓解。同时，ATP 最大常用制动被激活的指令通过 TCMS 传输给 TCU，导致全列牵引封锁。

(3)注意事项

下车寻找漏风点注意邻线防护。

(4)途中处理要点

确认为整列车常用制动不缓解后，先断开主控车 30Q02，除主控车报 BCU 故障、制动处于缓解状态，其他车制动缓解正常，牵引正常则继续运行。如不缓解，恢复 30Q02，断开主控车 30Q01，并将主控车做关门车处理后按限速规定正常行车。

(5)库内检查处理

①下载 TCMS 故障记录和 BCU 故障代码，发现 500A00 车 BCU1 报 EB02A 电路板故障。

②更换 EB02A 故障电路板后，恢复正常。

6. 管路泄漏导致停放制动非正常施加

(1)案例概况

CRH5-00A 动车组，运行时，BPS 屏显示停放制动施加，动车组紧急制动停车，TD 屏显示 01 车停放制动施加，将该车制动切除，制动缓解正常后开车。

(2)原因分析

停放制动缸连接软管被外物击打漏泄,导致停放制动非正常施加,列车起紧急制动。

(3)注意事项

①下车处理故障时,应做好邻线防护,并通知司机缓解停放,施加最大常用制动。

②仅将 500A01 车的停放制动切除即可,不需切除整辆车的空气制动。

(4)途中处理要点

在车上确认停放制动施加车辆后,下车切除该车停放制动,制动缓解试验正常后开车;如在车上不能确认施加停放制动的车辆,则施加常用制动,缓解停放制动,随车机械师下车确定漏泄点。

(5)库内检查处理

检查发现 500A01 车 1 轴停放制动缸三通连接软管存在外物击打破损痕迹,更换软管后恢复正常。见图 4—24。

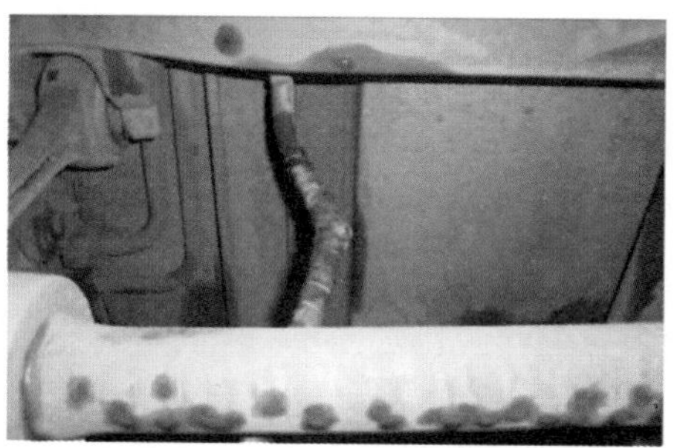

图 4—24　库内检查处理

7. 总风管漏风

(1)案例概况

CRH5-00A 动车组,车站站停时,随车机械师车下作业检查时发现 500A06 车 1 位转向架 4 轴上方靠车体内侧总风管活接处漏风,用管钳子紧固活接后,仍然漏风,将 500A05 车与 500A06 车间及 500A06 与 500A07 车间总风管折角塞门关闭、将 500A00 车备用制动 D03 阀打开后,500A06 车 1 位转向架总风管活接处漏风故障消除,随车机械师通知司机泵风,司机反馈总风风压上升缓慢,并且风压到达 700 kPa 时停止上升,随车机械师到达漏风处再次用管钳将 500A06 车 1 位转向架总风管活接处进行紧固处理。经过反复紧固后,将 500A05 车与 500A06 车间及 500A06 与 500A07 车间总风管折角塞门打开、500A00 车备用制动 D03 阀关闭后,通知司机充风,2 min 后,总风压力达到 850 kPa,通知司机进行制动缓解试验,2 次制动缓解试验良好,在确认 500A06 车车体下部无漏风情况后开车。到达停车站后,随车机械师下车检查 500A06 车 1 位转向架总风管活接处,再次出现漏风故障,随车机械师重新对 500A06 车 1 位转向架总风管活接处进行紧固处理后,仍然漏风,但总风压力能维持 910 kPa,可以维持运行。

(2)原因分析

活接松动、错位后密封不严造成管路泄漏。

(3)注意事项

①修复管接头时,应先将管路中的压缩空气排空,防止崩伤;拔 D15 的插头时,注意防止电击。

②第一次停车时,处理不彻底,导致故障重复出现。

(4)途中处理要点

①如发现总风管压力突然下降,动车组申请在附近停车,停车后施加保持制动,缓解停放制动,同时观察司机室的总风管压力表压力是否正常。

②下车巡查整个动车组,根据压力表情况确定漏风的位置,并查看漏风处是否能够现场修复。

a. 如能修复,对损坏或丢失的配件进行更换,之后恢复关闭的塞门,如无漏风,动车组可继续运行。

b. 如不能修复,执行以下操作:将该车每端的两个总风折角塞门关闭,并将该车进行关门车处理。如该车两侧均有风源系统，则通知司机进行间断性的强迫泵风，以保证整列车（除故障车外）的总风用风。如该故障车的一侧没有风源，则这一侧所有车辆（包括故障车）的卫生间不能使用，并将头车的 Z30 阀打开，如为主控端头车还需将总风压力开关 D15 的插头拔下，限速 160 km/h运行。

（5）库内检查处理

①对 500A06 车 1 位转向架 4 轴上方总风管漏风活接处进行检查，发现无螺纹活接错位。

②拆开后重新连接紧固，再次充风压力达到 1 000 kPa，未发生漏泄情况，故障消除。

8. 列车管脱开导致途中停车

（1）案例概况

CRH5-00A + CRH5-00B 重联车组，运行时，全列制动施加停车（BPS 显示常用制动施加，查看 TD 屏显示常用制动为红色），安全环路正常，总压力表 800 kPa、制动管 600 kPa。常用制动缓解试验时制动不缓解。分别进行 TCMS 复位、断蓄电池复位、断 30 系列空气开关复位操作，故障均未消除。随车机械师车下检查，未发现有漏风现象，通知司机仪表并无异常，全列制动不缓解。又对 30 系列空气开关复位操作，故障仍然未消除。做备用制动试验，并打开（500A01 车）D03 手柄，同时后组随车机械师迅速赶到 500A00、500B01、500B00 车依次打开 D03。此时，列车管压力表压力迅速归零，总风压力有波动开始下降。随车机械师下车检查，发现 500B00 车 2 位转向架 2 位侧风管有严重漏风现象，将 500B00、500B07 车之间列车管折角塞门关闭，并把 500B00 车制动做关门车处理。通知司机进行制动缓解试验，制动缓解正常，进行牵引试验，全列无牵引。随车机械师开始对故障进行修复处理，列车管修复完毕，制动和牵引试验正常。前行 2 m 后风管再次脱开，切除 CRH5-00B 全列制动，分解电器车钩，以 CRH5-00A 车组带动 CRH5-00B 车组运行，限速 120 km/h。到达停车站，将

500B00 车 D08 压力开关接线插拔下，连接电气车钩，做牵引试验正常，随车机械师对 500B01-07 车常用制动和停放制动进行恢复后，制动、缓解试验正常。

(2)原因分析

①列车管脱开原因：该处列车管活节两侧主管差位 30 mm，组装后已产生别劲，并且由于未安装固定管卡子，运行中产生振动导致列车管活节松动、漏泄及脱开。

②牵引封锁原因：D08 压力开关用来采集列车管压力，在列车管无风时为闭合状态，给 TCU 反馈接地信号，牵引封锁。当时 500B00 车列车管活节脱开，TCU 接到接地信号，造成牵引封锁。见图 4—25。

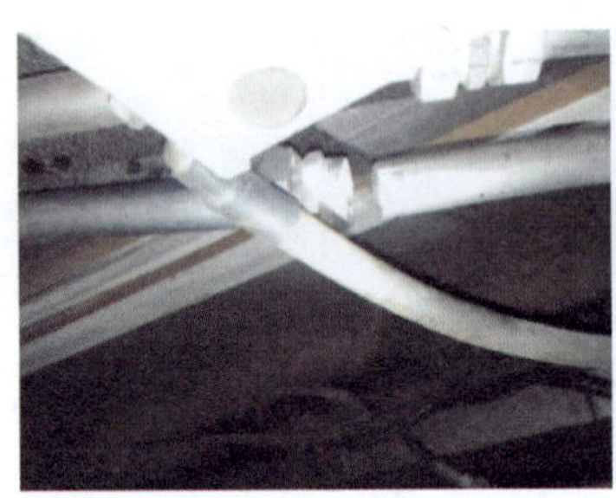

图 4—25 原因分析

(3)注意事项

①运行时发生列车管脱开导致停车的故障，随车机械师下车检查时应做好邻线防护，注意人身安全；

②车下关闭阀门后注意将裙板恢复好。

(4)途中处理要点

停车后施加保持制动，缓解停放制动，同时观察司机室的总压力表和列车管压力表压力是否正常。下车检查，应能听到漏风的声音，根据压力表情况确定漏风的位置，并查看漏风处是否能够现场修复。

①如能修复，对损坏或丢失的配件进行修复，之后恢复关闭

的塞门,如无漏风,动车组可继续运行。

②如不能修复,执行以下操作:

如总风管泄漏,将该车每端的 2 个总风折角塞门关闭,并将该车进行关门处理。

如该车两侧均有风源系统,则通知司机进行间断性的强迫泵风,以保证整列车(除故障车外)的总风用风。

如该故障车的一侧没有风源,则这一侧所有车辆(包括故障车)的卫生间不能使用,并将头车的 Z30 阀打开,如为主控端头车还需将总风压力开关 D15 的插头拔下,限速 160 km/h 运行。

如是列车管泄漏,将该车每端的 2 个列车管塞门关闭,做制动关门车操作。打开尾部司机室的 D03 阀,并将尾部司机室的备用制动手柄推至完全缓解位,继续运行。

(5)库内检查处理

库内检查发现 500B00 车 2 位转向架 2 位侧列车管未安装固定管卡。现有两管卡间距 1 470 mm,距右侧 800 mm,距左侧 670 mm处应安装固定管卡,同时通过现场检查发现,活节两侧列车管错位 30 mm,产生别劲,重新安装固定管卡。

9. 管路脱开导致停放制动施加

(1)案例概况

CRH5-00A + CRH5-00B 重联车组,运行时,BPS 屏停放制动显示红灯,司机停车并通知随车机械师,随车机械师立即查看监控室 LT 屏,发现 500A07 车停放制动施加,随车机械师下车切除故障车停放制动后开车。

(2)原因分析

500A07 车 2 位停放制动风缸风管接头脱落。见图 4—26。

(3)注意事项

①运行时发生停放制动风缸风管接头脱开导致停车的故障,随车机械师下车检查时应做好邻线防护,注意人身安全。

②车下切除制动后注意将裙板恢复好。

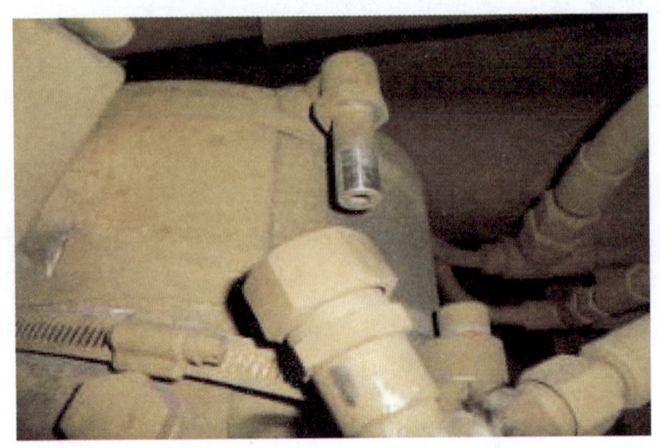

图 4—26　风管接头脱落

(4)途中处理要点

注意 TD 屏信息提示的故障车辆,快速找到故障车,将该车停放制动切除。

(5)库内检查处理

①检查停放制动缸发现 500A07 车 2 位停放制动风缸风管接头脱落。

②将 500A07 车 2 位停放制动风缸风管接头重新进行紧固处理后,恢复制动单元中 H01.07 阀,试验停放制动正常。

10. 90XE2B 接线插松动导致制动不缓解

(1)案例概况

CRH_5-00A 动车组,车站准备发车时,全列制动不缓解,LT 屏 05、06、07 车报 BCU 故障,断蓄电池复位后全列缓解正常。初步判断故障是由保持制动施加后不缓解造成,全程禁止施加保持制动。

(2)原因分析

保持制动不正常是由于 500A05 车的 QEL 柜内的 90XE2B 插松动导致网络通信不好,使保持制动不正常。05、06、07 车制动控制单元报故障，由于 90XE2B 接线插松动导致 MVB 网络通信不良，引起保持制动施加后不能正常缓解和制动控制单元报故障。

(3)途中处理要点

判明故障原因后，途中站停时禁止施加保持制动。

(4)库内检查处理

对 500A00 车 BCU 和 RIOM 的变量进行了监测，在使用制动软件监测 BCU 时，再次发现 BCU1 和 BCU2 内（BC_E_LifeSignOwn）生命信号均有跳变，生命信号不稳定。

①将 500A00 车的制动控制单元的底盖板拆下，将制动单元后面的 X3、X4、X5 插拆下进行检查，没有发现异常。

②将 BCU1 和 BCU2 的前插 EB01A 拆下与制动单元后面的 X3 进行校线，也没有发现异常。

③在车上对 05、06、07、00 车的 MPU、RIOM 模块及网络连接插进行了检查，没有发现故障点。

④使用牵引软件对 05、06、07、00 车的 RIOM 进行了变量监控，发现 05 车的变量值超出范围较大，说明 RIOM 被干扰。

⑤对 CRH5-00A 动车组 MVB 网络线进行校线，发现 MVB 线中有断点，随即通过分段检查在 500A05 车 QEL 柜内发现 90XE2B 接线插松动。对该接线插进行检查时发现有一个螺钉脱落导致 90XE2B 插松动，更换螺钉紧固后再次检查，网络通信正常。

11. 司控器故障导致限速

(1)案例概况

CRH5-00A 动车组，由于 500A00 车主控手柄至制动第一扇区、第二扇区电制动、空气制动均不起作用、全列无制动力，用备用制动停于临时车站。停车后司机两次做断蓄电池大复位，故障现象仍未消除，主手柄制动力时有时无，使用备用制动继续运行，进行备用制动试验时，发现备用制动不缓解，再次做断蓄电池大复位操作,复位操作完毕后试验备用制动正常。限速 120 km/h,启用备用制动维持运行。

(2)原因分析

①司控器给 BCU1 的角度值信号无输出,造成了此次故障的第一个现象,也就是司控器手柄无论在第一扇区还是在第二扇区的任何位置都无制动力的故障。

②司控器对 BCU2 的角度值信号偏于制动位,就是说角度值偏小。当角度值偏小时会造成司控器手柄在零位时,动车组产生制动作用。

(3)途中处理要点

确认为司控器故障,使用备用制动,按规定限速。

(4)库内检查处理

500A01 车牵引制动试验正常,对 500A00 车牵引制动试验时,发现全列无制动。首先检测司控器对制动电子控制单元 BCU1 和 BCU2 的角度值输出信号,通过检测发现司控器对 BCU1 的角度值输出信号没有变化,当司控器手柄无论在制动的哪一个位置,所得到的角度值信号都为 56°,而司控器对 BCU2 的角度值输出信号有变化,但与实际的司控器手柄位置不匹配,司控器手柄在缓解位时角度值信号应为 56°左右,但实际检测到的角度值为 32°,并且角度值信号有跳变的现象。下载制动单元故障代码发现有代码 77,该代码反映了司控器角度值信号输出异常,即表示 TBC 超出范围,更换司控器后试验正常。

12. 乘客报警手柄配线断导致全列不缓解

(1)案例概况

CRH_5-00A + CRH_5-00B 重联车组,运行时 BPS 屏显示乘客报警,蜂鸣器响,TD 屏未显示出具体报警车辆,列车起紧急制动停车,确认全列乘客报警紧急制动阀无破封拉动迹象,且状态良好,司机手动缓解。到停车站后,换端完毕发现 BPS 屏显示乘客报警灯亮,全列不缓解,查看 TD 屏未显示具体报警车辆,进行断蓄电池大复位后 BPS 屏仍显示乘客报警灯亮,全列不缓解。下车检查发现 500A01 车 N07 阀漏风,将该阀关闭,故障消失。

(2)原因分析

①旅客报警手柄共有两对触点,分别为 1A-2A,3A-4A。1A-2A 为旅客报警环路,断开后 BPS 屏报警而 TD 屏不报警。3A-4A 是给 TCMS 信号的环路,断开后 TD 屏报警。

②发生脱落的线插为 1A-2A 旅客报警环路,故仅 BPS 屏发生了报警。

(3)注意事项

①下车切除阀门注意邻线防护。

②切除完毕确认恢复好裙板。

(4)途中处理要点

切除排风的 N07 阀。

(5)库内检查处理

逐车检查旅客报警系统,当检查至 500A06 车监控室的旅客报警拉手时,发现一个线插脱落,对其重新紧固后进行试验,一切正常。

13. 轴 抱 死

(1)案例概况

CRH5-00A 动车组,运行时发生 BPS 屏轴抱死指示灯瞬间闪亮报警,TD 屏弹出 500A02 车 4 轴抱死,TD 屏制动缓解指示栏并无制动显示,电子仪器栏制动缸压力为零。停车后检查 02 车 4 轴制动单元闸片缓解良好,未见异常。

(2)原因分析

速度传感器线路破损导致传输信息错误,造成误报。

(3)注意事项

车下确认故障时,应确保列车不会移动,并注意邻线通过车辆。

(4)途中处理要点

查看 TD 屏轴抱死车轴的制动缸压力,并下车确认是否为硬件故障,若为硬件故障则将单轴制动切除。

(5)库内检查处理

①下载BCU故障记录,发现500A02车BCU存在17的故障代码(代码含义为4轴速度传感器信号故障),通过克诺尔调试软件查出4轴速度传感器输出电压为15V,超出正常范围。

②打开4轴7位端轴箱前盖,发现速度传感器有破损。见图4—27。

③更换新的速度传感器后,故障消除。

图4—27 速度传感器破损

14. BCU2内EB02A扩展板卡故障

(1)案例概况

CRH_5-00A+00B重联动车组在中途站换端完毕后,500B01车主控。准备开车时,全列无牵引力,TD屏显示状态正常,列车管和总风压力正常,查看RIOM状态正常,QCA柜及QEL柜空开状态正常。进行断蓄电池复位,之后换升6车受电弓、合主断,全列仍然无牵引。

为排除由于列车管压力开关封锁牵引使能,摘掉QEL柜内正线端子排17XME:30点264079号和17XME:33点264080号线端子后故障现象未消除。分解电气车钩，当 500B01 车为主控车时 CRH5-00B 无牵引，当 500B00 车为主控车时 CRH5-00B 牵引正常。CRH5-00A 车两端牵引正常。后换车运行。

(2)原因分析

由于 500B01 车 BCU2 内 EB02A 扩展板卡故障，检测到 ATP 与 BCU 制动命令不一致，从而导致全列牵引力无法正常施加。

(3)注意事项

注意检查 TD 屏的故障提示信息。

(4)途中处理要点

当复位等措施不能恢复时，确认是否列车管压力开关封锁牵引使能，不能排除故障分解电气车钩，单车排查。

(5)库内检查处理

①检查 CRH5-00A + CRH5-00B 车组 RIOM 模块、网关、牵引 MPU、舒适 MPU 指示灯状态正常、无异常。

②随后运用 Serlink 软件检测 500B01 车牵引制动手柄变量角度值，检查结果发现牵引手柄角度值均在规定范围内，角度值状态正常。

③下载 500B01 车牵引 MPU 数据见图 4—28。

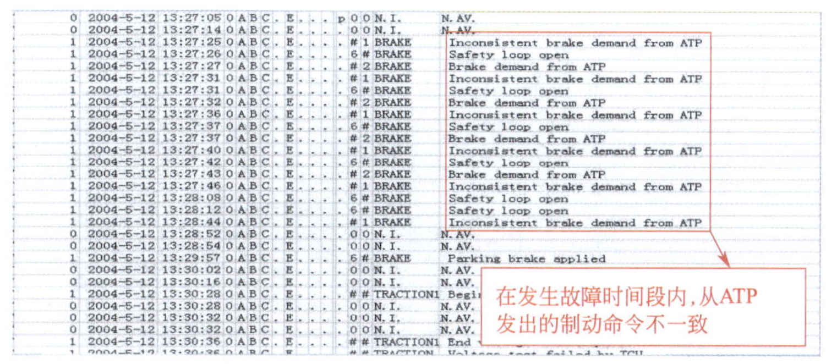

0	2004-5-12	13:27:05	0 A B C . E . . . p	0 0	N. I.	N. AV.
0	2004-5-12	13:27:14	0 A B C . E	0 0	N. I.	N. AV.
1	2004-5-12	13:27:25	0 A B C . E	# 1	BRAKE	Inconsistent brake demand from ATP
1	2004-5-12	13:27:26	0 A B C . E	6 #	BRAKE	Safety loop open
1	2004-5-12	13:27:27	0 A B C . E	# 2	BRAKE	Brake demand from ATP
1	2004-5-12	13:27:31	0 A B C . E	# 1	BRAKE	Inconsistent brake demand from ATP
1	2004-5-12	13:27:31	0 A B C . E	6 #	BRAKE	Safety loop open
1	2004-5-12	13:27:32	0 A B C . E	# 2	BRAKE	Brake demand from ATP
1	2004-5-12	13:27:36	0 A B C . E	# 1	BRAKE	Inconsistent brake demand from ATP
1	2004-5-12	13:27:37	0 A B C . E	6 #	BRAKE	Safety loop open
1	2004-5-12	13:27:37	0 A B C . E	# 2	BRAKE	Brake demand from ATP
1	2004-5-12	13:27:40	0 A B C . E	# 1	BRAKE	Inconsistent brake demand from ATP
1	2004-5-12	13:27:42	0 A B C . E	6 #	BRAKE	Safety loop open
1	2004-5-12	13:27:43	0 A B C . E	# 2	BRAKE	Brake demand from ATP
1	2004-5-12	13:27:46	0 A B C . E	# 1	BRAKE	Inconsistent brake demand from ATP
1	2004-5-12	13:28:08	0 A B C . E	6 #	BRAKE	Safety loop open
1	2004-5-12	13:28:12	0 A B C . E	6 #	BRAKE	Safety loop open
1	2004-5-12	13:28:44	0 A B C . E	# 1	BRAKE	Inconsistent brake demand from ATP
0	2004-5-12	13:28:52	0 A B C . E	0 0	N. I.	N. AV.
0	2004-5-12	13:28:54	0 A B C . E	0 0	N. I.	N. AV.
1	2004-5-12	13:29:57	0 A B C . E	6 #	BRAKE	Parking brake applied
0	2004-5-12	13:30:02	0 A B C . E	0 0	N. I.	N. AV.
0	2004-5-12	13:30:16	0 A B C . E	0 0	N. I.	N. AV.
1	2004-5-12	13:30:28	0 A B C . E	# #	TRACTION1	Begi
0	2004-5-12	13:30:28	0 A B C . E	0 0	N. I.	N. AV.
0	2004-5-12	13:30:32	0 A B C . E	0 0	N. I.	N. AV.
0	2004-5-12	13:30:32	0 A B C . E	0 0	N. I.	N. AV.
1	2004-5-12	13:30:36	0 A B C . E	# #	TRACTION1	End

图 4—28　MPU 数据 1

故障数据显示：在发生故障时间段内，从 ATP 发出的制动命令不一致。经下载 500B00 车牵引 MPU 数据见图 4—29。

0	2004-5-12	13:27:04	0.B.D.F........op	0	0	N.I.	N.AV.
0	2004-5-12	13:27:15	0.B.D.F........o.	0	0	N.I.	N.AV.
1	2004-5-12	13:27:26	0.B.D.F........o.	6	#	BRAKE	Safety loop open
1	2004-5-12	13:27:31	0.B.D.F........o.	6	#	BRAKE	Safety loop open
1	2004-5-12	13:27:37	0.B.D.F........o.	6	#	BRAKE	Safety loop open
1	2004-5-12	13:27:42	0.B.D.F........o.	6	#	BRAKE	Safety loop open
1	2004-5-12	13:28:08	0.B.D.F........o.	6	#	BRAKE	Safety loop open
1	2004-5-12	13:28:12	0.B.D.F........o.	6	#	BRAKE	Safety loop open
1	2004-5-12	13:28:42	0.B.D.F........o.	6	#	BRAKE	Safety loop open
1	2004-5-12	13:29:57	0.B.D.F........o.	6	#	BRAKE	Parking brake applied
1	2004-5-12	13:30:28	0.B.D.F........o.	#	#	TRACTION1	Begin voltage test request.
0	2004-5-12	13:30:29	0.B.D.F......LMo.	0	0	N.I.	N.AV.
0	2004-5-12	13:30:32	0.B.D.F.......Mo.	0	0	N.I.	N.AV.
0	2004-5-12	13:30:33	0.B.D.F........o.	0	0	N.I.	N.AV.
1	2004-5-12	13:30:36	0.B.D.F........o.	#	#	TRACTION1	End voltage test request.
1	2004-5-12	13:39:04	0.B.D.F........o.	6	#	BRAKE	Holding brake requested
1	2004-5-12	13:39:04	0.B.D.F........o.	6	#	BRAKE	Holding brake applied
0	2004-5-12	13:44:25	0.B.D.F........o.	0	0	N.I.	N.AV.
0	2004-5-12	13:44:25	0.B.D.F........o.	0	0	N.I.	N.AV.
0	2004-5-12	13:44:25	0.B.D.F........o.	0	0	N.I.	N.AV.
0	2004-5-12	13:44:26	0.B.D..........o.	0	0	N.I.	N.AV.
0	2004-5-12	13:44:40	0.B............o.	0	0	N.I.	N.AV.
0	2004-5-12	13:44:49	0.B............o.	0	0	N.I.	N.AV.
1	2004-5-12	13:44:49	0.B............o.	6	#	BRAKE	Safety loop open
0	2004-5-12	13:45:02	0..............o.	0	0	N.I.	N.AV.
0	2004-5-12	13:46:35	0.B............o.	0	0	N.I.	N.AV.
0	2004-5-12	13:46:57	0.B............o.	0	0	N.I.	N.AV.

图 4—29 MPU 数据 2

故障数据显示:在发生故障时间段内,未发现异常故障信息。经下载 500A01 车牵引 MPU 数据见图 4—30。

0	2004-5-12	13:22:17	0..C.E..mnop	0	N.I.	N.AV.
0	2004-5-12	13:27:04	0.BC.E..mnop	0	N.I.	N.AV.
0	2004-5-12	13:27:15	0.BC.E..mno.	0	N.I.	N.AV.
1	2004-5-12	13:27:26	0.BC.E..mno.	6	BRAKE	Safety loop open
1	2004-5-12	13:27:31	0.BC.E..mno.	6	BRAKE	Safety loop open
1	2004-5-12	13:27:37	0.BC.E..mno.	6	BRAKE	Safety loop open
1	2004-5-12	13:27:41	0.BC.E..mno.	6	BRAKE	Safety loop open
1	2004-5-12	13:28:08	0.BC.E..mno.	6	BRAKE	Safety loop open
1	2004-5-12	13:28:12	0.BC.E..mno.	6	BRAKE	Safety loop open
1	2004-5-12	13:28:42	0.BC.E..mno.	6	BRAKE	Safety loop open
1	2004-5-12	13:29:57	0.BC.E..mno.	6	BRAKE	Parking brake applied
1	2004-5-12	13:30:28	0.BC.E..mno.	#	TRACTION1	Begin voltage test request.
0	2004-5-12	13:30:29	0.BC.E..mno.	0	N.I.	N.AV.
0	2004-5-12	13:30:32	0.BC.E..mno.	0	N.I.	N.AV.
0	2004-5-12	13:30:33	0.BC.E..mno.	0	N.I.	N.AV.
1	2004-5-12	13:30:35	0.BC.E..mno.	#	TRACTION1	End voltage test request.
1	2004-5-12	13:39:03	0.BC.E..mno.	6	BRAKE	Holding brake requested
1	2004-5-12	13:39:05	0.BC.E..mno.	6	BRAKE	Holding brake applied
0	2004-5-12	13:44:25	0.BC....mno.	0	N.I.	N.AV.
0	2004-5-12	13:44:25	0.BC.....no.	0	N.I.	N.AV.
0	2004-5-12	13:44:25	0.BC.....no.	0	N.I.	N.AV.
0	2004-5-12	13:44:39	0.B......no.	0	N.I.	N.AV.
0	2004-5-12	13:44:49	0.B.......o.	0	N.I.	N.AV.
1	2004-5-12	13:44:49	0.B.......o.	6	BRAKE	Safety loop open
0	2004-5-12	13:45:02	0.........o.	0	N.I.	N.AV.
0	2004-5-12	13:46:35	0.B.......o.	0	N.I.	N.AV.

图 4—30 MPU 数据 3

故障数据显示:在发生故障时间段内,未发现异常故障信息。经下载 500A00 车牵引 MPU 数据见图 4—31。

0	2004-5-12	13:27:03	0.B...F..p	0	0	N.I.	N.AV.
0	2004-5-12	13:27:06	0.B.D.F..p	0	0	N.I.	N.AV.
0	2004-5-12	13:27:15	0.B.D.F...	0	0	N.I.	N.AV.
1	2004-5-12	13:27:26	0.B.D.F...	6	#	BRAKE	Safety loop open
1	2004-5-12	13:27:31	0.B.D.F...	6	#	BRAKE	Safety loop open
4	2004-5-12	13:27:35	0.B.D.F...	#	#	TRACTION1	DJ Air pressure OK
1	2004-5-12	13:27:36	0.B.D.F...	6	#	BRAKE	Safety loop open
1	2004-5-12	13:27:41	0.B.D.F...	6	#	BRAKE	Safety loop open
1	2004-5-12	13:28:08	0.B.D.F...	6	#	BRAKE	Safety loop open
1	2004-5-12	13:28:12	0.B.D.F...	6	#	BRAKE	Safety loop open
1	2004-5-12	13:29:58	0.B.D.F...	6	#	BRAKE	Parking brake applied
1	2004-5-12	13:30:28	0.B.D.F...	#	#	TRACTION1	Begin voltage test request.
0	2004-5-12	13:30:29	0.B.D.F...	0	0	N.I.	N.AV.
0	2004-5-12	13:30:33	0.B.D.F...	0	0	N.I.	N.AV.
1	2004-5-12	13:30:36	0.B.D.F...	#	#	TRACTION1	End voltage test request.
1	2004-5-12	13:39:03	0.B.D.F...	6	#	BRAKE	Holding brake requested
1	2004-5-12	13:39:05	0.B.D.F...	6	#	BRAKE	Holding brake applied
0	2004-5-12	13:44:25	0.B.D.F...	0	0	N.I.	N.AV.
0	2004-5-12	13:44:25	0.B.D.F...	0	0	N.I.	N.AV.
0	2004-5-12	13:44:26	0.B.D.....	0	0	N.I.	N.AV.
0	2004-5-12	13:44:40	0.B.......	0	0	N.I.	N.AV.
0	2004-5-12	13:44:49	0.B.......	0	0	N.I.	N.AV.
1	2004-5-12	13:44:49	0.B.......	6	#	BRAKE	Safety loop open
0	2004-5-12	13:45:02	0.........	0	0	N.I.	N.AV.
0	2004-5-12	13:46:35	0.B.......	0	0	N.I.	N.AV.
0	2004-5-12	13:46:57	0.B.......	0	0	N.I.	N.AV.
0	2004-5-12	13:47:35	0.B.D.....	0	0	N.I.	N.AV.
0	2004-5-12	13:47:59	0.B.D.F...	0	0	N.I.	N.AV.

图 4—31 MPU 数据 4

500B01 车 BCU2 数据见图 4—32。

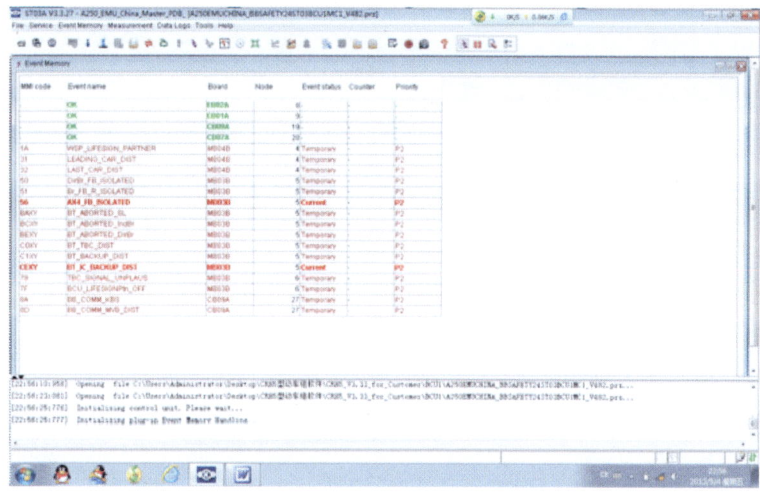

图 4—32　BCU1 数据

500B01 车 BCU2 数据见图 4—33。

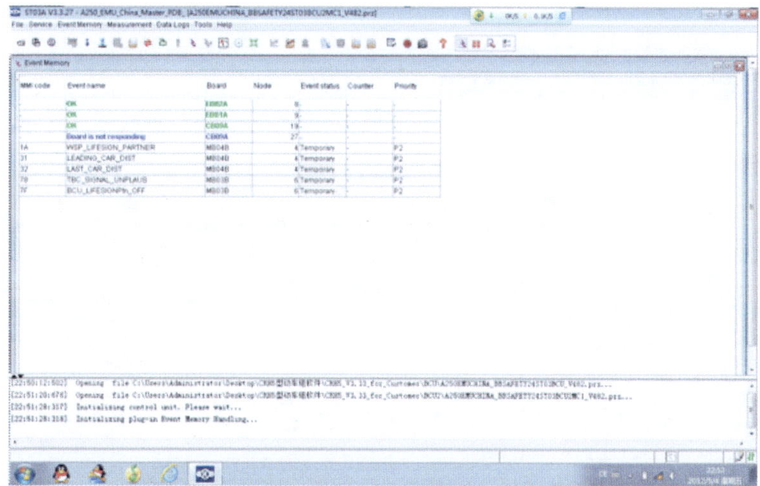

图 4—33　BCU2 数据

BCU1 与 BCU2 故障记录中无功能板卡故障记录

检测 BCU2 内主板及通信板状态见图 4—34。

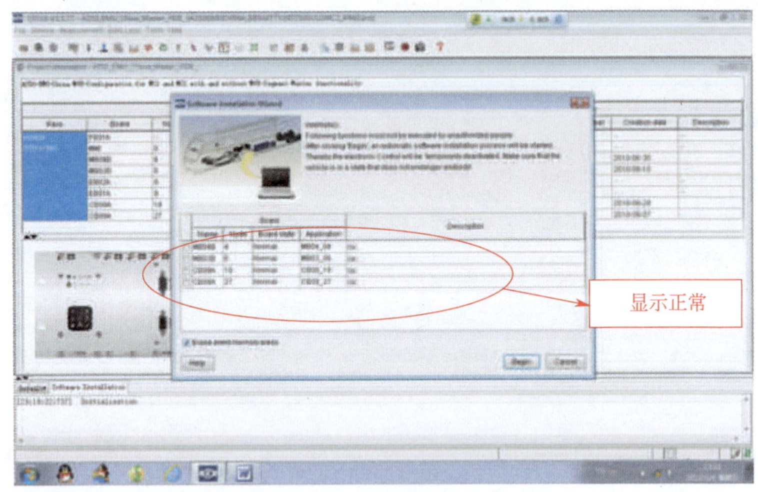

图 4—34 检测状态

监测 BCU2 内的 EB02A 板反馈 ATP 的变量，截图见图 4—35。

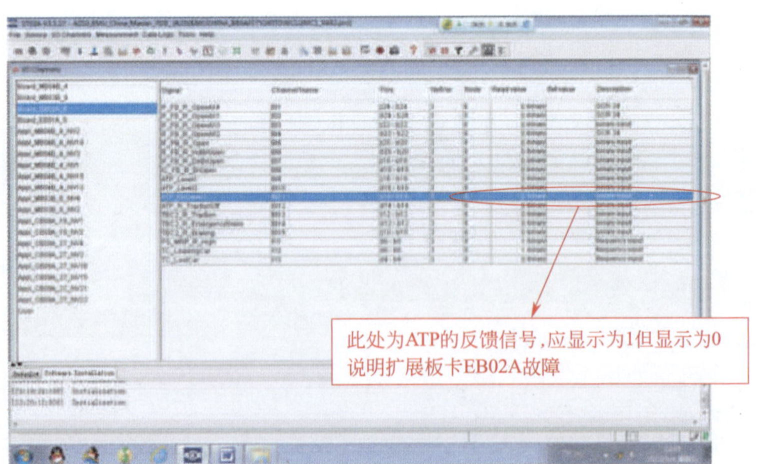

图 4—35 监测变量

将500B01车BCU1手动切除后再施加牵引,发现车组仍然没有牵引力;将BCU2手动切除后再施加牵引,发现牵引力可以正常施加,故障现象消除。

对500B01车车下BCU控制单元进行了检查,发现BCU2内扩展板卡EB02A有烧损痕迹,见图4—36。

图4—36　板卡内烧损

将故障板卡与500A00车BCU2内的EB02A进行互倒,重新升弓试验,故障现象转移,501500车无牵引力。

更换500B01车的BCU2内的EBO2A板卡后施加牵引恢复正常,监测ATP反馈变量显示正常。

15. 停放制动非正常施加

(1)案例概况

CRH5-00A动车组运行时中TD屏报停放制动施加,全列起紧急制动,停车后TD屏显示全列停放制动施加状态正常。经手动缓解停放制动和断蓄电池复位后,紧急制动仍不缓解。机械师巡视车下无异常后,断开全列30Q07空开后,安全环路闭合,紧急制动缓解。

(2)原因分析

CRH5-00A 01车MB04B板卡故障,接收不到正确的停放制动压力传感器信号,导致列车行驶中误报1车停放制动施加,断开安全环路,触发紧急制动停车。

(3)注意事项

①切除停放制动时做好邻线防护。

②确认停放制动手动缓解装置已完全释放。

③确认裙板恢复好。

(4)途中处理要点

认真阅读 TD 屏弹出的故障提示信息,确认好故障车辆号,然后施加保持制动,缓解停放制动,下车确认停放管路是否存在漏风情况,若漏风,切除故障车停放制动,释放手动缓解拉手。若不漏风,可断开故障车 30Q07 空开,进行制动试验后,继续运行。

(5)库内检查处理

①动车组入库后,通过 TCMS 和 BCU 数据分析,确认是 CRH5-00A 01 车 MB04B 板卡故障。

TCMS 数据见图 4—37。

1	2019/7/12	10:03:26	10	BRAKE	The parking brake on at least one axle applied while the train is driving.
1	2019/7/12	10:03:27	10	BRAKE	Parking brake applied
1	2019/7/12	10:03:28	10	BRAKE	Safety loop open
1	2019/7/12	10:03:32	0	BRAKE	Parking brake applied while train is moving, opening safety loop in vehicle MC
1	2019/7/12	10:03:39	0	BRAKE	The parking brake on at least one axle applied while the train is driving.
1	2019/7/12	10:10:57	0	BRAKE	IC of Passenger emergency valve
1	2019/7/12	10:10:57	0	BRAKE	Brake demand from ATP
1	2019/7/12	10:10:57	0	BRAKE	Parking brake applied while train is moving, opening safety loop in vehicle MC
1	2019/7/12	10:10:58	0	BRAKE	Parking brake applied
1	2019/7/12	10:10:58	0	BRAKE	Main Board MB04B -A4 is defect

图 4—37　TCMS 数据

红色框内数据表示:车速在 10 km/h 时,CRH5-00A 01 车停放制动施加。蓝色框内数据表示:a. 当列车在行驶中 CRH5-00A 01 车停放制动施加,安全环路断开。b. CRH5-00A 01 车 MB04B 板卡故障。

BCU 数据见图 4—38。

1A	WSP_LIFESIGN_PARTNER	MB04B	4	Temporary
20	WSP_BOARD_EB01_9	MB04B	4	Temporary
26	WSP_BOARD_MB04	MB04B	4	Current

图 4—38　BCU 数据

故障代码中报 26:MB04B 板卡当前故障。

②对 500A01 车 MB04B 板卡进行更换并刷入软件后,故

障修复。

16. 空压机故障

(1)案例概况

CRH5-00A 动车组运行途中司机发现总风表压力下降,TD 屏显示 3 车空压机工作正常,但总风仍继续下降,直至下降到 750 kPa(7. 5 bar)时,6 车空压机启动,总风表压力回升。

(2)原因分析

3 车空压机双塔干燥器活塞阀故障,转换时活塞密封不良漏风所致。

(3)注意事项

密切关注总风压力表的下降情况,若下降过快是,及时将故障空压机进行切除。

(4)途中处理要点

①重联动车组运行,打风量可以满足用风需要时,可继续运行。

②单列动车组运行,若打风量可以满足用风需要时,可继续运行。若总风下降过快,可将故障空压机切除(断开 32Q01 空开),继续运行。

(5)库内检查处理

①经检查发现 CRH5-00A 03 车主空压机在干燥塔转换时,排水口出现长排风现象。

②对活塞阀进行更换后故障恢复。

六、转向架系统

1. 牵引电动机烧损

(1)案例概况

CRH5-00A + CRH5-00B 重联车组,运行时,司机报告 500A01 车二位轴温异常,2 车牵引自动切除,在监控室发现轴温为 -40 ℃。

司机停车后，随车机械师下车检查发现500A01车2位端牵引电动机处有浓烟，取灭火器灭火后，发现牵引电动机轴与万向轴十字连接部分呈较大角度下垂，安全装置脱开，牵引电动机输出轴烧熔变形，安全装置保护套撕裂变形。请求救援，故障列车由机车牵引至临时车站(有地沟处)，拆掉万向轴与齿轮箱连接螺栓，拆掉万向轴长管，用铁丝悬吊电动机端进行了现场临时处理。

(2)原因分析

由于牵引电动机轴承油脂不足导致传动端轴承失效，轴承失效后，造成转子偏心，定子、转子表面摩擦，逆变器过载，牵引隔离，在无电状态下电动机被动随万向轴旋转继续摩擦，摩擦从传动端开始向非传动端逐渐扩展，摩擦引起的高温致使传动端绕组严重损坏，并导致一系列其他部件的毁损。见图4—39。

(a) 电机下表面过热脱漆

(b) 电机风口处电缆烧损并有大量熔渣

图4—39 原因分析

(3)注意事项

发生轴温异常报警，随车机械师需要立即下车检查，确认是传感器故障，还是轴温确实异常，下车检查时做好邻线防护。

(4)途中处理要点

①由于牵引电机或万向轴损坏，引起轴温异常的，停车待救援。

②万向轴拆卸后临时固定，使列车具备回送条件。

(5)库内检查处理

①检查转向架外观状态,分解动力轮对,分解故障牵引电动机。

②更换损坏的牵引电动机、万向轴、安全装置及动力轮对。

③严格按周期加注牵引电动机轴承油脂,确保润滑效果良好。

2. 热轴误报警

(1)案例概况

CRH5-00A 动车组,500A07 车和 500A00 车在运行中报热轴系统故障,在 TD 屏上显示 07、00 车轴温显示为 -40 ℃。途中停车后,随车机械师下车点温正常,确认为误报后通知司机开车。

(2)原因分析

①热轴主机故障。

②CAN 线干扰。

(3)注意事项

中途下车注意邻线防护。

(4)途中处理要点

下车点温,确认温度正常后监控运行。

(5)库内检查处理

①检查热轴系统主机是否正常,如有故障进行更换处理。

②检查卫生间 CAN 线是否有干扰。

3. 轴温报警

(1)案例概况

CRH5-00A + CRH5-00B 重联车组,运行时 500B05 车 2 位轴温报警,司机通知随车机械师,机械师检查 LT 屏电子仪器表显示 500B05 车 2 位轴温在 118 ℃、-24 ℃、106 ℃之间跳变。机械师下车点温:500B05 车 2 位轴 0℃,同轴 1 位轴 -2.4 ℃,同侧 4 位轴 -1 ℃、外温 -6.8 ℃,点温情况正常。机械师通知司机具备开车条件,司机联系行调,了解地面红外线探测站监控温度情况,并请求地面红外线系统加强监控。

(2)原因分析

由于集成传感器故障使其检测轴头温度超出正常范围内致使轴温系统报警。

(3)注意事项

①要密切监控温度异常轴的温度变化,严禁盲目带车。

②下车点温检查做好邻线防护。

(4)途中处理要点

CRH5 型动车组轴温报警,可采用下列方法进行处理:

①立即停车,下车对温度超高的轴头进行检查并点温,如点温正常,证明为传感器误报,断开故障空开 70Q01,10 s 后再闭合 70Q01 空开,如故障仍然存在,动车组正常运行,运行至前方站(或固定间隔)停车点温,并联系行调请求地面红外线系统加强监控。

②如点温与轴报温度相符,确认点温温度大于 90 ℃小于 110 ℃通知司机不高于 80 km/h 速度运行,如果点温温度高于 110 ℃通知司机按照不高于 40 km/h 速度运行。并向上级汇报请示处理,开车后密切监控轴温变化。

(5)库内检查处理

①检查 70Q01 空开没跳开。下载舒适 MPU 数据分析和用热轴软件监控发现 500B05 车 2 位集成传感器故障。

②更换 500B05 车 2 位集成传感器后,闭合蓄电池检查 TD 屏电子仪器表轴温系统恢复正常,用热轴软件监控热轴各个轴头的状态都正常。

七、空调通风系统

1. 接触器 K4、K24 烧损导致空调作用不良

(1)案例概况

CRH5-00A + CRH5-00B 重联车组,运行时 500B03 车空调作

用不良,出风口无风,断空开 35Q01-35Q04 复位处理,接触器 K3、K12、K5、K7、K1、K2 吸合,10 min 后跳开。对换继电器处理,检查 K25 集控信号正常,TCB 板电源正常,再次断空开复位后,空调工作正常。7 min 后,上述接触器相继跳开,将 S1 置手动 50% 制冷位,接触器不吸合,断 F4 空气开关,将 S1 置 100% 手动制冷,接触器仍不吸合。将 K25 和 K26、K25 和 K30 互换,并强行吸合 K27、K32 继电器,测量 K5、K7、K3 相间交流 400 V 电压正常,故障未能消除,将 S1 置自动位,第三次断空开复位无效,维持运行到停车站。将 500B03 车空调调整为自动-2 挡,空调机组工作正常。随后,接触器 K3 连续跳开 2 次,断配电柜空调空开复位、重新调整空调自动挡、倒换继电器 K25,空调机组恢复正常运行。

(2)原因分析

冷凝风机高速接触器 K4、K24 控制线圈烧损,导致冷凝风机不能正常从低速转到高速,影响 K3 的正常吸合。

(3)途中处理要点

途中如能判断是接触器 K4、K24 故障时,可将继电器 K32 的线圈 A1/A2 的线摘除并用绝缘胶布将线端子包好。

(4)库内检查处理

动车组入库后,检查发现冷凝风机高速接触器 K4、K24 控制线圈烧损,冷凝风机不能正常从低速转到高速,影响 K3 的正常吸合。更换 K4、K24 继电器之后,恢复正常。

2. 单车空调不制冷

(1)案例概况

CRH5-00A + CRH5-00B 重联车组,运行时 500A01 车客室空调报红,检查该车 QEL 柜内空调控制柜,发现压缩机接触器 K1、K2 跳开,各部空气开关及接触器接线正常、无烧损及异味,将 S1 置手动制冷位,K1、K2 仍不吸合,测量各继电器通断正常,检查 QEL 柜内各处接线均正常,断 F4 空开复位,故障仍未消除,经用软件检测到风压开关传感器变量值错误，将风压开关传感器控制线路进行短接处理，空调工作正常。

(2)原因分析

由于500A01车空调机组风压开关传感器连接的供风管断裂，致使风压开关传感器无法正常检测风压信息，压缩机继电器不能得电，压缩机无法运行，造成空调系统不能制冷。见图4—40。

图4—40 原因分析

(3)途中处理要点

用细导线把TB3接线排的1(1011线)和4(1088线)短接。

(4)库内检查处理

①检查风压开关传感器，发现与其连接的供风管断裂，对其进行了更换。

②将原短接的风压开关传感器信号线进行恢复。

③库内进行空调系统试验，将空调机组置自动位、手动位工作均正常，QEL柜内各继电器工作状态均正常。

3. 单车空调故障

(1)案例概况

CRH5-00A + CRH5-00B 重联动车组，CRH5-00 B01车为主控端，运行途中CRH5-00B 00车发生空调不制冷故障。

(2)原因分析

500B00 车空调 2 号系统风压开关故障,风压开关的常开触点 2 和 3 之间在有风压的情况下没有正常闭合,导致空调风压开关继电器 K30 不得电,在 K30 不得电的情况下,空调压缩机控制继电器 K27、K28 就无法得电,并最终导致空调自动位手动位都不能正常启动制冷。

(3)注意事项

在短接线时应将空调机柜内供电控制空开全部断开再进行操作,以免发生人身安全。

(4)途中处理要点

用导线将故障车 QEL 柜内的风压开关传感器信号线 1004 线和 1008 线短接。

(5)库内检查处理

①检查风压开关,发现风压开关故障,将其更换。

②将原短接的风压开关传感器信号线进行恢复。

③库内进行空调系统试验,将空调机组置自动位、手动位工作均正常,QEL 柜内各继电器工作状态均正常。

4. 全列车空调故障

(1)案例概况

CRH5-00A 动车组,在运行途中发现全列空调无网络信号,造成全列空调系统无法正常工作。

(2)原因分析

在换端过程中,车辆网络信号在转换过程中产生错误,导致全列空调无网络信号以致空调不能正常工作。

(3)注意事项

检查空调集控开关位置及辅助中压供电是否正常,集控开关应打在集控位。

(4)途中处理要点

重新启动全列空调的集控信号,或进行大复位操作。

(5)库内检查处理

检查司机台上集控开关是否启动,QCA 柜空调空开是否闭合。若集控开关关闭,则将开关开启后故障自动消除;若集控开关开启,检查 TD 或 LT 屏上辅助变流器供电情况,若缺失 3 个以上时,则空调系统处于应急通风状态,此时进行恢复辅助变流器供电操作,若辅助变流器供电正常,检查控制屏上网络功能是否正常。检查 QEL 柜内 K25 接触器是否吸合,若不吸合则为网络故障,应进行修复网络或将 K25 转到手动闭合位;若辅助供电、网络均正常后,空调仍不启动,根据运行情况进行大复位,重新配置空调功能。

八、车内设施

1. 继电器板烧损导致塞拉门集控不开门

(1)案例概况

CRH5-00A + CRH5-00B 重联车组,出库前集控开关门试验时发现 500A00 车为主控车时右侧车门只有 08、07、06、05 车能打开;500B01 车为主控时 500A00 车全列右侧门均无法打开。集控开关门试验时发现 500A00、500B01 车主控时,全列车门集控激活按钮灯常亮,激活信号无法取消,复位后无效。车站始发时因 500A01 车右侧车门集控激活信号故障,全列手动关门后隔离,开车后待速度超过 5 km/h,取消隔离。

(2)原因分析

①由于 500A02 车门系统的 1 根接线短路,造成 500A01 车的 95K61 继电器板烧损,直接影响到 500A 全列一侧门无激活信号。

②由于 500A01 车 QCA 上的 95K64 继电器板烧损,导致门集控信号的常闭触电无法断开,激活按钮灯常亮。

(3)途中处理要点

手动关门后隔离,待速度超过 5 km/h 后,取消隔离。

(4)库内检查处理

①对 500A01 车司机室的 QCA 柜子检查时发现 95K61 严重烧损，更换继电器板。

②发现 500A01 车主控时左侧门激活信号不能保持，随即发现 500A01 车 QCA 面板上有烟冒出，检查发现新更换的 95K61 又烧损。

③进一步检查线路，发现 500A02 车 1 位端墙 90XBB1 的 10 位针脚至 500A02 车 QEL 柜的 90XET5 插的 10 位针脚接线短路。

④对 500B00 车和 500A01 车的接线进行细致检查，最终发现 500A01 车 QCA 柜内的 95K64 板在拆除之后故障现象消除，更换新品 95K64 继电器板后恢复正常。

⑤发现 500A02 车 1 位内端门上方的顶板内 90XET5-90XBB1 线磨破接地（该线为上行方向左侧门激活信号线），包扎处理后故障消除。

2. 压力差导致塞拉门不关门

（1）案例概况

CRH5-00A + CRH5-00B 重联车组，在车站旅客乘降完毕后集控关门，关门后 500A07 车 4 位塞拉门反复开关，立即将 S5 开关断开，将黄色脚踏板收回后将该车门隔离处理，车门关闭正常。

（2）原因分析

CRH5 型动车组塞拉门的设计参数要求内外通风压力差小于 60 Pa。正常状态下集控关门时，所有塞拉门均同时动作（延迟时间很短），室内空调对车门的影响较小，如压力差达到 80 ~ 90 Pa，此时车门无法正常关闭。因当时专运需要，500A07 车其他车门均已隔离，只有 4 位塞拉门处于正常使用位置，当关门时空调作用在塞拉门上的压力过大，导致车门反复开关。

（3）途中处理要点

将 S5 开关断开，手动将车门关闭并隔离。

（4）库内检查处理

下载门控器故障记录显示如下：Doorpositionsensorfails（门位

置感应错误）;Obstructiondetectionx-timesonclose（在关门过程中检测到阻力大）。

3. 单个塞拉门故障

（1）案例概况

CRH5-00A + CRH5-00B 重联车组，车站开车时，500A07 车 1 位车门故障，复位处理无效，随车机械师隔离车门后开车。

（2）原因分析

门控网络信号受到干扰。

（3）途中处理要点

可手动锁闭并隔离故障门后开车，到达终点站后，解锁并复位门控器电源空气开关，如仍未恢复，继续隔离运行。

（4）库内检查处理

车辆入库后，检查车门可正常开关，反复试验多次均正常，判断是门控网络信号受到干扰，影响车门关闭。

4. 高站台自动踏板故障

（1）案例概况

CRH5-00A + CRH5-00B 重联动车组始发时 500B01 车 3 位车门黄色踏板未收回，车门无法正常关闭，手动恢复黄色踏板后，将此门隔离。

（2）原因分析

有异物阻挡多次触发赛拉门防挤压胶条，导致塞拉门产生防挤压后，执行常开门动作，不能集控关门。

（3）注意事项

①开车前应该提醒乘客远离车门，到自己的座位上就坐。

②注意隔离车门的隔离锁的位置。

（4）途中处理要点

①检查自动踏板锁是否锁闭到位，如果未锁闭到位应重新锁闭。

②检查 s22 开关是否在 0 位，若未在 0 位将其恢复。

③检查自动踏板中央隔离所位置是否正确，若不正确将其恢复。

(5)库内检查处理

①下载数据分析和检查车门的自动踏板，S22 开关，门控器，自动踏板中央的隔离锁均正常。

②恢复隔离车门，供电试车车门技术状态良好。

5. 负线端子排故障造成车辆无使能

(1)案例概况

CRH5-00A + CRH5-00B 出库时司机发现 500B01 至 500B04 车无使能，后编组无法升弓。随车机械师通知司机进行大复位操作，大复位无效，断蓄电池大复位无效，检查 500A01 至 500A04 车 QCA、QRK 柜内空开，各空开均处于闭合位。检查发现 500A01 车 RIOMA/B、牵引 MPUA/B、舒适 MPUA/B、RIOMA/B 都仅有电源灯亮，网络状态指示灯不亮。测量 MPU 的 X1 时，发现 3 针网络复位信号有 11 V 左右的电压(正常情况拔下插头后电压应为 0 V)，进一步检查发现 1 车 QEL 柜内 17XMEN 负线端子排中-LL 带有 11 V 左右的电压(正常情况负线端子排不应带电)，且负线端子排的短连片及端子排内有烧损迹象，更换端子排及短连片后恢复正常。

(2)原因分析

QEL 电器柜 17XMEN 负线排烧损。

(3)途中处理要点

测量负线端子排，找到带电端子将其排除。

(4)库内检查处理

①检查 TD 屏状态，发现 CRH5-00B 列 01 至 04 车无使能，BPS 屏网络配置灯常亮。

②检查 500B01 车电器柜内各网络部件的空开状态，均处于闭合位。

③检查司机室各网络部件的工作状态,发现司机室 RIOMA/B、牵引 MPUA/B、舒适 MPUA/B 及本车 RIOMA/B 仅有电源灯亮,网络状态指示灯不亮。

④检查各网络部件的连接状态均正常,无松动现象。

⑤下载 MPU 数据时,无法显示其版本信息,初步判断为 MPU 故障。对 MPU 进行更换,故障未消除。

⑥测量 MPU 的供电电源均为 24 V,为正常状态。

⑦根据电路原理对网络复位线路进行校线检查,测量 MPU 的 X1 时,发现 3 针网络复位信号有 11 V 左右的电压(正常情况拔下插头后电压应为 0 V),进一步检查发现 1 车 QEL 柜内 17XMEN 负线端子排中-LL 带有 11 V 左右的电压(正常情况负线端子排不应带电),且负线端子排的短连片及端子排内有烧损迹象,更换端子排及短连片后恢复正常。

第五章 CRH380A(L)型动车组典型故障案例

一、高压供电系统

1. 异物击打导致受电弓自动降弓(Ⅰ)

(1)案例概况

CRH380AL 型动车组,运行时 13 车 1 位端受电弓自动降弓,随车机械师下车检查,发现 13 车 1 位受电弓 2 位碳滑板折断,随车机械师登顶捆绑,处理完毕后,升 5 车、13 车 2 位端受电弓正常恢复行车。

(2)原因分析

异物击打导致 2 位碳滑板折断,部分碳层丢失,1、2 位侧弓头变形,2 位碳滑板 1 位端部铝托架侧棱有擦刮痕迹。

(3)途中处理要点

①按规定下车检查弓网状态。

②按规定申请接触网断电、挂接地杆、升一架正常受电弓、合 EGS。

③穿戴好防护用品,登车顶对破损受电弓进行捆绑处理并去除异物,确认捆绑固定牢固,不影响行车安全。

④摘接地杆、断 EGS、降弓,远程切除故障受电弓。

⑤接触网供电后升正常弓后继续运行。

(4)库内检查处理

①对故障弓进行检查。见图 5—1。

②对车顶其他部位及设备进行检查。

③更换受电弓受损部件。

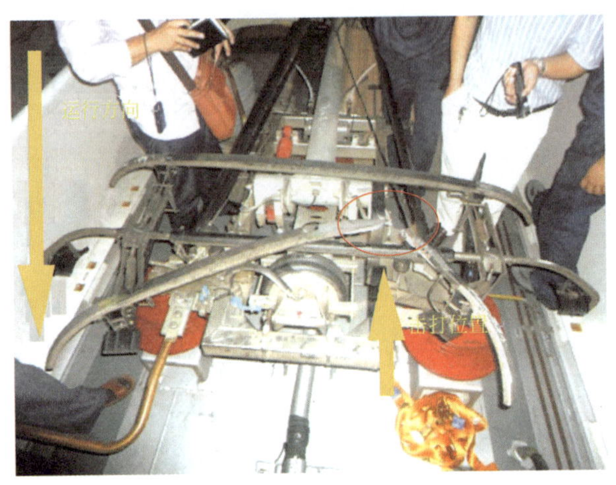

图 5—1　检查受电弓

2. 异物击打导致受电弓自动降弓（Ⅱ）

（1）案例概况

CRH380AL 型动车组，运行时 13 车 2 位受电弓自动降弓，随车机械师下车检查后确认 13 车 2 位受电弓可视部分外观无异常，检查后切除 13 车 2 位受电弓，升动车组前弓（05 车 1 位弓和 13 车 1 位弓）限速 160 km/h 运行至前方站站，随车机械师在前方站台检查发现 13 车 2 位受电弓碳滑板进气管遭异物撞击脱落，受电弓其余可视部分状态良好，后动车组升前弓解除限速运行。

（2）原因分析

辅助空气压缩机产生的压缩空气在经过受电弓阀板控制后进入车顶铜管，然后压缩空气进入车顶受电弓白色 PU-4 管，通过白色 PU-4 管进入黑色风管，而黑色风管气路又分为两路，一路直接进气囊，起到使受电弓升起及保持的作用。另一路则进入 ADD 装置，再经 ADD 装置联通碳滑板，起到防止碳滑板磨穿从而保护受电弓及接触网的作用。

13 车受电弓自动降弓，是因为受电弓弓臂处黑色进气软管被异物击打破损漏风，而使升弓气囊风压不足，继而不能保持受电弓正常的升弓状态。入库检查后，发现受电弓气路正是由于遭异物击打导致破损漏风继而引起受电弓自动降弓。

(3)途中处理要点

①按规定下车检查弓网状态。

②被击打部位不影响行车时，换正常弓、切除故障弓，维持运行。

(4)库内检查处理

①登顶检查受电弓及其他部位状态。

②将破损气管剪掉(约 40 mm)并重新接通管路，进行动车组升、降弓试验，动车组升降弓正常，无漏风现象。见图 5—2。

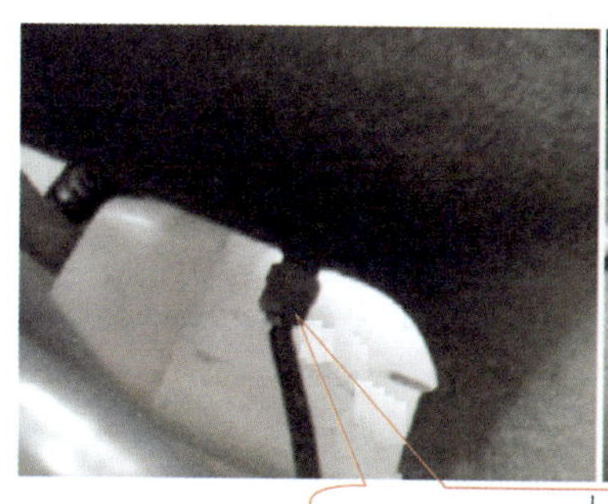

图 5—2　库内检查处理

3. 异物击打导致受电弓自动降弓(Ⅱ)

(1)案例概况

CRH380AL 型动车组，运行时 05 车 2 位弓自动降弓，随车机械师下车检查无异状，远程切除 05 车 2 位受电弓，换弓维持运行。

(2)原因分析

受电弓电源模块烧损导致受电弓自动降弓。

(3)途中处理要点

①按规定下车检查弓网状态。

②若故障不影响行车,换正常弓、切除故障弓,维持运行。

(4)库内检查处理(图 5—3)

图 5—3　库内检查处理

①05 车 2 位受电弓阀板电源模块有烧损痕迹。

②将 05 车 2 位弓远程切除复位后发现阀板电源灯不亮,做库内升弓试验时 5 车 2 位受电弓无法升起。

③更换故障受电弓阀板。

二、牵引传动系统

1. SCP 模块导致变流器 1 故障

(1)案例概况

CRH380A 型动车组,运行时 MON 报 06 车牵引变流器故障 1(代码:004),RS 复位无效,切除 06 车牵引,维持运行。

(2)原因分析

06 车 DCU 内的 SCP 模块故障。主要故障原因有:

①直流过电压；
②控制电源异常；
③牵引电机过电流；
④牵引电机电流不平衡；
⑤PG 异常；
⑥主变压器二次侧接地。

(3)注意事项

如果复位后故障再次发生，应当切除故障牵引变流器。

(4)库内检查处理

更换 DCU 内的 SCP 模块。

2. 网压波动

(1)案例概况

CRH380AL 型动车组，运行时 00 车网压表指针先有较大幅度的波动，而后网压表显示为零，此时动车组其他状态良好，换弓维持运行。

(2)原因分析

网压检测原理：CRH380AL 型动车组的网压检测原理与 CRH2 型动车组相同，网压通过受电弓至网压互感器，网压互感器将原边的 25 kV 高压变换为 AC 100 V 低压，再经过车内司机台网压表进行显示。库内静态试验正常可以确认网压互感器无异常、受电弓升弓状态保持正常。根据检查试验情况，此次网压波动是由不明原因引起的偶发性故障。

(3)库内检查处理

①库内升降弓试验动作正常，受电弓升弓时间正常，升降弓压力正常。

②使用检漏仪对受电弓所有供风管路接头、碳滑板部位进行仔细检查，未发现任何异常。

③受电弓阀板各处关节、所有电气连接部件、各个阀门，未发现任何异常，通电升降弓也未见异常。

④检查车辆配线、连接器、配电盘,未发现异常情况。

3. 电动机启动器温度高

(1)案例概况

CRH380AL 型动车组,运行时 9 车监控屏报动车组 12 车烟火报警,随车机械师检查发现 12 车组合配电柜冒烟,立即要求司机停车,断电降弓,使用灭火器对配电盘内冒烟位置进行喷射,冒烟情况消失;随后远程切除 6 单元(12、13 车)牵引,查看动车组状态良好。再次升弓供电,动车组状态良好,司机汇报调度后开车。

(2)原因分析(图 5—4)

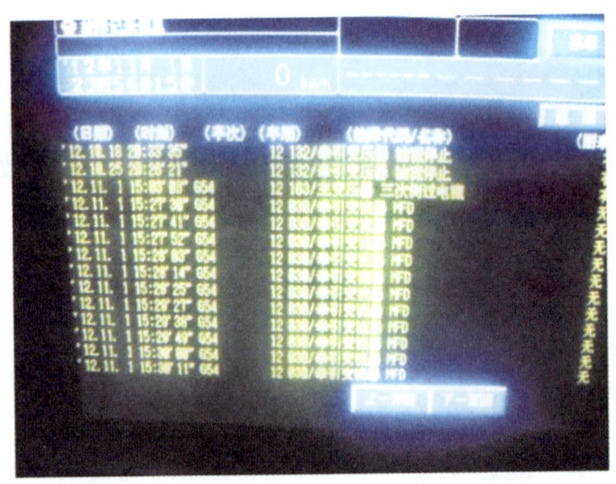

图 5—4　原因分析

根据动车组现场检查、测试及 MON 屏故障记录情况初步分析,造成此次故障的原因为:

①主变通风机电机三相电流不平衡,电机某相电流偏大,空气开关过热,引起上部三相接线端子受热变形。

②空气开关在过热时保护功能失效,未及时断开切断主回路,造成空开两相融化短路,造成 12 车三次侧过电流故障。

(3)注意事项

发现冒烟故障应立即要求司机停车、断电降弓;并在原因查明该单元前不得供电。

(4)途中处理要点

①在运行途中正确使用灭火器,

②及时断开超温启动器,在确认动车组无其他异常后,针对断开的启动器做相应的处理措施,例如切除动车、BKK 扩展供电、ACK2 扩展供电等。

(5)库内检查处理

检查空气开关状态及接线端子状态,如发现问题及时更换空气开关。

4."K 接触器"时断时合

(1)案例概况

CRH380A 型动车组,运行时司机反映 03 车"K 接触器"时断时合,未影响运行,正点到达北京南站。

(2)原因分析

故障原因是牵引变流器的整流模块故障。

(3)途中处理要点

在不影响行车的情况下运行观察,待动车组回库后检查。

(4)库内检查处理

更换牵引变流器的整流模块故障。

5. 牵引变流器故障

(1)案例概况

CRH380AL 型动车组,运行时报 12 车报牵引变流器故障,代码 141、005、004,随车机械师在接到司机的故障通知后,迅速前往司机室查看故障,确认 MON 屏上报牵引变流器故障,通过 MON 屏"牵引变流器(车)"界面,随车机械师看到 12 车主电路元件异常、CI 故障、二次侧过电流 2 栏均显示红色,随后随车机械师通知司机切除 12 车 M 车,同时迅速赶往 12 车组合配电柜,对[牵引变流器 1]断路器进行复位操作,操作后故障未消除,随后动车组在切除 12 车 M 车的情况下维持运行。

(2)原因分析

主变流器整流模块 IGBT 烧损。

(3)途中处理要点

①远程切除故障动车,并将故障车组合配电柜中的【牵引变流器 1】断开再投入,进行复位。

②远程复位该故障动车,若故障恢复则继续运行,若故障未恢复,则远程切除该动车,维持运行。

(4)库内检查处理

①库内下载 IC 卡数据及牵引变流器数据进行分析,12 车报牵引变流器 ISOC2(二次侧接地)、MMOC2(牵引电机过电流 2)、VDLV2(直流电路低电压 2)、IGTFD(IGBT 原件异常)等故障。见图 5—5。

图 5—5 数据分析

②检查 12 车组合配电柜,各空开、线路状态。

③检查 CI 装置,对整流模块的 V 相和 U 相的功率模块进行了阻值测量,测量结果显示 V 相的 4 只 IGBT 已有 3 只被击穿,反向导通电阻为 0(应为无穷大)。

④更换整流模块及该车 CI 的主控单元。见图 5—6。

图 5—6　整流模块

三、制动及供风系统

1. 主空压机漏油

(1)案例概况

CRH380A 型动车组,运行时 MON 报 07 车空气压缩机油温高故障(故障代码 080),远程切除后复位无效,切除 07 车空气压缩机后维持运行。

(2)原因分析

截油阀软管破裂泄漏,导致造成空压机油量减少。

(3)途中处理要点

空压机切除后应密切关注动车组风压状态。

(4)库内检查处理

更换 07 车空压机截油阀软管并补充空压机油。

2. 运行时起紧急制动

(1)案例概况

CRH380AL 型动车组,运行时不明原因紧急制动导致停车,当时 ATP 未报故障,MON 也未报故障,车辆缓解紧急制动后司机开车,后续交路正常运行。

(2)原因分析

浪涌电压等不明原因导致 154 线失电,引起 JTR 继电器线圈失电触发紧急制动。

(3)库内检查处理

①通过车载信息地面管理系统发现该列车 01 车紧急制动(JTR)动作。

②检查全列的控制继电器盘、制动回路连接器等与触发紧急制动有关的器件和线路,均未发现异常。

③下载 1 单元 BCU 数据,未发现相关故障记录。

④通电进行启动试验、制动试验均正常。

⑤检查 01 车车下浪涌保护装置,未发现异常。

⑥更换 01 车总配电柜内 JTR 继电器所在的 A 板、B 板、C 板、E 板,将换下的 4 块电路板进行地面性能实验。

⑦在 154 线回路上加设电压计数器,跟踪监测 154 线是否有闪断情况。

3. 空气压缩机油温高(080)

(1)案例概况

CRH380AL 型动车组,运行时 15 车频繁报空气压缩机油温高(080),随车机师远程切除 15 车空气压缩机,维持运行,动车组后续交路运行情况良好。

(2)原因分析(图 5—7)

故障原因为空气压缩机内侧排油堵渗油,致使空气压缩机油位过低,冷却不畅。

(3)注意事项

①随车机械师在动车组运行时严密监控空压机状态;

②在排油作业时,应注意排油堵的状态,并在紧固排油堵后,通电进行试验。

(a) 压缩机油位过低

(b) 压缩机内侧排油堵

图 5—7 原因分析

(4)途中处理要点

发现该故障要及时切除相应的空压机,维持运行。

(5)库内检查处理

对空气压缩机内侧排油堵进行更换,并补充空气压缩机油。库内通电试验,15 车空气压缩机运行 10 min,未报故障。空气压缩机运行情况良好,未有渗油情况。

4. 抱死 1 故障

(1)案例概况

CRH380AL 型动车组,运行时 16 车发生"抱死 1"故障,随车机械师对该车关门车处理后,按规定下车进行检查,发现速度传感器有异物击打痕迹,走行部未抱死,要求司机通过 MON 屏,对该车进行"抱死切除"后,维持运行。

(2)原因分析(图 5—8)

运行途中 16 车 2 位 AG37D 速度传感器遭受外来异物击打,内部接线受损虚接或接触不良,动车组运行振动引起接线断开,BCU 检测不到 16 车 1 轴速度信号。

(3)途中处理要点

①司机快速制动停车。

②随车机械师对故障车进行关门车处理,按规定程序下车对

图 5—8　原因分析

走行部进行检查。

③走行部无抱死，则对该车进行“抱死切除”操作，维持运行。

(4)库内检查处理

①库内下载 IC 卡数据数据进行分析。

②对故障车速度传感器进行检查，将故障速度传感器进行更换。

③安排路试，确认故障处理后运行状态良好。

5. 制动力不足(123)故障

(1)案例概况

CRH380AL 型动车组，运行时 07 车报制动力不足(123)，列车紧急制动。进行紧急复位操作，故障未消除，随车机械师将 07 车配电盘中【紧急制动】【制动控制】【制动控制装置】断路器断开后再投入，通知司机再次进行紧急复位操作，故障仍未消除。随车机械师对 07 车进行关门车操作，司机紧急复位，动车组缓解正常，维持运行。

(2)原因分析

07 车 UBTR 继电器故障(可能造成制动力不足的故障原因有:UBTRTD 继电器故障、UBTR1 或 UBTR2 继电器故障、制动管路泄漏导致风压不足、压力开关故障误动作、BCU 装置故障)。

(3)途中处理要点

①司机进行紧急复位操作,故障未消除,通知随车机械师。

②随车机械师对故障车【制动控制装置】断路器断开后再投入,通知司机紧急复位。

③故障未消除,则随车机械师对故障车进行关门车处理,维持运行。

(4)库内检查处理

①库内恢复关门车,进行紧急复位。

②下载 BCU 数据,核对故障数据。

③检查制动管路、压力开关、BCU 装置、UBTRTD 继电器、UBTR1 和 UBTR2 继电器。

④更换故障的 UBTR1、UBTR2 继电器,并督促厂家做好设备源头质量卡控,对所有 UBTR1、UBTR2 继电器进行专项检查。

6. 制动不缓解故障

(1)案例概况

CRH380AL 型动车组,始发时 00 车报“制动不缓解(代码:153)”。随车机械师赶到 00 车配电盘,断开“制动控制装置”断路器后再投入,通知司机紧急复位,并进行制动试验,00 制动不缓解故障仍未消除。随车机械师赶往主控端(00 车)司机室,观察司机制动试验,当制动手柄置运行位时,00 车 BC 压力为 230 kPa,其余车组 110 kPa 左右,且制动手柄于 B1 至 B7 及快速位时,16 车 BC 压力均维持在 230 kPa。通过应急指挥,进行大复位操作,故障未消除。对 00 车进行关门车处理,进行制动缓解试验，确认制动、缓解作用正常。

(2)原因分析

①CRH380AL 型动车组 00 车制动不缓解故障的原因为 BCU 装置 EP 阀故障，动作卡滞未缓解，持续输出快速制动力(230 ± 30)kPa。

②其他车显示 110 kPa 左右制动力的原因：动车组在车站一般用 CTCS2 部分监控模式发车，在 CTCS2 模式下，ATP 具有主动防溜功能，持续输出 B4 级制动(110 ± 30)kPa，需有牵引信号时才能缓解，即此时将制动手柄置于运行位，只要不动牵引手柄，ATP 将一直输出 B4 级制动。

(3)途中处理要点

①司机进行紧急复位操作，故障未消除，通知随车机械师。

②随车机械师对故障车【制动控制装置】断路器断开后再投入，通知司机紧急复位。

③若故障未消除，则随车机械师对故障车进行关门车处理，维持运行。

(4)库内检查处理(图 5—9)

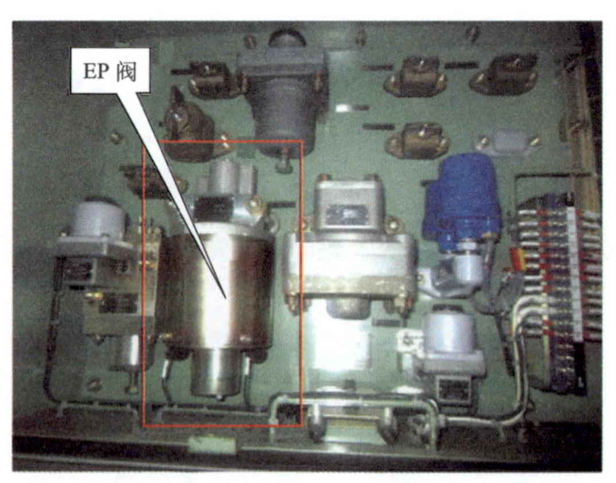

图 5—9 更换 EP 阀

①下载 IC 卡、BCU 数据核对故障数据。

②通过 TEDS 图像及现场库内检查,检查 00 车车轮踏面及基础制动装置状态。

③检查 00 车 BCU 装置。

④更换 00 车 EP 阀,要求南京海泰将更换下来的 EP 阀返回公司分解检查。

⑤更换后,进行制动实验。

7. JTR 故障

(1)案例概况

CRH380A 型动车组,运行时 MON 显示"JTR"故障停车,ATP 重启、断电大复位处理后均无效,短接紧急制动回路,"JTR"故障消除。

(2)原因分析

故障原因是由于 CRH380A 头车不直接接地(通过邻车接地),存在浪涌电压的可能性(最高瞬间达 6 000 V),导致 153MR 继电器非正常得电,触发紧急制动。

四、转 向 架

1. 旋修后踏面缺陷

(1)案例概况

CRH380AL 型动车组,进行全列旋修作业。00 车 7 位轮旋修后发现踏面有一长 10 mm 的缺陷 ,见图 5—10,此时轮径为 856. 52 mm,经过 4 mm 的旋修量以后,裂纹消除,此时轮径为 852. 62 mm。

(2)注意事项

旋轮工旋轮过程中加强踏面的检查与确认。

2. 温度传感器绝缘不良

(1)案例概况

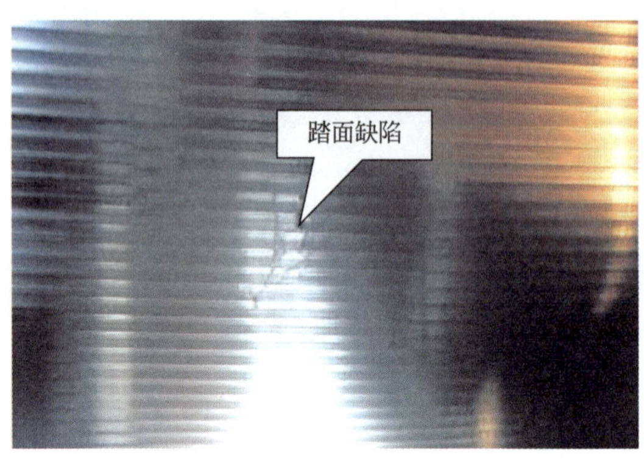

图 5—10　踏面缺陷

CRH380AL 型动车组,运行时报 MON 报 01 车轴温 1(154),轴温 2(155),轴温检测空开跳闸,司机停车,机械师下车点温温度正常,闭合轴温检测空开后维持运行。

(2)原因分析

对 01 车 1,2,3,4 轴温度传感器绝缘情况进行检测,1 轴:45 MΩ;2 轴:∞;3 轴:∞;4 轴:∞。判断出造成 01 车轴温检测回路绝缘不良是由于 1 轴 2 个轴端温度传感器绝缘不良造成,并造成 01 车轴温检测空开频繁跳断。

(3)注意事项

轴温故障必须下车检查。

(4)途中处理要点

运行途中须密切监控轴温情况。

(5)库内检查处理

更换 01 车轴温传感器,并对绝缘进行检测。

3. 踏面硌伤并扩散

(1)案例概况

CRH380AL 型动车组,运行时 00 车司机室设备仓有异音,发现 00 车 6 位轮对踏面擦伤,7 位轮对踏面剥离,6 位踏面擦伤长度约 15 mm,深度约 0.2 mm,7 位踏面剥离长度约 12 mm,深度约 0.2 mm,未超限;7 位轮对踏面剥离有扩展趋势,并产生两条接触疲劳裂纹,旋修 0.5 mm 后发现 7 位轮对踏面材质缺陷有 23 处,其中最大两处长度约 25 mm。见图 5—11。

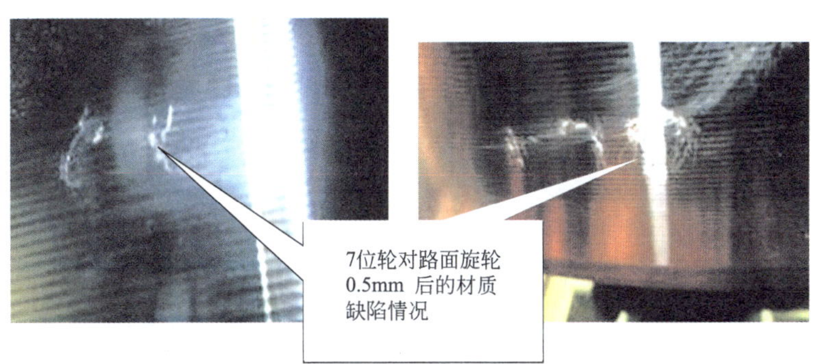

图 5—11　踏面硌伤

(2)注意事项

出现踏面硌伤或剥离时,需要引起重视,在未超标的情况下加强监控,发现扩散立即采取措施。

(3)途中处理要点

踏面硌伤、剥离等故障,随车机械师和检修人员应加强检查力度。

(4)库内检查处理

对故障轮对进行旋轮处理。

4. 抱死 2

(1)案例概况

CRH380A 型动车组,运行时报 MON 屏报 00 车抱死 2、制动控制装置、速度发电机断线 3(062)故障,随车机械师下车检查无异常情况,切除抱死 2 运行,开车后 00 车底部有异音,后续交路更换热备车组运行。

(2)原因分析

①"抱死 2"故障原因分析

抱死故障的检测条件为滑行轴速度 5 km/h 以下保持 5 s 以上。当抱死故障发生在 2 位转向架(3 轴、4 轴)时,便会报出"抱死 2(152)"故障。

通过 MON 故障数据(制动控制装置数字数据输出不一致、制动控制装置故障、速度传感器断线)以及 8 车 BCU 故障数据可以看出,8 车抱死 2 故障是由于在滑行过程中 3 轴、4 轴的速度均发生了速度 5 km/h 以下保持 5 s 以上的现象,而制动控制装置数字数据输出不一致的故障是由于 4 轴防滑阀(保压阀)控制回路存在异常(开路故障),BCU 检测到 4 轴防滑阀输出 ON 异常而报出故障,1 s 后切断防滑阀控制电源;由于 3 轴、4 轴防滑阀控制回路为同一电源,故 3 轴防滑阀亦不再进行控制。

②动车组轮对擦伤原因分析

根据 MON 故障数据,10 月 16 日 10:04 报出"抱死 2"故障及制动控制装置故障,而在 10:20 进行了关门车操作。由于关门车操作切断了机械制动力的施加,因此后续运行不会造成轮对的擦伤。可以推断,8 车 3 轴、4 轴轮对的擦伤时机应为 10:04 抱死故障发生时。8 车主控时,作为前进方向的首列车,在运行中进行制动操作时,3、4 轴由于轮轨黏着性差(当天小雨)产生滑行,由于 4 轴防滑阀连接器接触不良,造成防滑阀(保压阀)控制回路开路故障,使得 BCU 报出故障并切断 3 轴、4 轴防滑控制回路电源,从而使 3 轴、4 轴的轮对在制动滑行过程中 BC 压力不能得到有效控制,滑行轴不能及时恢复黏着,最终导致车轮抱死,踏面擦伤。

③防滑阀连接器接触不良的原因分析

经过对防滑阀连接器仔细检查,发现 4 轴防滑阀连接器的 2 针(衬套)有一定扩张。连接器衬套扩张会造成连接器公针与衬套接触不良,在动车组运行及振动过程中便会虚接或不接。防滑阀连接器由公插和母插组成,公插与防滑阀一体,固定于防滑阀阀体上，母插主要由插座和机架构成，插座和机架之间会有些许间隙，同时插座为橡胶材质，本身具有部分弹性，在安装时如果插接对位不准确，会使插座有一定角度的倾斜，造成插接安装困难，对连接器反复旋转插拔后，会造成连接器衬套口扩张。

(3)库内检查处理

①查看 MON 故障记录，故障时刻故障记录为 8 车制动控制装置故障(代码 059)、制动控制装置速度发电机断线故障(代码 062、063)、抱死故障(代码 152)、制动控制装置数字数据输出不一致故障(代码 074)、制动控制装置黏着检出(代码 071、072)，8 车已做关门车操作。

②检查 8 车转向架，制动夹钳、踏面清扫装置均正常，发现 8 车 3 轴、4 轴轮对有擦伤，共 4 处。擦伤处尺寸分别为 5 位 42 mm ×32 mm ×0.6 mm，6 位 45 mm ×26 mm ×0.5 mm，7 位 67 mm ×45 mm ×1.3 mm；8 位：55 mm ×38 mm ×1.2 mm。见图 5—12。

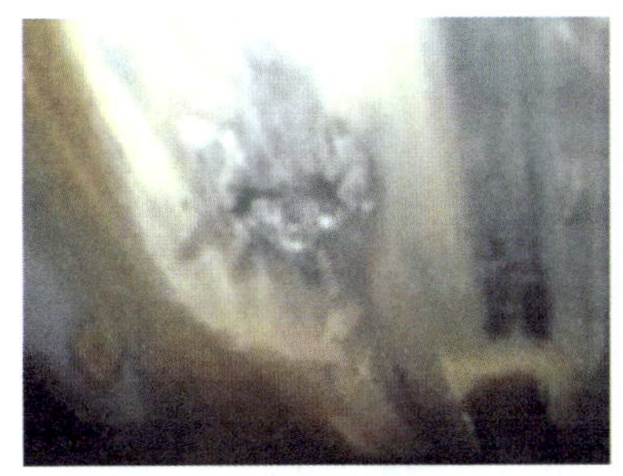
(a) 8车3轴5位轮对擦伤情况

(b) 8车3轴6位轮对擦伤情况

图 5—12 轮对擦伤

③恢复关门车操作，下载 BCU 故障数据及 TBDR 监控记录数据，确认抱死故障的发生时间及抱死发生时的车辆状态：10：04 发生抱死故障时，列车运行速度为 210 km/h，状态为 4 级制动，后采取 7 级制动停车。

④对防滑阀连接器仔细检查，发现 4 轴防滑阀连接器的 2 针

(衬套)有一定扩张。见图 5—13。

图 5—13　衬套扩张

⑤随后进行模拟故障试验,对 8 车 4 轴的防滑阀连接器进行了五十余次拔插及防滑自检试验,共出现了 2 次防滑自检通不过。重新下载 BCU 数据,发现故障为 4 轴防滑阀输出 ON 异常。将制动控制装置内部 BCU 的 QE 连接器(BCN1)拔下后,测量 4 轴防滑阀控制回路(36 针对 2 针),发现 4 轴防滑阀(保压阀)控制回路为开路状态(阻值无穷大)。确认 8 车 4 轴防滑阀(保压阀)控制回路存在异常(开路故障)。

5. 轴温 1 故障(154)

(1)案例概况

CRH380A 型动车组,运行时报 01 车轴温 1 故障(代码:154),点温温度正常,切除 01 车轴温报警维持运行。

(2)原因分析

01 车 1 位轴温传感器故障。

(3)途中处理要点

轴温、热轴故障必须下车进行检查。

(4)库内检查处理

更换 01 车轴温传感器。

五、车端连接系统

端解除开关不到位导致紧急制动

(1)案例概况

CRH380AL 型动车组,运行时列车起紧急制动停车,紧急复位操作无效,MON 屏显示配电盘显示 01 车 JTR 泛红,10 ~ 16 车 UVR 泛红,短接 01、00 车总配内 153 ~ 140 号线紧急制动缓解,维持运行。

(2)原因分析

10 车的“车端解除开关”未完全打至“连接位”。

(3)途中处理要点

对于从连接切换器开始的半列车起紧急制动可直接查看连接切换器里接线。

(4)库内检查处理

将 10 车配电盘车端解除开关打至“连接位”,确认紧急制动缓解故障消除,制动试验恢复正常。

六、辅助供电系统

1. 辅助电源装置故障(故障代码 135)(Ⅰ)

(1)案例概况

CRH380AL 型动车组,运行途中 16 车报辅助电源装置故障(故障代码 135),司机进行 RS 复位,RS 复位无效,随后对 16 车辅助电源装置空开进行复位,空开复位无效后,操作 MON 屏对 16 车进行 BKK 扩展供电,维持运行。

(2)原因分析

故障原因为辅助电源装置长时间报传输不良,导致报辅助电源装置故障。因 APU 软件原因,多次报辅助电源装置传输不良问题,经后续软件升级,故障已消除,需升级软件。

(3)途中处理要点

在复位操作无效后,机械师应按照应急手册对该故障车进行扩展供电,维持运行

(4)库内检查处理

升级 APU 软件。

2. 辅助电源装置故障(故障代码 135)(Ⅱ)

(1)案例概况

CRH380A 型动车组,始发时报 APU3 故障,复位无效,使用 APU2 扩展供电,报 4 车牵引变压器油温高,2 单元 VCB 无法闭合,切除 4 车动车无效,进行 BKK 扩展供电后 APU2、APU3 全部故障,无法恢复。

(2)原因分析

牵引变流器送风机 2 绝缘不良导致辅助电源装置故障。

(3)途中处理要点

报辅助电源装置故障(135),将【牵引变流器送风机 1】、【牵引变流器送风机 2】、【牵引变流器送风机 3】、【牵引电机送风机 1】、【牵引电机送风机 2】、【空气压缩机】空气开关断开再逐一闭合寻找故障点。

(4)库内检查处理

①8 号车运行配电盘内【辅助电源装置控制】脱扣未闭合;

②闭合 4 号车【牵引变流器送风机 2】时,APU3 再次停机;

③号车牵引变流器送风机 2 进行绝缘电阻测量,使用电子式绝缘表 1 000 V 挡位,绝缘值基本为 0 MΩ。正常应为 5 MΩ 以上。见图 5—14。

④更换 04 车牵引变流器送风机 2。

七、车门系统

1. 车门关闭故障(故障代码 109)

(1)案例概况

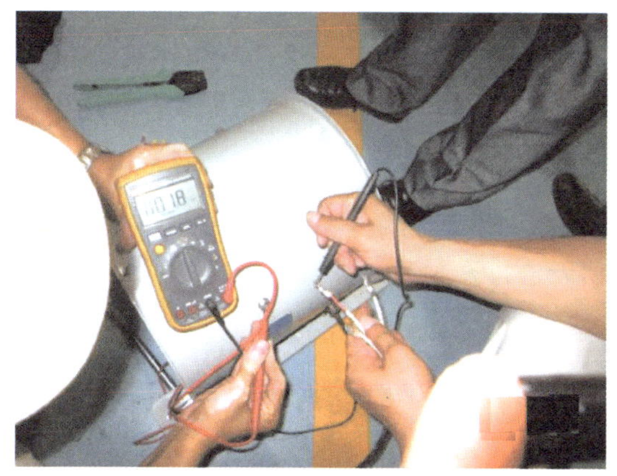

图 5—14 测量电阻

CRH380AL 型动车组,运行时司机反映关门灯不亮,5 车车门报关闭故障(故障代码 109)。随车机械师立即检查 5 车 2 位车门,发现车门已关闭,随后关闭紧急开门阀,打开车门检查滑道,滑道状态正常,恢复紧急开门阀后,车门关闭,故障消失。

(2)原因分析

如发生任何一个车门故障时(如 05 车 2 位车门报关闭故障),司机操纵台"关门灯"不亮,车侧显示灯亮,动车将无法牵引或失去动力。

引起车门报关闭故障的原因有以下几钟情况:

①关门到位开关接线脱落。

②关门到位开关内部故障,如发生多次故障,车门将常报"车门故障"。

③监控电路故障。

④门运动空间存在障碍物,关门不到位引起"车门故障"。

(3)途中处理要点

发生此类故障后机械师应立即赶到车门处,检查车门状态。必要时打开紧急开门阀检查车门状态。

(4)库内检查处理

①查看 MON 屏故障检修记录。

②检查关门限位开关状态及关门到位接线状态。

③进行多次开关门试验，确保关门限位开关内部电路和监控电路导通正常。

④对侧拉门机械结构进行检查。

2. 侧门无法打开

(1)案例概况

CRH380AL 型动车组，始发站司机交接班操作 00 车 2 位侧门时发现门自动打开。随车机械师随即到 00 车检查，在操作 00 车侧门开关多次后，自动开门现象消失，但发现门在手动和集控状态下都无法打开。

(2)原因分析

手动开门开关卡滞一直处于“关/压紧”位，见图 5—15(CHR380AC 型动车组 00、01 车司机室侧门开关有 2 套系统控制，首先是车上集控模式控制，然后是手动单独控制。其中手动单独控制有 3 个位置-开门位置、关门位置、压紧位置。开关打到压紧位置后，门是无法打开的)。

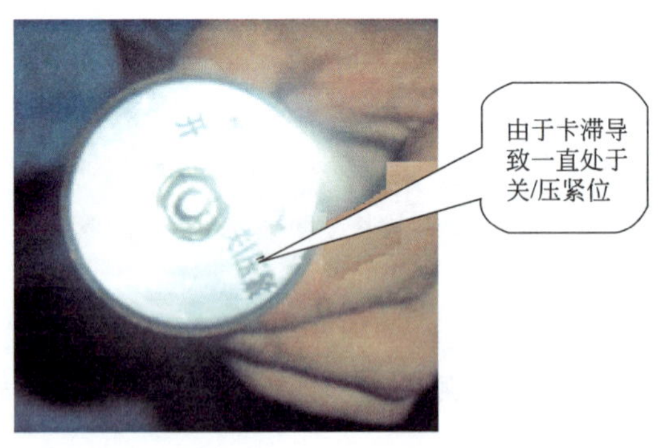

图 5—15　开关卡滞

(3)途中处理要点

检查侧门及滑道外观，手动进行开关门操作。

(4)库内检查处理

①进行手动开关门试验,检查侧门动作机构及其他各机械、电气部件。

②更换手动开门开关。

八、运行安全控制系统

1. ATP 继电器故障导致制动不缓解

(1)案例概况

CRH380A 型动车组,运行时 00 车 ATP 屏一直显示"自我检测"界面(死机状态),对 ATP 电源复位后仍处于死机状态,进行大复位后 ATP 显示 TMM 故障,报 EVC 通信中断,断开 ATP 柜内空开 ALA-N 重启 ATP 后恢复正常。之后 ATPC2 部分模式无法转入 C2 完全模式,对 ATP 进行一系列应急处理均无法恢复。后续交路启用热备车运行。

(2)原因分析

电务人员使用备用继电器代替紧急制动反馈继电器故障故障消除。

(3)注意事项

关于车辆与 ATP 接口的分工要明确,确保故障后的故障排查。

(4)库内检查处理

更换紧急制动反馈继电器。

2. 途中烟感探头火灾报警

(1)案例概况

CRH380AL 型动车组,运行时 MON 屏报 06 车蹲厕所烟感探头火灾报警(412),司机操纵快速制动,列车限速 200 km/h 运行,随车机械师赶往 06 车时,发现有旅客正蹲在厕所里吸烟,机械师立即检查 06 车各配电柜,检查未发现异常后,通知司机正常运行并将厕所门打开散尽烟味,于 09 车监控室主机进行复位,火灾报警故障消除。

(2)原因分析

旅客在卫生间内吸烟导致烟火报警。

CRH380AL 型动车组客室内、配电柜内和厕所内都装有烟感探头。探头外部装有一个小风扇,小风扇将探头周围的空气(烟雾)吸到探头内,当探头检测到空气内的烟雾浓度的峰值达到或超过设定值时,探头后面的接线导通,将信号传送给烟火报警装置回路模块,模块将数据传送到烟火报警主机,主机进行分析后上报“烟感探头火灾报警”故障。

(3)途中处理要点

发现火灾报警,立即赶往报警位置,对相应车厢、配电柜进行检查,若无真实火灾,于 09 车监控室进行火灾报警复位,并通知司机正常运行。

3. 途中紧急蜂鸣器报警

(1)案例概况

CRH380AL 型动车组,运行时 03 车紧急蜂鸣器鸣动,同时操纵快速制动停车。随车机械师立即赶往 03 车检查,未发现异常现象。询问旅客、列车员、乘警,都未发现异常情况。随车机械师确认无异常后,进行紧急复位后继续运行。

(2)原因分析

旅客误操作操作紧急按钮导致司机操纵制动停车。

相关原理:当有人按下 1 位端或者 2 位端的紧急报警按钮(EBzS1、EBzS1)时,103 线的电通过【指示灯电源】空开下来,变为 120 线给 EBzR 继电器加压,其线圈闭合,在未操作紧急复位按钮的情况下(此时 EBzS 处于闭合状态)实现了自保持。EBzR 继电器得电后,另外一对用于接终端装置的常开触点也闭合,此时 M105 线加压,终端装置检测到紧急报警信号,最终 MON 屏上报 105 故障。同时还有一个常开触点闭合后接通 148 线,148 线给司机室蜂鸣器喇叭供电,喇叭发出报警声音。由于实现了自保持,所以若不进行复位操作,MON 屏会一直上报紧急蜂鸣器鸣动故障。当操作火灾报警复位按钮后，自保持回路的 EBzS 断开，EBzR 继电器线圈失电，其用于自保持和用于接终端装置的两对常开触点断开，MON 屏不再报故障。见图 5—16。

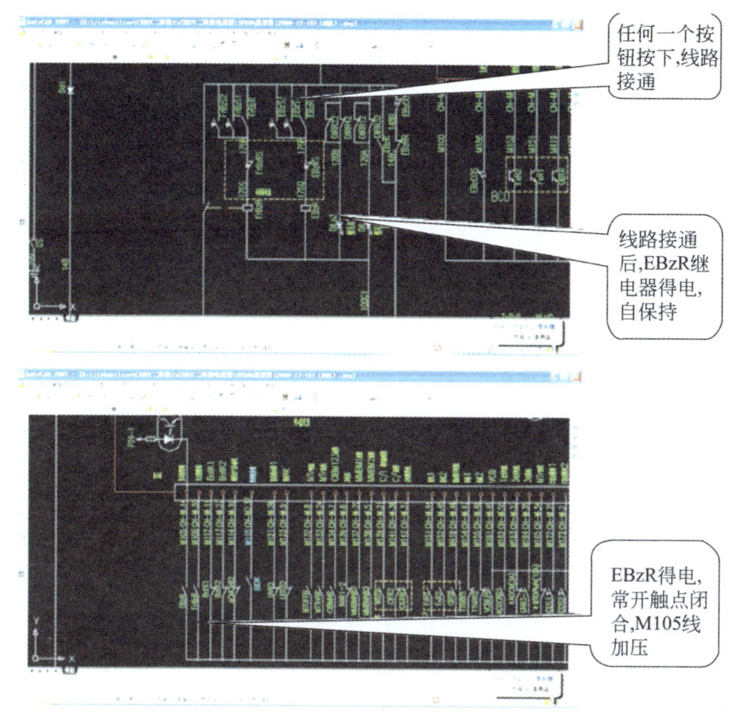

图 5—16 原因分析

(3)途中处理要点

发现报警立即赶往报警车辆位置对配电柜、管路等设备状态进行检查，并询问周围人员当时情况，若无异常，进行复位，继续行车。

(4)库内检查处理

①检查紧急报警按钮及接线、继电器等电气元件，状态正常。

②根据原理图分析，人为操作紧急按钮时会报紧急蜂鸣器鸣动，操作紧急按钮的情况下，列车不会引起任何制动，须由司机操作制动。而紧急蜂鸣器按钮位置在通过门上方，旅客容易误操作。

第六章 CRH380BL 型动车组典型故障案例

一、高压供电系统

1. 网侧过电流故障(63CE)

(1)案例概况

CRH380BL 型动车组担当运营交路,16:16 司机反馈 TC02 车受电弓自动降下,HMI 查看故障信息 TC02 车报故障代码 63CE,10-Q02,车顶隔离开关锁闭,无法重启;6CA0:VCB 被切断,网侧过电流。

(2)原因分析

由于动车组高压设备受到异物撞击,车顶隔离开关与线电压互感器之间拉弧放电,接触网电流经拉弧放电后接地,导致线电流急剧增大,线电流硬件保护响应。

(3)注意事项

①随车机械师需确认受电弓自动降弓的具体原因。

②随车机械师确认后,需要下车检查受电弓以及高压系统部件的拉弧放电情况,是否具备继续使用的条件。

(4)途中处理要点

①开启维护模式,进行小复位操作。

②如果小复位操作无效,换另一组受电弓运行。

(5)库内检查处理

①检查高压设备状态。

②软件复位,故障消除。

2. 牵引电动机风扇接通状态异常(24D6)

(1)案例概况

CRH380BL 型动车组,运行途中报 16 车牵引丢失,HMI 报故障:牵引电机风扇接通异常(代码 24D6),维持运行,未影响正常行车。

(2)原因分析

24D6 故障代码产生原理:TCU 发出牵引电机冷却风扇启动指令和高低速指令后,如果在 10 s 后仍未收到电机风扇高速或低速运转反馈信号,TCU 封锁牵引并发出 24D6 故障报告。主要故障原因有:

①牵引电机冷却风扇电机接触器 =34 - Q81/82/83/84/85/86 烧损或故障。

②冷却风扇电机接触器控制线圈供电线路或相关 KLIP 站输入或输出点故障。

③牵引电机冷却风扇电机空断 =34 - F81/82/84/85 断开。

④牵引电机冷却风扇电机插头烧损。

(3)注意事项

如果发现故障频繁发生,应当切除故障牵引变流器来保护设备。

(4)途中处理要点

①如故障发生不频繁,则不需要处理,列车以最大牵引力维持运行。

②如果故障频繁发生(为防止接触器烧损造成火灾事故),则切除牵引变流器。

(5)库内检查处理

①动车组入库后,静态下 HMI 未显示 24D6 故障,全列牵引正常。

②在 HMI 上选择“风扇-最大”,304203 车报故障 24D6,(此

时风扇高速运转);选择“风扇-自动”,24D6故障消失。用Monitor32软件检测304203车牵引电机冷却风机接触器的状态,发现风机1的高速电源接触器=34-Q81在高速状态下没有状态反馈。在车载电源箱中检查接触器=34-Q81,接触器线圈供电正常,但是接触器不吸合,靠近接触器能闻到轻微烧焦的味道,判断=34-Q81接触器烧损。

③检查牵引电机冷却风扇1的插头,插针和插座没有进水现象。

④更换故障接触器,故障消除。

3. 高压接地故障(25EF)

(1)案例概况

CRH380BL型动车组运行时。09:18过分相时,3车牵引丢失,报故障代码25EF:接地故障监控起作用。

(2)原因分析

高压系统有接地现象。正常情况下牵引变流器中间电压应为2 700~3 600 V,接地检测电压理论值应为中间电压的25%,接地检测保护值设定范围为5%~32.5%,当中间电压大于1 000 V且接地检测保护值超出该范围,就会封锁牵引并报25EF故障。

(3)注意事项

如果切除一个牵引变流器不能闭合,再切除同一单元的另一个牵引变流器。

(4)途中处理要点

切除故障车辆的牵引变流器。

(5)库内检查处理

CRH380BL型动车组,旋轮时铁屑进入牵引电机内部,在过分相时,牵引电机转换为发电机,铁屑与转子、定子机座接触,对磁力线造成破坏,成为导电体,导致牵引电机接地。更换牵引电机后故障消除。

4. 差动电流故障(6CA3)

(1)案例概况

CRH380BL型动车组动车所至车站调车途中,16车司机室HMI屏报故障代码6CA3:VCB被切断,差动电流保护响应,随之9车、11车、14车、16车无牵引输出。

(2)原因分析

牵引单元牵引变压器的电流值与本牵引单元牵引变压器的回流电流值之差大于20A时,会触发CCU的差动电流保护(CCU数据显示故障代码:6326/6327/633A/633B),进而导致牵引变压器自动保护而锁闭。

(3)注意事项

在运行中不必停车,进行换弓操作时车速需降低至200 km/h以下。

(4)途中处理要点

①切除故障单元受电弓、车顶隔离开关。

②升另一单元受电弓维持运行。

(5)库内检查处理

主变压器电流检测信号线(位于电气柜内,线号:100401.02)虚接,重新紧固虚接线路。

5. 主断无法闭合故障

(1)案例概况

CRH380BL型动车组,运行时主断无法闭合,HMI屏发现10车主断已断开,并报00车IGBT PWMI:超出允许的最大运行电流1(故障代码:2253),切除00车牵引变流器,然后闭合10车主断路器,正常运行。

(2)原因分析

由于牵引电机接线柱灼伤导致牵引封锁,从而导致10车主断断开,并报00车IGBT PWMI:超出允许的最大运行电流1(故障代码:2253)。

造成主断无法闭合的原因有:

①牵引变流器故障;

②主变压器故障,如原边过流、次边过流、电流差动保护(6CA3、6326、6327、633A、633B)、主变压器冷却故障等;

③高压部件或电缆接地;

④其他牵引系统故障;

⑤主断路器闭合信号的传输故障(如线路断开、虚接等现象)。

⑥列车在过分相时速度过低,牵引系统中压无法保持。

(3)注意事项

此故障不允许复位。如故障车牵引自动恢复,不做任何处理。

(4)途中处理要点

切除故障牵引变流器来保护设备。

(5)库内检查处理

①检查牵引控制模块板卡状态,正常。

②打开 IGBT 模块盖板,检查 IGBT 模块无过流烧损痕迹。

③打开牵引变流器底板,检查测量 U3/U4/U5 输出电流互感器阻值均正常。

④牵引电机 1 接线柱,发现接线柱存在烧灼痕迹。

⑤更换 00 车故障牵引电机 1。

6. 变压器油流故障(634B)

(1)案例概况

CRH380BL 型动车组,16 车为主控端。始发前 HMI 屏显示 634B 故障,“10 车主变压器 VCB 油流故障”。10 车受电弓降下,主断跳开,司机对主断进行闭合,主断无法闭合并锁闭。随车机械师手动解锁无效后对 9 车 CCU 进行电脑软件复位,复位后,主断正常闭合。一段时间后 HMI 屏再次报 10 车变压器 VCB 油流故障，随车机械师进行换弓操作，切除 2 车受电弓，升 7 车、15 车受电弓，切除 10 车隔离开关，9 车、11 车无牵引，主断正常闭合。

(2)原因分析

变压器油流故障(代码 634B)故障可能原因为：

①油流传感器故障。

②冷却器系统管路故障。

③牵引变压器冷却系统电机和油泵停止工作。

(3)注意事项

如此故障在运行途中发生不需要停车，保持车辆惰行，断主断，对故障车辆所在的 CCU 进行软件复位。

(4)途中处理要点

①在 HMI 屏上开启维护模式；

②降弓，进行三键复位操作；

③如果复位无效，则使用 Monitor 软件进行软件复位；

④若软件复位无效，则切除故障牵引车的车顶隔离开关，升非故障牵引单元受电弓维持运行。

(5)库内检查处理(图 6—1)

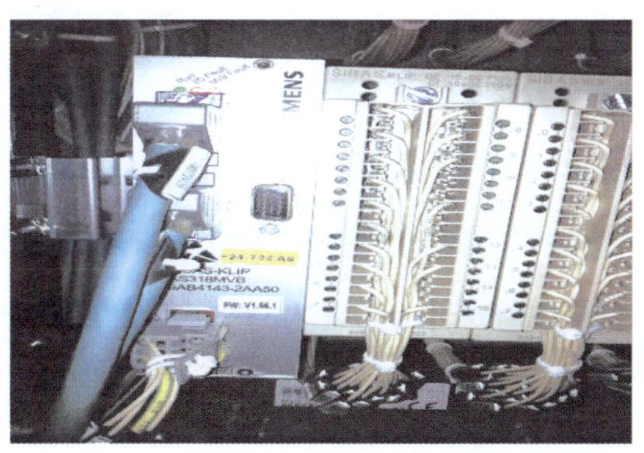

图 6—1　库内检查处理

入库后下载故障数据分析发现 9 车 CCU 中报 10 车故障代码 615F：自 SKS22 的 MVB-PD-通信故障、故障代码 6243：

SKS22MVB-接口通道 A 和 B 故障、故障代码 631F:10-T01 变压器锁闭,无法重启、故障代码 634B:10-T01 变压器 VCB 关是由于变压器油流故障。查看 10 车电气柜 SKS 状态,24-T02. AS 故障指示灯报红

动车组换端操作后,SKS 进行自检测,由于 24-T02. AS 模块故障,导致 24-T02 内部软件检测无法通过,同时 24-T02. 41、24-T02. 42、24-T02. 43、24-T02. 44 模块不工作,若 24-T02. 44 模块不工作,则 34-Q21 继电器不工作,导致 10 车变压器油泵无法启动,报故障代码 634B。

7. 牵引丢失故障(268E)

(1)案例概况

CRH380BL 型动车组,车站始发前 HMI 显示 14 车冷却剂压力大于最大压力 1,故障代码 268E,使用 Monitor 软件对 14 车 TCU 进行复位,复位无效,随即在 HMI 上切除 14 车牵引变流器,维持运行。

(2)原因分析

牵引变流器冷却单元压力大小通过安装在冷却单元管道中入口和出口的压力传感器监控,入口管道正常的压力在 50 ~ 150 kPa(0. 5 ~ 1. 5 bar)之间,出口管道正常的压力值不得低于 −10 kPa(−0. 1 bar),压力差正常值为 60 ~ 98 kPa(0. 6 ~ 0. 98 bar)之间。

动车组入库后,对牵引变流器冷却单元静止状态下的压力差监控数值是 96 kPa(0. 96 bar)左右,而正常的压力差范围应在 60 ~ 98 kPa(0. 6 ~ 0. 98 bar),由于车辆在运行时启动牵引变流器冷却风扇,此时牵引变流器冷却循环系统中的入口压力会增加,压力差也会随之增加,加快牵引变流器的冷却效果,因此运行状态下压力差会大于 98 kPa(0. 98 bar)。正常情况下冷却单元中存在的气体会从膨胀油箱的排气阀排除,当膨胀油箱内有气体没有排出时,会造成冷却单元入口压力没有释放,而冷却单元油泵的

输出压力是恒定的，因此判断是牵引变流器冷却单元内膨胀油箱有空气，造成冷却单元内压力过大，进出口压力差会大于 98 kPa (0.98 bar)，造成牵引丢失。

(3)注意事项

此故障不允许进行复位。

(4)途中处理要点

此故障不允许进行复位，应按动车组最大牵引能力维持运行。

(5)库内检查处理

①下载故障车 TCU 数据

②使用 Monitor 软件监控 14 车牵引变流器冷却单元压力传感器的环境数据。

③动车组断电后下车检查牵引变流器入口压力传感器状态及电器连接插头，未发现异常。

④将牵引变流器冷却单元内的膨胀油箱排气阀打开，听到油箱排气口处有排气声，判断是牵引变流器冷却单元内膨胀油箱有空气，造成冷却单元内压力过大，进出口压力差会大于 98 kPa (0.98 bar)，造成牵引丢失，排放牵引变流器冷却单元内膨胀油箱空气，减小膨胀油箱内压力，重新升弓动态试验正常。

8. 牵引丢失故障(2691,26C1)

(1)案例概况

CRH380BL 型动车组，运行途中 16 车司机室(占用端)HMI 屏报 16 车牵引丢失(故障代码 2691，冷却循环：冷却剂循环 >2；故障代码 26C1，冷却剂压差 > 最大压力)。运行途中第四单元辅变全部丢失，9 ~ 16 车电茶炉失效，后续维持运行，未影响列车正常运行。

(2)原因分析

牵引变流器冷却单元压力大小，通过安装在冷却单元管道中入口和出口的压力传感器监控，入口管道正常的压力值在 50 ~ 150

kPa(0.5 ~ 1.5 bar)之间,出口管道正常的压力值不得低于 -10 kPa(-0.1 bar),压力差正常值为 60 ~ 98 kPa(0.6 ~ 0.98 bar)之间。冷却单元油路走向见图 6—2。

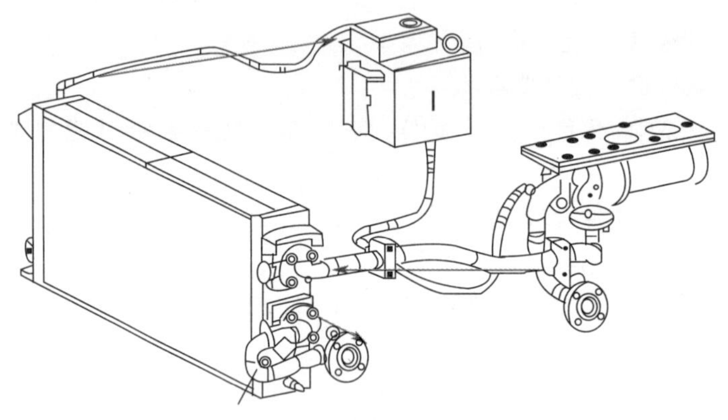

图 6—2 冷却单元油路走向

通过数据分析,由于 16 车牵引变流器冷却单元入口压力传感器进水,导致冷却单元入口压力为负值,最终造成 16 车牵引变流器无牵引力输出。

由于 16 车 TCU 中含有故障代码 24C8(ACU 接触器:状态接通异常),下车检查牵引变流器时发现输出接触器 K11 发生粘连现象。正常情况下 16 车牵引变流器丢失后输出接触器 K11 应该断开。当 16 车牵引变流 K11 接触器粘连时,将会造成 15 车和 13 车的辅助变流器无控制电。当 16 车输出接触器 K11 粘连时,14 车牵引变流器将把输出的 DC 3 000 V 电压通过 K11 接触器传递给 16 车的牵引变流器的中间电路。为保护 14 车牵引变流器,此时网络模块会断开 13 车和 15 车辅助变流器。通过数据分析,因此判断是由于 16 车牵引变流器输出接触器 K11 粘连,为保护 14 车牵引变流器,造成 13 车和 15 车辅助变流器无控制电。因为 9 ~ 16 车的中压是相互联系的,当一个牵引单元的辅助变流器丢失时,为了保障重要的中压负载如:空调、牵引变压器冷却风扇、牵引变流器冷却风扇等设备能正常工作，所以中央控制系统 CCU 会减载一些不影响行车的中压部分，如：开水炉。

(3)注意事项

发生此故障时不允许复位。

(4)途中处理要点

发生此故障时，按动车组最大牵引能力维持运行。

(5)库内检查处理(图 6—3)

①通过检查分析确认 16 车牵引变流器冷却单元入口压力传感器进水，导致冷却单元入口压力为负值，最终造成 16 车牵引变流器无牵引力输出。且 16 车输出接触器 K11 粘连，13、15 车辅变保护，中压减载，导致 9～16 车电茶炉无电。

②更换 16 车牵引变流器冷却单元入口压力传感器和 K11 接触器。

(a) 冷却单元入口压力传感器

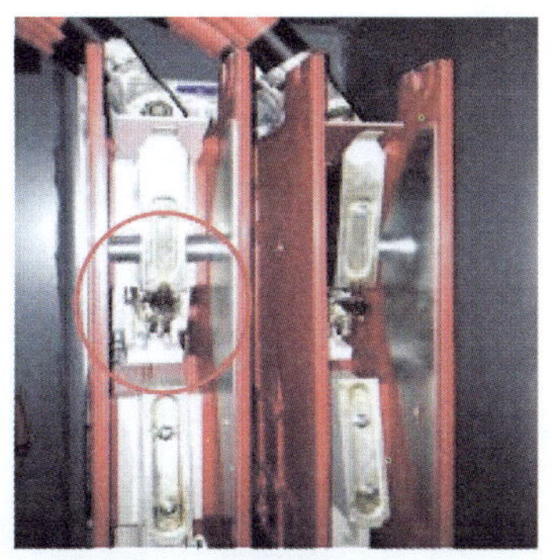

"红色圆圈" 处为牵引变流器的K11 输出器的粘连处

(b) 牵引变流器K11接触器

图 6—3　库内检查处理

9. 牵引变流器风扇空开断开故障(6458、645A)

(1)案例概况

CRH380BL 型动车组在检修库检修时，01 车司机室 HMI 屏报

11 车故障代码:6458(MCS 34-F71 牵引变流器高速风扇 1 空开断开)、645A(牵引变流器低速风扇 1,空开 MCS 34-F72 关)、随后地勤机械师将 11 车车载电源箱内断开的空开闭合,但空开 34-F71 与 34-F72 又重新跳开,后经检查发现 11 车车载电源箱航空插头烧损。

(2)原因分析

牵引变流器冷却风扇 1 的高低速空开都跳开的原因有以下几点:

①网络模块 SKS1 和 SKS2 故障。这样可能会通过网络的反馈信号错误而误报空开故障或者输出网络模块接地造成设空开跳开现象。(但由于高低速接触器由两个不同的输出网络模块控制,所以这些模块同时出现问题的几率很小)

②两个空开的公共点存在问题。这些空开都经过的设备就是插头 =97-X269. 34,检查发现车载电源箱内插头 =97-X269. 34 部分发生烧焦现象,导致牵引变流器冷却风扇 1 的高低速空开起到保护作用而跳开。

(3)注意事项

随车机械师应加强巡视,注意车辆有无异味。

(4)途中处理要点

运行时无需处理。

(5)库内检查处理

①下载 9 车 CCU 数据信息,故障数据显示牵引变流器高、低速风扇空开跳开。

②在车载电源箱内将断开的空开重新闭合,但牵引变流器冷却风扇 1 的高低速空开 34-F71 和 34-F72 闭合后又重新跳开。

③车组断电后,将车载电源箱地板拆开后检查接触器和线路。检查时发现哈丁插头 =97-X269. 34 线束的 1 针、2 针、3 针有烧焦痕迹,其中 2 针烧损较为严重。见图 6—4

④更换哈丁插头 = 97-X269. 34 后,动态试验良好,故障恢复。

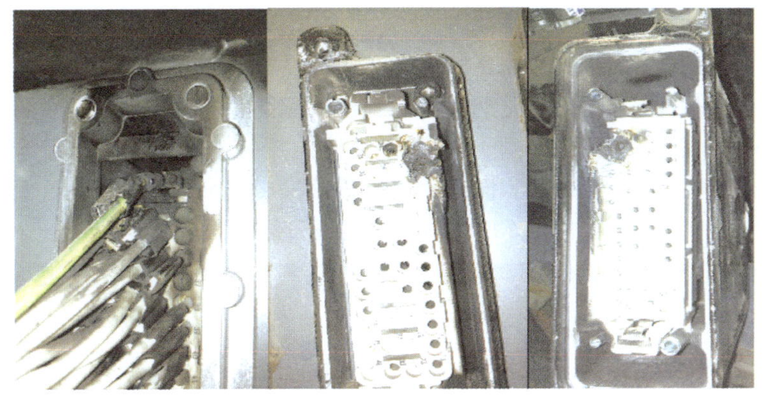

母插插头背面　　母插插头正面　　公插插头正面

图 6—4 航空插头烧损情况

10. 牵引手柄故障

(1)案例概况

CRH380BL 型动车组运行途中,司机将牵手手柄归"0"位过分相结束后,司机操纵牵引手柄运行,但司机无法将牵引手柄提起,牵引手柄只能在 0 和 EN 位推动,无法推至牵引位,惰行运行至前方站停,经机械师处理,转动牵引手柄并用力按下牵引手柄黑色帽,卡滞现象消除,牵引手柄作用正常,并对牵引手柄黑色帽钉丝进行了紧固后,继续运行。

(2)原因分析

牵引手柄黑色帽固定钉丝凸出,司机在操作牵引手柄时出现钉丝与牵引手柄外圈内壁卡滞,牵引手柄内柄卡住无法按下,导致牵引手柄无法向上推动施加牵引。

(3)注意事项

发现出现此问题时应注意 ASD 能否正常操作,并及时通知机械师携带工具处理。

(4)途中处理要点

若发现 ASD 按钮一直处理卡滞状态,则需要及时切除 ASD 装置(将"自动安全装置"开关打至隔离位)。

(5)库内检查处理

动车组进库后,检查分析 1 车牵引手柄卡滞故障,手卸下牵引手柄黑色帽后,发现牵引手柄外圈内壁处有擦痕,断定为牵引手柄黑色帽被用力按下时牵引手柄固定螺钉与牵引手柄内壁卡滞,导致牵引手柄无法推动。模拟该故障,当牵引手柄处螺钉紧固到位后,逐圈向外旋出螺钉,然后按压黑色帽,发现螺钉被旋出约 2 个螺距左右时出现上述故障,无法施加牵引。因此,确定该故障是由于在运行中振动导致牵引手柄黑色帽固定螺钉凸出,司机在操作牵引手柄时出现螺钉与牵引手柄外圈内壁卡滞。见图 6—5。

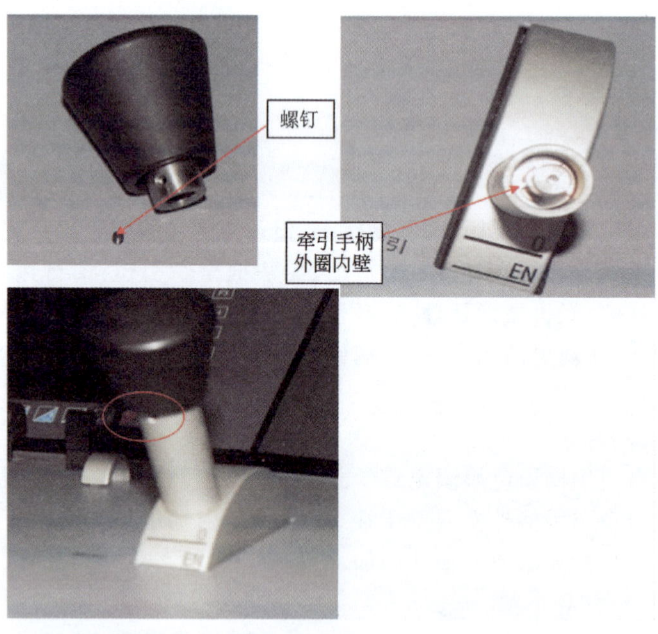

图 6—5 库内检查处理

11. 牵引封锁(24E6)

(1) 案例概况

CRH380BL 型动车组，运行时过分相区后主断无法闭合。HMI 屏报牵引系统封锁，主断无法闭合，故障代码 24E6。确认故障后切除 06 和 08 车牵引变流器后，此时主断正常闭合，维持运行。

(2) 原因分析

08 车 TCU 主断反馈信号板卡(C071)故障。

(3) 注意事项

主断闭合后可对切除的牵引变流器进行复位，复位成功则正常运行，复位不成功则切除相应牵引变流器维持运行。

(4)途中处理要点

进行复位时需注意开启维护模式后进行。

(5)库内检查处理

更换 08 车 TCU 主断反馈信号板卡(C071)。

12. 主断锁闭(6304、6308)

(1)案例概况

CRH380BL 型动车组，运行时 HMI 报 15 车主断故障(故障代码 6304、6308)，15 车主断自动锁闭，换升前弓(02 车、10 车)维持运行，闭合主断，正常运行

(2)原因分析

过分相后，两个牵引单元之间的释放时间不一致，从而导致列车报故障代码 6304。主断闭合命令与主断闭合反馈的时间差超过 3.8 s 以上，这种情况维持 3 次以上，即 6303/6304 故障代码超过 3 次时，会报 6308 故障代码。在 17:00 ~ 18: 00 时间内，6303/6304 的故障累计达到 3 次，即没有对故障的记录进行清零，从而导致了高压系统锁闭。

(3)注意事项

随车机械师应加强对故障的监控，确认故障发生的次数。

(4)途中处理要点

可以通过断电复位或软件复位的方式将故障计数进行清理，

从而避免 6303/6304 导致 6308。

(5)库内检查处理

上载新 Buffer,此 Buffer 主要将 6304/6303 故障累计 3 次引起 6308 主断锁闭故障更改为报 7 次才会触发 6308 故障。

13. 牵引电机过热限值(2679)

(1)案例概况

CRH380BL 型动车组,运行时 HMI 上闪报 06 车牵引电机轴承:达到过热限制 2(2679),06 车牵引丢失,列车自动限速 140 km/h,维持运行。

(2)原因分析

电机轴承超温产生逻辑:在非紧急牵引模式下,TCU 检测到电机轴承温度在经过时间常数为 3000 ms 的平滑后超过 120 度且持续 3 s,则会报电机轴承温度达到过热限制 Ⅰ 故障(267B);TCU 将会封锁逆变器,牵引转矩置为零,CCU 延时 5 min 后限速 200 km/h。如果检测到电机温度超过 140 度且持续 3 s,则会报电机轴承温度达到过热限制 Ⅱ 故障(2679);TCU 将会封锁逆变器,牵引转矩置为零,CCU 延时 5 min 后限速 140 km/h。造成此故障的原因主要有以下方面:

①检测线路存在虚接故障;

②温度采集模块故障;

③温度传感器故障;

④牵引电机传动端轴承损坏或润滑脂缺失。

(3)注意事项

可进行 TCU 复位,若再次发生,则维持运行。

(4)途中处理要点

牵引电机轴承过热限制须下车点温。

(5)库内检查处理

更换 06 车 1 轴牵引电机及温度传感器。

14. 受电弓故障(63C2)

(1)案例概况(图 6—6)

图 6—6 案例概况

CRH380BL 型动车组,运行时 HMI 屏显示 10 车报受电弓接触片断裂故障(代码:63C2),上车顶检查发现 10 车受电弓碳滑板明显折断,捆扎损坏受电弓,换弓维持运行。

(2)原因分析

导致受电弓 63C2 故障的原因是受电弓上臂供风管路漏风,CCU 检测到 ADD 风管内压力降低,触发快速降弓动作,并且报故障代码 63C2。

导致受电弓故障无法升起的可能原因:

①受电弓风管破裂。

②受电弓碳滑板破裂。

③受电弓供风气囊泄漏故障。

④升弓继电器 21-K61 失效。

⑤碳滑板下部风管接头与碳滑板连接处泄漏。

⑥ADD 阀破损。

(3)注意事项

如检查故障受电弓有部件松动,则需断电登顶,进行捆扎固定。

(4)途中处理要点

①切除故障受电弓。

②升另一端受电弓维持运行。

③运行至下一站时检查故障受电弓是否有机械损坏现象。

④处理完成后按照相关限速表要求限速运行。

(5)库内检查处理

入库后检查发现受电弓损坏,对损坏的受电弓弓体进行更换后故障消除。

15. 自动降弓

(1)案例概况

CRH_{380BL} 型动车组,运行时 02、10 车受电弓自动降弓,HMI 屏无任何故障显示,检查外观无异常,换弓维持运行。

(2)原因分析

故障发生时,由于 =32-Q42 的主触点瞬间不稳定造成母线失电,进而紧急关断环路断开,环路状态接触器 21-K42 动作断开,21-K42 断开的同时断开升弓、主断闭合控制回路,造成主断断开,受电弓降弓现象,起到保护高压系统的作用,紧急关断环路断开就会有 63D8 故障代码的出现。

(3)注意事项

若运行中换弓,换弓操作时动车组速度应在 200 km/h 以下。

(4)途中处理要点

进行三键复位时需开启维护模式。

(5)库内检查处理

①投主控升前后受电弓,闭合主断,动车组状态正常,反复切换几次受电弓,均未发现任何异常。检查 =32-Q42 主触点的状态正常。

②检查 =32-Q42 主触点的接线,无虚接接线正常。通过下载并查看 EC16 车 CCU 历史数据发现在故障时报 63D8(牵引单

元的紧急关闭启动)。

16. Q1 接触器故障导致高压锁闭

(1)案例概况

CRH380BL 型动车组,12:15 时 01 车监控屏显示 15 车自动降弓、10 车报牵引变压器锁闭(代码 631F),司机停车,切除 11 车牵引变流器,升弓供电正常,12:28 开车,晚点 13 min。

CRH380BL 型动车组,运行时 10 车主变压器锁闭,07、15 车受电弓自动降下,切除 11 车牵引变流器后重新升弓运行正常。

(2)原因分析

由于 Q1 接触器辅助触点接触不良,导致牵引控制单元没有接收到 Q1 接触器闭合信号,导致本牵引单元主断路器不能闭合,主变压器被锁闭。

(3)注意事项

换弓操作时速度需降至 200 km/h 以下。

(4)途中处理要点

在无法确定该故障是由于 Q1 接触器故障引起时,按照变压器锁闭的应急处理办法进行处理。

(5)库内检查处理

①对 11 车牵引变流器进行软件解锁,重新升弓仍无效

②检查 Q1 接触器的状态,当发出主断闭合信号时,Q1 的驱动电机不动作,导致无 Q1 闭合信号,导致本牵引单元主断路器不能闭合,主变压器锁闭。

二、制动及供风系统

1. 单车制动不缓解(1775)

(1)案例概况

CRH380BL 型动车组担当运营交路,16 车 HMI 屏报 7 车摩擦制动不缓解,故障代码为 1775,并显示 7 车制动有效率丢失,车

辆换端完成后故障自动消除。

(2)原因分析

由备用制动模块触发的直接制动的原理见图 6—7。

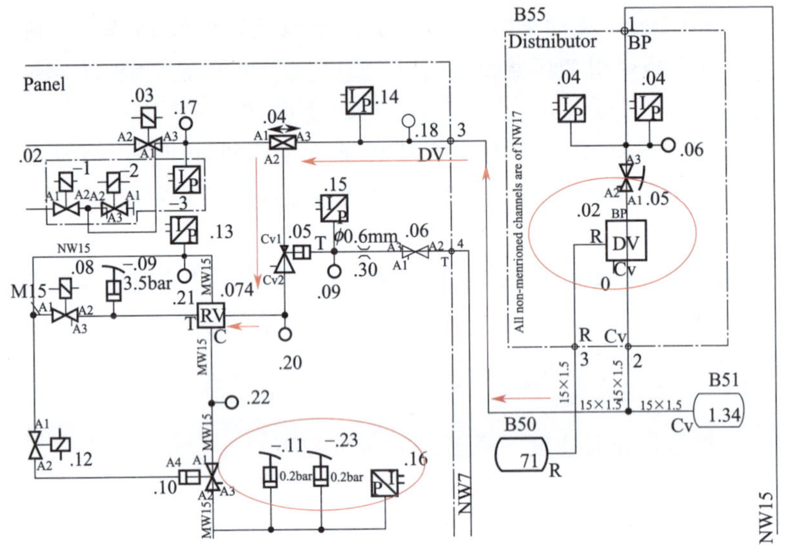

图 6—7　直接制动原理

当关闭 ATP 并退出占用换端时,由于关闭 ATP 导致系统施加一个极短时间的紧急制动,BP 管短时间排风。此时退出占用会造成 BP 管充风终止,这样会造成 BP 管压力过低从而产生轻微的间接制动预控压力,进而产生一个微小的制动 C 压力,当这个压力达到列车上临界值最小的压力开关动作的压力时(不同压力开关会有一定的误差,其中 B02B60.11 向车辆控制单元发送信号,B02B60.23 向制动控制单元发送信号)该故障可能出现。当司机换到另一端后,BP 管又开始充分,当风压达到 600 kPa(6 bar)时系统检测到制动缓解,故障消除。

当压力传感器或压力开关检测异常以及 BCU 通信故障时,该故障可能报出。

(3)注意事项

如果制动的施加和缓解功能不正常则立即施加常用制动，同时通知随车机械师对故障车进行关门车操作。司机按《CRH380BL 型动车组途中应急故障处理手册》限速表中制动切除后限速值运行。

(4)途中处理要点

①司机在制动手柄处于缓解位置时，按下制动手柄上的按钮实施清扫制动。按下按钮保持 10 s，释放制动手柄上的按钮缓解清扫制动。观察 HMI 屏显示的所有制动的施加和缓解功能是否正常。

②如果制动的施加和缓解功能正常，则按制动有效率运行。

③如果制动的施加和缓解功能不正常则立即施加常用制动，同时通知随车机械师对故障车进行关门车操作。司机按《CRH380BL 型动车组途中应急故障处理手册》限速表中制动切除后限速值运行。

(5)库内检查处理

下载故障车 BCU 数据显示故障代码 1775(摩擦制动不缓解)，172A(车厢制动控制受干扰)。通过分析故障发生时的各项车辆状态确认故障原因。

①若为压力传感器或压力开关检测异常导致故障发生：检测压力传感器反馈数值是否正常，若存在异常，则进行修复或更换处理。检测压力开关的实际动作功能是否正常，若存在异常，则进行修复或更换处理。

②若是 BCU 通信故障，则需对故障车 BCU 进行状态检测和处理。

2. 直接制动控制失效(1729)

(1)案例概况

CRH380BL 型动车组担当运营交路，20:40 在北京南站发车时 EC01 车制动有效率丢失(HMI 屏提示 1 车故障代码 1729)，添乘人员将 01 车制动切除，车辆正常发车，未影响运行。

(2)原因分析

①直接制动施加回路中的压力传感器 B60.02-3 故障，导致 BCU 接收到错误的 CV 压力信号，判断 CV 压力与当前 C 压力不匹配，报 1729 故障。

②制动控制单元中的中继阀阀体出现机械损坏，导致直通制动无法正常施加缓解。

③BCU 扩展板卡 EB02B-8 故障，导致 CV 压力信号传输处理异常，报 1729 故障。

(3)注意事项

当故障发生后，故障车单车制动有效率丢失，司机按《CRH380BL 型动车组途中应急故障处理手册》限速表中制动切除后限速值运行。

(4)途中处理要点

①根据故障提示确认故障，通知随车机械师对故障车进行关门车处理。

②司机按《CRH380BL 型动车组途中应急故障处理手册》限速表中制动切除后限速值运行。

(5)库内检查处理

回库检查故障车制动施加缓解状态发现，直接制动施加回路中的压力传感器 B60.02-3 反馈数值错误，导致故障发生。该类故障的处理方法：

①对制动施加缓解过程中的压力传感器 B60.02-3 反馈数值进行监控，如异常对部件进行修复或更换。

②检查中继阀的机械动作状态，如动作异常对故障部件进行更换。

③检查 EB02B-8 板卡有无异常，如故障进行更换。

3. 单车常用制动不缓解(无代码)

(1)案例概况

CRH380BL型动车组担当运营交路,17:35进行换端操作,换端后发现4车常用制动不缓解,HMI屏无相关故障代码。此后司机反复进行停放制动施加缓解,紧急制动施加缓解操作,并于17:51对4车BCU进行空开复位,此时4车单车制动缓解,正常发车。

(2)原因分析

单车常用制动异常触发见图6—8。

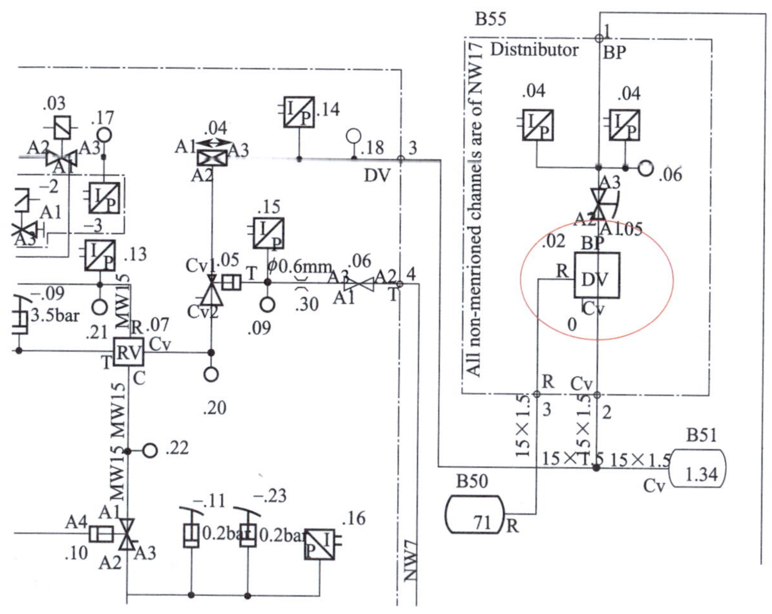

图6—8 单车常用制动异常触发

由于备用制动模块错误输出预控制压力导致4车制动缸产生制动力引起。正常情况下,在列车管风未降低时备用制动模块不参与制动力的形成,备用制动的预控制压力由B55.02(备用制动中继阀)产生,工作原理为将列车管压力作为输入信号,根据列车管压力波动情况输出CV压力(备用制动预控制压力),特点为列车管充风缓解,排风制动。在故障发生时,其他车辆制动均缓解,列车管压力未降低,为 600 kPa(6 bar)。此时由备用制动中继阀输出的 CV 压力应该为 0,实际情况为输出了 333.4 kPa(3.334 bar)的 CV 压力,且此时常用制动预控制压力为 0,未参与制动。由以上分析判断故障为备用制动中继阀内部结构存在机械卡滞或动作不良导致。

(3)注意事项

必须正确地对故障单元主 BCU 进行复位工作。

(4)途中处理要点

①立即停车,报告列车调度员。在司机室 HMI 屏上确认故障为单车制动不缓解还是全列制动不缓解。

②将制动手柄推至 REL 位缓解。

③检查 HMI 屏是否有相关故障代码,根据故障代码提示进行判断处理。

若为换端引起的全列制动不缓解,将制动手柄置于最大常用制动位,缓解停放制动,再将制动手柄推至 OC 位,然后施加停放制动,检查全列制动是否缓解,如制动界面恢复正常,显示缓解,动车组可正常运行;若制动仍无法缓解,将制动手柄置于缓解位,缓解停放制动,施加牵引力,如制动界面恢复正常,显示缓解,动车组可正常运行。若由 ASC(恒速)速度设定引起的全列制动不缓解,检查 ASC(恒速)速度设定是否关闭,如果关闭 ASC 后仍不能缓解,检查 ATP 是否在缓解状态。

④单车常用制动不缓解报“1775”故障代码,按照“1775”故障应急处理。

(5)库内检查处理

库内检查发现备用制动中继阀 B55.02 机械卡滞导致常用制动异常触发。该类故障的处理:

①检查备用制动及常用制动中继阀是否动作异常,如有问题,修复或更换。

②压力传感器及压力开关是否异常,如有问题,修复或更换。

③检查故障车若 BCU 状态是否异常，如有问题则进行处理。

4. BCU 通信故障（1768、1766、176F、176C、162E）

（1）案例概况

CRH380BL 型动车组担当运营交路，凌晨 5:20 库内联检时发现 1 车报 BCU 报通信故障，故障代码 1768（BCU x.1：与主板 A5 的通信受干扰）、1766（BCU x.1：与主板 A4 的通信受干扰）、176F［撒砂装置（B02F06.02）的截断塞门 1 已关闭］、176C（BCU x.1：与扩展卡 A9 的通信受干扰）、162E（BCU 1.2 相关组件的寿命信号超出范围）。

（2）原因分析

由于 BCU 内部通信故障，内部程序混乱或硬件故障导致上述故障的发生。

（3）注意事项

出现此类现象后，如故障车为占用端头车，立即停车处理；若故障车为非占用端头车或中间车，限速 215 km/h 运行，并将故障车做关门车处理，到达前方站后，根据故障提示，通知随车机械师检查。

（4）途中处理要点

根据故障代码，确认故障，并进行相应处理：

①若故障车为占用端头车，立即停车，操作 28-F11，28-F12 对故障车的 BCU 进行复位，然后确认故障车的故障状态：

a. 若故障消失后，施加紧急制动，对制动有效率及紧急制动的施加、缓解状态进行确认，若仅故障车制动有效率丢失，而其他车有效率正常，且紧急制动施加缓解正常，施加常用制动，检查常用制动施加与缓解，若制动功能正常，则司机按制动有效率限速运行。终到站时间充足的情况下，进行全套制动试验。

b. 若故障仍存在，则确认列车常用制动及紧急制动施加缓解控制是否正常，若功能正常，则：将故障车进行关门车操作。若故障为 1748、1768，另需将故障车所有外门机械锁闭。

c. 限速 215 km/h 运行（若制动施加缓解功能不正常，则启用备用制动，限速 80 km/h 运行）。

②若故障车为非占用端头车或中间车，操作 28-F11，28-F12（03、06、11、14 车仅有 28-F11）对故障车的 BCU 进行复位，然后确认故障车的故障状态：

a. 若故障消失，司机确认制动有效率，按制动有效率限速运行，终到站时间充足的情况下，进行全套制动试验。

b. 若故障仍存在，则：将故障车进行关门车操作。若故障车为带停放制动的 TC 车，在切除故障车空气制动后，还要切除故障车的停放制动。

c. 若故障为 1748、1768，另需将故障车所有外门机械锁闭

d. 然后限速 215 km/h 运行。

③类似故障有 173F、1749、176D，处置方法同上。

④故障代码为 6156、6163、6171、6180 时处置方法如下：

限速 215 km/h 运行。到达前方站后，根据故障提示，通知随车机械师检查该故障点状况。

根据故障代码，确认故障，并进行相应处理：

操作 28-F11，28-F12（03、06、11、14 车仅有 28-F11）对故障车的 BCU 进行复位，然后确认故障车的故障状态：

若故障消失后，故障车为占用端司机室时，在需要进行完全制动试验；若故障车为非占用端牵引单元头车，可以终到站进行完全制动试验。然后根据制动有效率运行；

若故障仍存在，则：

a. 将故障车进行关门车操作。

b. 若故障车为带停放制动的 TC 车，在切除故障车空气制动后，还要切除故障车的停放的制动。

c. 然后限速 215 km/h 运行。

如果占用端司机的两个 BCU 都发生故障且复位后故障仍存

在时,采用备用制动模式,限速 80 km/h 运行。

(5)库内检查处理

对 BCU 数据进行下载;数据显示 1768(BCU x.1:与主板 A5 的通信受干扰)、1766(BCU x.1:与主板 A4 的通信受干扰)、176F[撒砂装置(B02F06.02)的截断塞门 1 已关闭]、176C[BCU x.1:与扩展卡 A9 的通信受干扰]、162E(BCU 1.2 相关组件的寿命信号超出范围)均为 BCU 通信故障。并下车打开制动控制单元裙板,对 BCU 板卡进行检查,并未发现插头松动、缩针等现象。更换 BCU1.1 后恢复正常。

在处理此类故障时,需要检查故障车 BCU1 的 A4,A5 两块主板以及通信板 CB09A 的板间接线和背板接线。确认板卡的各项工况数值是否正确,如有异常进行修复或更换。

5. 制动力高低阶转换故障(170C、170D)

(1)案例概况

CRH380BL 型动车组动车所库内联检正常,制动试验有效率 100%。动车组出库前添乘人员报告 3 车制动有效率丢失,HMI 屏显示故障代码:"170D"(高制动率故障)。紧急复位 3 车 BCU,故障仍未消除。由 CRH380B-6213L 动车组担当 G181 次运行。

(2)原因分析

列车启用高阶制动的原理见图 6—9。

由于高速时较大的空气摩擦制动力会产生较高热量而超出闸片和制动盘的热应力允许范围,对制动盘和闸片产生较大的磨损,缩短制动盘和闸片的使用寿命,因此在 CRH380BL 型动车组中,制动控制系统增加了空气摩擦制动力高低阶压力控制功能,根据车辆运行速度,对车辆施加不同级别的空气制动力,即高低阶制动力,对于动车来说,当车辆高速运行($v>200$ km/h)时,BCU 通过控制激活电磁阀 B60.08 打开,使其 A1 和 A2 口接通,向制动中继阀(B60.07)提供控制风

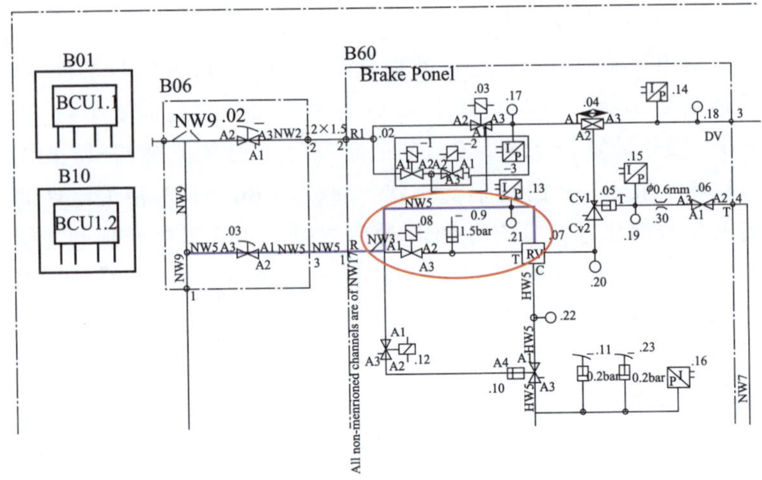

图 6—9 高阶制动原理

源压力 T,此压力 T 可以抵消一部分制动缸压力 C,使空气制动获得的制动缸压力 C 维持在低制动力水平,从而降低了制动闸片与制动盘之间的磨损;当车辆低速运行($v<200$ km/h)时,BCU 使电磁阀 B60.08 失电关闭,A2 和 A3 接通,A1 截止,排空控制压力 *T*,使制动缸 C 压力恢复高级别制动力水平。

当车辆运行速度低于 200 km/h(误差 ±5 km/h)时,本地 BCU 通过板卡 EB01B_7 信号(FB_Y_HighStep)取消对电磁阀 B60.08 的激活,使中继阀(B60.07)控制压力 *T* 通过电磁阀 B60.08 的 A2 口减压,此时如果通过压力开关 B60.09(3.5 bar)的反馈信号(PS_FB_R_HighStep)指示此时仍然为低制动压力阶段,即 PS_FB_R_HighStep = 0 时,BCU 会根据 B60.09 的反馈信号报 170D 故障指示高制动压力控制受干扰。动车组报出故障 170D 的原因有:

①制动高低阶压力控制电磁阀 B60.08 失效或动作不良,没有通过 A2 口对 *T* 压力进行减压。

②压力开关 B60.09 故障,接通压力与设计压力 3.5 bar 不符,或动作不良,没有及时反馈高级别压力的信号(PS_FB_R_HighStep)。

③BCU 控制板卡故障,扩展板卡 EB01B_7 以及主控制板卡 MB03B、MB04B 故障。

④BCU 板卡前端插头有缩针和绝缘不良等现象,没有提供信号电源。

⑤BCU 与电磁阀、压力开关相关连接线有松动等现象,没有及时反馈信号。

(3)注意事项

司机按《CRH380BL 型动车组途中应急故障处理手册》限速表中制动切除后限速值运行。

(4)途中处理要点

①根据故障提示,通知随车机械师检查该故障点状况,并确认故障。

②确认故障后,将故障车进行关门车操作,通知司机,司机按《CRH380BL 型动车组途中应急故障处理手册》限速表中制动切除后限速值运行。

(5)库内检查处理

①检查高速电磁阀 B60.08 的动作状态,如异常进行更换。

②检查压力开关 B60.09 的动作状态,如异常进行更换。

③对板卡 EB01B-7 板卡进行检查,如板卡内部变量存在问题,进行更换。

④检查 BCU 内部接线,有无异常,否则进行修复。

6. 半永久性车钩连接风管漏风故障(1912)

(1)案例概况

CRH380BL 型动车组担当运营交路。11:47 宿州东站开车。11:48 车辆紧急制动停车,司机电台通知机械师 HMI 屏报故障代码 1912(主风缸管 MRP 被阻断),列车员报告 11 车与 12 车连接处有异音。机械师立即赶到 11 车与 12 车连接处,和随即赶到的厂方人员共同确认,漏风点在 11 车与 12 车连接部过渡板下方。

12:10 下车面检查并切除 11 车和 14 车车下总风管截断阀 Z17 阀。车上切除 11、12、13、14 车空气制动,隔离 11、12、13、14 车门。12:43 开车,按限速表限速 210 km/h 运行,停车 55 min。

13:40 手动恢复 11、14 车电制动及车门,限速 250 km/h 运行。运行途中机械师和厂方人员严格在 12、13 车盯控运行状态,重点确保空气弹簧技术状态良好。后续车组运行状态良好,故障未再次出现。

(2)原因分析

中间连接车钩总风管与 MUB 线固定线卡相互摩擦,风管的管壁磨损过薄,不能够长时间承受 1000 kP_a(10 bar)的风压,导致漏风,总风压力低于 480 kPa(4. 8 bar),从而压力无法将停放制动缸机械弹簧打开缓解,造成停放制动施加。当停放制动施加时列车运行会导致停放制动环路断开,列车触发紧急制动停车。

(3)注意事项

随车机械师下车做业前,应申请封锁邻线或邻线限速通过;由于制动力不足,进站停车的制动距离会增加,司机应提前做好准备。

(4)途中处理要点

①司机通过显示屏初步确定泄漏点,通知随车机械师去故障车辆查看具体故障部位。

②如果泄漏点在 3 车二位端及 1、2 车或者在 14 车二位端及 15、16 车,需将 3 车二位端一位侧或 14 车二位端一位侧处总风管截断塞门 Z17 关断,并关断 1 车或 16 车二位侧阀板上截断塞门 Z30,然后将 1、2 车或 15、16 车单车空气制动切除,并按照停放制动切除方法,切除 2 车或 15 车停放制动,同时将 1、2 车或者 15、16 车车门锁闭。

③如果泄漏点在 3 车二位端和 14 车二位端之间(不包括二位端),则关断故障点附近的总风管截断塞门,并且切除两总风管截断塞门之间车辆的单车空气制动,同时将车门锁闭,如果包含带停放制动的车辆,还需按照停放制动切除方法切除单车停放制动。如果列车内有空压机存在故障,则必须确保 1、16 车 Z30 处于接通位置。

注:总风管截断塞门位于 3、6、11、14 车一二位端一位侧处。

④按制动有效率限速表限定速度运行。

(5)库内检查处理

确认漏风风管所在部位后,打开过渡板后发现故障车连接车钩总风管与 MUB 线卡相互摩擦,更换后正常。

7. 防滑速度传感器故障(1736)

(1)案例概况

CRH380BL 型动车组担当运营交路,14 车报防滑速度传感器故障,故障代码 1736。

(2)原因分析

引起防滑速度传感器故障的可能原因有以下几点:

①速度传感器外观损坏或连接插头出现松动、缩针。

②双通道轴端速度传感器连接线出现插头接触不良或短路。

③制动控制板卡 MB03B_4 出现故障。

(3)注意事项

司机按《CRH380BL 型动车组途中应急故障处理手册》限速表中制动切除后限速值运行。

(4)途中处理要点

①在 HMI 屏确认故障,到故障车把制动切除开关置于关位,实施关门车操作。

②司机按《CRH380BL 型动车组途中应急故障处理手册》限速表中制动切除后限速值运行。

(5)库内检查处理

①HMI 屏报故障代码 1736(至少一个防滑速度传感器故障),伴随故障车 BCU 中报 1711,1721,1731,1741 中的一个或多个(分别指代 1 ~4 轴的四个防滑速度传感器)。

②确认故障速度传感器后,检查速度传感器外观,确认有无异常。

③对制动控制板卡 MB03B_4 的前端插头进行检查,有无松动或缩针的现象。

④对速度传感器进行阻值测量,检查有无异常。

8. 全列紧急制动不缓解(66DC)

(1)案例概况

CRH380BL 型动车组担当运营交路,在途中五次紧急制动停车,HMI 屏报故障代码 66DC。

(2)原因分析

HMI 屏报故障代码 66DC(43-K33/43-K34 接触器未闭合)。列车紧急制动环路建立需要对停放制动环路状态、转向架监控环路、司机制动手柄、紧急制动按钮、司机警惕装置、ATP 系统检测正常后,紧急制动请求接触器 43-K33 和 43-K34 吸合,建立紧急制动环路。当 43-K33 或 43-K34 断开时,紧急制动短路断开,触发车辆紧急制动,无法缓解。

(3)注意事项

故障发生后,若未启用备用制动,需实时监控 43-K33,43-K34接触器状态。

(4)途中处理要点

①将 ATP 隔离开关置“隔离”位。若列车管压力恢复正常,则在没有 ATP 控车的情况下运行;否则,将 ATP 隔离开开关置“运行”位。将转向架监测回路开关置“关”位。若列车管压力恢复正常,司机通知随车机械师检查轴温及转向架状态,如无异常,则在没有转向架监控回路的情况下运行;否则,将转向架监测回路开关置“开”位。将停车制动监测回路开关置“关”位。若列车

管压力恢复正常，则按停放制动不缓解故障处理；否则，将停车制动监测回路开关置“开”位。

②将紧急制动回路开关置“关”位。若列车管压力恢复正常，则在没有紧急制动回路功能的情况下继续运行；否则，将紧急制动阀开关置“关”位。若列车管压力恢复正常，则在无紧急制动回路功能和停用紧急制动阀的情况下继续运行；否则，将紧急制动回路开关和紧急制动阀开关置“开”位。

③确认非占用端司机室红色蘑菇形按钮在弹起位置和电子制动手柄不在紧急制动位（EB），故障开关面板上的开关都在正确位置，通知司机。

④将非占用端紧急制动阀开关置“关”位。若列车管压力恢复正常，则在停用紧急制动阀的情况下继续运行；否则，将非占用端紧急制动阀置“开”位。

⑤若故障仍未消除，采用备用制动行车，限速 80 km/h。若采用备用制动依然无法缓解，则请求救援。

（5）库内检查处理

对紧急制动相关环路工作状态进行检查。

①测试 43-K33 接触器能否正常吸合，若故障则进行更换。

②测试 43-K24 接触器能否正常吸合，若故障则进行更换。

③联系电务部门检查 ATP 系统是否正常，若发现异常及时处理。

9. 常用制动无法缓解

（1）案例概况

CRH380BL 型动车组，发车后 2 车制动显示蓝色，2 车常用制动未缓解。查看 HMI 屏故障代码，未发现任何故障代码。动车组停车后随车机械师达到 2 车，切除本车空气制动，将 2 车做关门车处理，通知司机确认后，维持运行。

（2）原因分析（图 6—10）

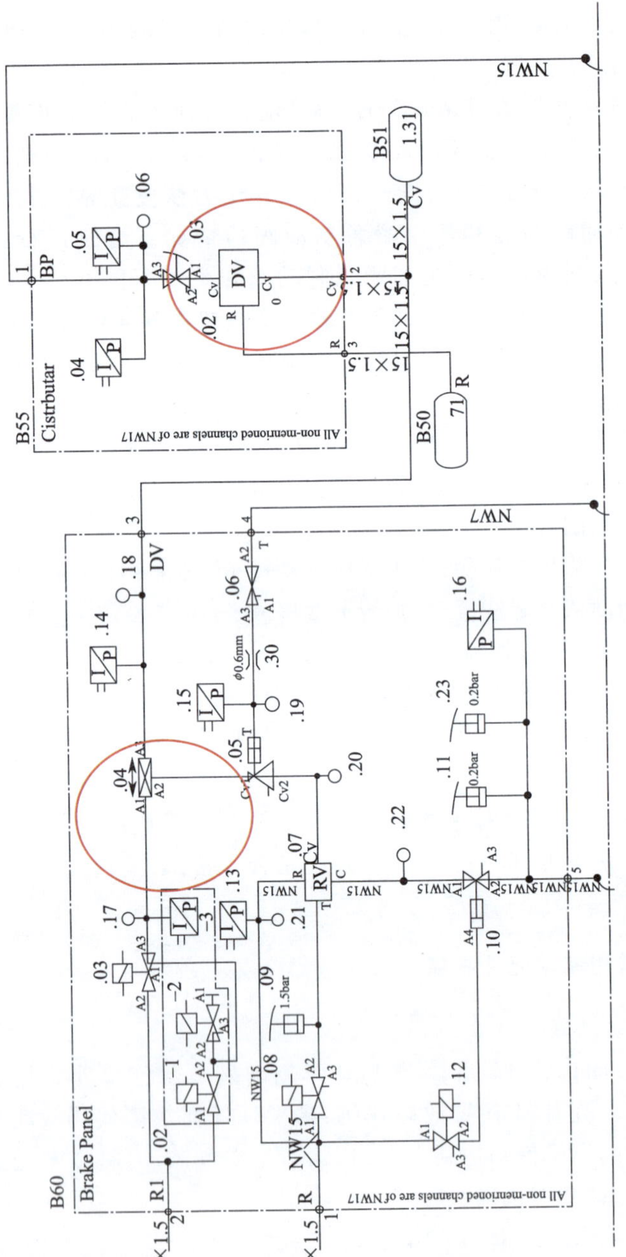

图 6—10 左边红圈处为故障双向阀，右边为分配阀

左边红圈处为故障双向阀，右边为分配阀

对制动控制单元内各部件检查时发现分配阀（DV）有风压排向大气。在对 B50 和 B51 风缸进行风压检测时未发现异常，所以判断为双向阀内部故障进而失去双向导通功能。由于直通制动和备用制动两项混合供风，导致中继阀存在 Cv 预控制压力。致使中继阀 R 和 C 导通，制动用风直接作用到制动缸，所以制动缸内有轻微风压，综上所述，导致单车制动不缓解。

（3）途中处理要点

①从 HMI 屏上确认为单车常用制动不缓解还是全列常用制动不缓解，将制动手柄推至 REL 位。

②若为换端引起的全列制动不缓解，将制动手柄置于最大常用制动位，缓解停放制动，再将制动手柄推至 OC 位，然后施加停放制动，检查全列制动是否缓解，如制动界面恢复正常，显示缓解，动车组可正常运行，若制动无法缓解，将制动手柄置于缓解位，缓解停放制动，施加牵引力，如制动界面恢复正常，显示缓解，动车组可正常运行。

③若由 ASC（恒速）速度设定引起的全列制动不缓解，检查 ASC（恒速）速度设定是否关闭，如果关闭 ASC 后仍不能缓解，检查 ATP 是否在缓解状态。

④如果单车常用制动不缓解，司机制动手柄置于缓解位置时，按下制动手柄上的按钮实施清扫制动，按下保持 10 s 后缓解，观察 HMI 屏是否制动施加缓解正常，如果正常，按制动有效率运行，如果不正常，则立即施加常用制动，对故障车进行关门车操作，按照制动切除后的限速值运行。

（4）库内检查处理（图 6—11）

①检查故障车 BCU 板卡插头，无松动现象。

②检查对传感器状态的状态，未发现传感器有异常状态。

③检查制动控制单元内各部件时发现分配阀有漏风现象。

④检查车下制动闸片，并重复多次作制动试验，一切良好。

⑤对制动控制单元内各部件检查时发现分配阀（DV）有

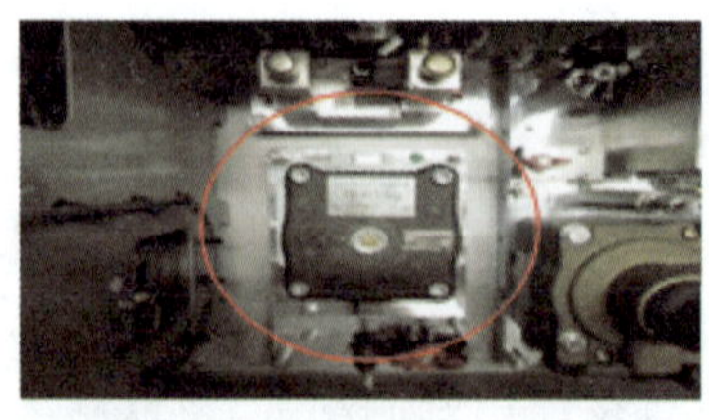

BCU分配阀

双向阀

图6—11 库内检查处理

风压排向大气。在对B50和B51风缸进行风压检测时未发现异常,所以判断为双向阀内部故障进而失去双向导通功能。由于直通制动和备用制动两项混合供风,导致中继阀存在Cv预控制压力。致使中继阀R和C导通,制动用风直接作用到制动缸,所以制动缸内有轻微风压,综上所述,导致单车制动不缓解。

10. 防滑器速度传感器感应故障(1736、17C6、1711、1721、1731、1741、17A1、17B1、17C1、17D1)

(1)案例概况

CRH380BL型动车组运行途中报1736故障(防滑器速度传感器至少一个WST故障,最高限速200 km/h运行),随车机械师先把14车制动控制面板中制动开关打到关位,制动有效率为93%,最高限速310 km/h。

(2)原因分析

速度传感器的正常电压应该为4~10 V,当传感器被外物击打或自身故障,BCU监测到速度传感器电压超出范围报出17×1(×为1、2、3、4或A、B、C、D)故障,从而报1736、17C6故障。

(3)注意事项

进行此操作时,故障车制动被切除,制动力下降,司机进出站时,要注意制动距离

(4)途中处理要点

①根据故障提示,通知随车机械师在HMI确认故障。

②故障代码为1736,17C6时,需参照故障代码1711、1721、1731、1741、17A1、17B1、17C1、17D1,确认故障位置后,在故障车内乘务员操作面板上将制动开关置"关"位,切除故障车空气制动。

③按制动有效率限速表限定速度运行。

(5)库内检查处理

更换速度传感器。

11. BCU故障(6157、6163、6171、6180)

(1)案例概况

CRH380BL型动车组在开车前,16车主控端显示制动不缓解,HMI屏报1车6157、68C5故障,1车制动显示"?",限速215 km/h。随车机械师将ATP打至关闭位后,制动缓解,1车制动有效率丢失,限速310 km/h,维持运行。

(2)原因分析

通过数据分析,导致1车报故障代码6157、68C5且制动控制界面显示"?"的发生可能有以下几点原因:

①BCU软件版本不符;

②BCU的MVB通信插头缩针或松动;

③CB09A板卡硬件故障;

④换端后列车网络重新建立,CCU没能够重新识别到BCU的网络通信信号。

(3)注意事项

当HMI显示问号时,切换到另一个HMI显示屏,确认是否因HMI通信引起制动显示问号。

(4)途中处理要点

①限速215 km/h,到达前方站后,根据相应的故障代码和提示处理。

②操作 28-F11、28-F12(03、06、11、14 车仅有 28-F11)对故障车的 BCU 进行复位,然后确认故障车的故障状态。

③若故障消失后,故障车为占用端司机室时,则需要进行完全制动试验,若故障车为非占用端牵引单元头车,可以终到站进行完全制动试验,然后根据制动有效率运行。

④若故障依然存在,则将故障车进行关门车操作,若故障车为带停放制动的 TC 车,则还需要切除停放制动,然后限速 215 km/h运行。

⑤如果占用端司机室的两个 BCU 都发生故障,且复位无效,则采用备用制动模式,限速 80 km/h 运行。

(5)库内检查处理

①检查 BCU 的软件版本信息,未发现有软件版本不匹配的现象。

②检查 BCU1 的 MVB 通信线插头,未发现有松动或缩针现象。

③检查 BCU1 的 CB09A 通信板卡外观,未发现有破损现象。

④进行制动试验,检查 BCU1 的 CB09A 通信板卡通信状态,未发现各通信变量有异常现象;

⑤检查 1 车所有横向加速度传感器外观,未发现有破损现象。

⑥重做制动试验,制动有效率 100%,并多次施加常用制动及紧急制动,动车组状态正常。

⑦多次进行换端操作,未再次发生此类故障。

综合上述检查及对数据的分析,可以判定故障发生的原因是由于在换端过程中,网络重新建立,CCU 未识别到 BCU 的网络通信信号,最终占用端 HMI 显示屏报 6157、68C5 且制动控制界面显示“?”。

12. 过分相无制动

(1)案例概况

CRH380BL 型动车组,运行途中司机反映制动手柄 4 级位无空气制动,HMI 屏未报故障,随即司机将制动手柄至 EB 位紧急制动停车;随车机械师在 HMI 屏上确认常用制动能正常施加和缓解,正常运行。

(2)原因分析

动车组低速过分相(80 km/h 以下)时,在施加 4 级及以下级别制动的情况下,电制动能够满足制动需求。由于软件设定存在缺陷,TCU 仅向 BCU 发送电制动可用的信号,而当列车低速过完分相后,PWMI 还未工作,TCU 就向 BCU 发送电制动可用信号,但是由于电制动力恢复存在延时,可用的电制动力为 0,此时 BCU 接收到电制动可用的信号后,不再补充空气制动,导致列车制动短暂失效。

该问题在 V8.00 及 V8.10 版软件中得到解决,新版软件中增加当 PWMI 工作后,TCU 才向 BCU 发送电制动可用的信号。

(3)注意事项

仅低速过分相结束后,短时间出现该问题。

(4) 途中处理要点

①施加 5 级或更高级别的常用制动。

②施加制动前,按下制动手柄上模式切换按钮,进入比例模式,然后再施加常用制动。

(5)库内检查处理

库内检查 CCU 及 TCU 数据,确认为过分相后出现该问题,则无需处理。

三、网络系统

1. MVB 通信故障(6144)

(1)案例概况

CRH380BL 型动车组,运行时报 TCU1 的 MVB-PD 通信故障(代码 6144),系统自动切除 14 车牵引变流器后,维持运行。

(2)原因分析

CRH380BL 型动车组每个牵引单元中 CCU 作为 MVB 的主设备,控制着所有的 MVB 设备,当 CCU 与 TCU 的通信中断持续超过 60 s 时或控制电源中断,HMI 报通信故障,造成此类故障的主要原因有:

①MVB 线路连接不良。

②TCU 单元本身的故障,引起的 MVB 通信不正常。

③TCU 控制单元的供电线路的故障,导致 TCU 不能正常工作。

(3)注意事项

仅允许复位 1 次。

(4)途中处理要点

①在 HMI 主页面中选择“开关”,然后选择“牵引界面”,光标移动到故障牵引变流器位置选择“切除”,然后再“恢复”。

②如果恢复成功,则闭合主断路器正常运行。

③如果恢复失败,系统自动切除故障变流器后,重新闭合主断路器。

(5)库内检查处理

①检查牵引箱的通信板卡(10-T10-A100. C047)正常。

②检查 10-T10-X14 中 MVB 连接电缆和接头正常。

③检查 TCU 内部供电线路和相关的器件(k23、k24、z1)正常。

④检查 TCU 供电的线路,发现 10-T10-X13 上的 230102. 03 号线绝缘不良,造成 TCU 内部供电继电器 K23 失电断开。更换此线后,故障消除。

2. 输入、输出模块 Compact I/O 内部集成原件故障(658A 、6583、68D2、6567、65A3、6797)

(1)案例概况

CRH380BL 型动车组担当运营交路, 18:54 EC01 车 HMI 频繁闪报故障代码 658A:28-F19 制动面板断开;6583:28-F11,BCU 或

BCU1 关闭;68D2:接触器 43-K61 失效;6567:22-F43 方向开关控制关闭;65A3:43-F01 环路控制断开;6797:环路启动接触器 43-K16 无法断开;显示屏提示限速 200 km/h。19:02 闪报代码自动消失,动车组恢复正常速度运行。

(2)原因分析

①初送电时模块内部软件紊乱;

②模块内部集成的原件故障(如匹配电阻阻值异常或存在虚接)。

(3)注意事项

若列车提示限速,则按照限速表要求限速运行。

(4)途中处理要点

①若不影响动车组运行,维持运行。

②若影响动车组运行,依据情况进行大复位操作。

(5)库内检查处理

动车组入库后,发现 24-A13 模块中的 R01 焊接到模块上的焊点存在虚焊现象,更换 R01 后故障消除。

3. 中央控制单元 CCU 故障(6140、6042)

(1)案例概况

CRH380BL 型动车组运行至徐州东至泰安站之间 K685 处,随车机械师发现 1 车 HMI 屏报 CCU1 故障,代码:6140、6042。系统进行重新配置,配置成功后,显示 10 车受电弓降下,隔离开关锁闭。机械师开启维护模式,进行三键复位后,恢复正常,重新升弓合主断,恢复正常运行,停车 4 min。

(2)原因分析

能够导致 CCU 转换的原因如下:

①主 CCU 模块故障(如操作系统问题);

②主 CCU 主要部件故障(如电源模块、I/O 模块等);

③主 CCU 的 MVB 接口或 MVB 总线管理器故障;

④主 CCU 的一个网关模块故障。

(3)注意事项

运行中报此故障无需立即停车检查受电弓状态。

(4)途中处理要点

发生此故障时,开启维护模式,进行三键复位。

(5)库内检查处理

经检查确认为 CCU1 故障,对 CCU1 进行整体更换,并安排试运行对更换后的性能进行确认。

4. 火警环路状态接触器 43-K29 无法闭合故障(6730、672F)

(1)案例概况

CRH380BL 型动车组车站换端时,16 车主控端,HMI 屏报 1、8、9、16 车火警环路状态接触器 43-K29 无法闭合故障,故障代码 6730。随车机械师到 1、8、9、16 车确认故障,发现接触器没有吸合,手动闭合,不起作用,切除全列火灾报警,列车晚开 2 min。

(2)原因分析

继电器 43-K29 是"六大安全环路"中火警环路建立的重要条件,当火警环路继电器 43-K29 无法吸合时,火警环路将无法建立。

由于发生故障时是 16 车司机室为主控端,1、8、9、16 车中的火警环路继电器 43-K29 通过 16 车司机室内空开 43-F03 送电,而"六大安全环路建立的尾"接触器 43-K19 是火警环路继电器 43-K29 得电重要条件,接触器 43-K19 没有吸合时 1、8、9、16 车的火警环路继电器 43-K29 将无法得电,但检查结果接触器 43-K19 正常。动车组入库后重新对火灾报警环路进行测试并多次占用 1 车和 16 车司机室后故障均没有发生,说明火灾报警环路正常。

电器设备在通电的情况下会长生电磁波,电磁波对电器设备指令的发出或者接受会产生一定的干扰。司机当时换端到 16 车司机室后原来 1 车为头建立起来的火灾报警环路会转变车 16 车为头重新建立环路,但由于电磁干扰的影响造成 1、8、9、16 车的火灾报警环路继电器 43-K29 没有接收到正常的得电信号。所以报 6730、672F 故障(火灾报警环路接触器 43-K29 无法吸合)。

(3)注意事项

切除火灾报警回路后,注意加强巡视,监控车厢内各处情况,避免发生火情。

(4)途中处理要点

确认动车组内无火情,为误报后,对火灾报警进行切除。

(5)库内检查处理

①下载 1、8、9、16 车 CCU 故障数据(其中 8、9、16 车故障数据与 1 车相同),显示火灾报警回路故障。

②检查 1 和 16 车 SKS4、SKS5 网络模块的状态,检查结果正常。

③检查 16 车“六大安全环路建立的尾”继电器 43-K19 状态,测量接触器电阻正常。

④车辆断电后检查 16 车司机室空开 43-F01 到“六大安全环路建立的尾”继电器 43-K19 线路,检查结果正常。

⑤车辆送电后,检查主控端 16 车司机室内空开 43-F03 到 16、9、8、1 车火警环路继电器 43-K29 的线路。检查结果无异常。

因此判断分析为电磁干扰的影响,造成 1、8、9、16 车的火灾报警环路继电器 43-K29 没有接收到正常的得电信号。

5. HMI 屏故障

(1)案例概况

CRH380BL 型动车组由 16 车换端到 1 车后占用司机室,HMI 屏左屏启动,右屏启动中自动关闭黑屏。随车机械师断开 HMI 右屏 42F-02 空开 1 min,重新闭合 42F-02 空开,右屏启动后仍出现自动关闭黑屏现象。随车机械师进行先断 42F-01 空开、后断 42F-02 空开,先合 42F-01 空开、后合 42F-02 空开操作,右屏启动后仍出现自动关闭黑屏现象。司机降 2 车、10 车弓,重新升 7 车、15 车受电弓正常,主断闭合正常,制动有效率、牵引力均显示正常,HMI 右屏切除状态下正点开车。

(2)原因分析

HMI 屏故障的原因有:

①HMI 屏自身故障;

②HMI 屏软件问题;

③HMI 通信故障;

④HMI 接线故障。

(3)注意事项

运行中无需停车,使用另一个 HMI 屏及 ATP 维持运行。

(4)途中处理要点

①单个 HMI 屏故障时,将司机室右侧故障开关面板上的列车司机显示器开关打到故障屏关位置,大约 2 min 后打到“1 +2 开”位置。

如果无效,将观光区右侧控制柜内的 HMI 屏的空开断开 10 s 后闭合,42-F01 左屏,42-F02 右屏。

如果无效,断开主断路器,降下受电弓进行主从 CCU 切换。

如果还无效,视情况在时间允许的情况下通过蓄电池断电大复位。

如果处理无效或时间不允许,则使用单屏根据动车组运行功能需要实现两个 HMI 屏的功能。

②两个 HMI 屏都故障时,立即停车,断主断、降弓,退出司机室占用,进行大复位操作,如果复位不成功,紧急情况下,司机可启用紧急驱动模式维持行车。

(5)库内检查处理

①复位 01 车 42-F01、42-F02 空开后,右侧 HMI 未恢复。

②对司机室 HMI1 与 HMI2 之间的以太网连接线路和 MVB 通信线路进行检查,未发现松动现象。

③对故障 HMI 屏重新刷新软件,HMI 屏始终处于死机状态。确认为 HMI 屏本身故障,对故障 HMI 屏进行更换,并进行软件上载,更换后 HMI 屏工作正常。

6. HMI 屏报 0053 故障

(1)案例概况

CRH380BL 型动车组在运行途中 EC01 车左侧 HMI 显示无配置数据,报故障代码 0053:与左侧 HMI 的 MVB-PD 通信故障,随车机械师断开 42-F01 后闭合,HMI 恢复正常状态,未影响运行。

(2)原因分析

HMI 屏报 0053 故障的原因:由于列车网络数据配置错误,HMI 屏内监控程序被触发,导致 HMI 屏报故障代码 0053。

(3)注意事项

运行中无需停车,使用另一个 HMI 屏及 ATP 维持运行。

(4)途中处理要点

运行时需使用另一个 HMI 屏查看列车状态,确认列车状态无异常,使用另一个 HMI 维持运行,无需停车。

(5)库内检查处理

四、车门系统

1. 集控及本地关门失效

(1)案例概况

CRH380BL 型动车组担当运营交路,集控关门后 HMI 上报 4 车门故障,代码为 1CA5(驱动电机线路故障),随车添乘人员尝试本地关门无效,立即将该门进行隔离,未影响车辆正常运行。

(2)原因分析

导致集控及本地关门失效的可能原因如下所示:

①外门门控器的接线松动或门控器本身故障。

②限位开关位置错位。

③站台补偿器翻起时卡滞或被踩踏,无法回收到位。

④防挤压胶条破损或碰触异物。

⑤外门解锁电机工况异常,解锁电机连线存在虚接,断线。

(3)注意事项

如果对外门复位无效,司机接到随车机械师行车的指令后,在 HMI 屏上看到该门位置出现隔离显示“$\overline{\text{xy}}$”,满足行车条件后方能行车。

(4)途中处理要点

①司机发现 HMI 屏显示个别车门未关闭并且未报故障的情况后,再次执行一次关门操作。

②HMI 屏显示车门全部关闭后,继续行车。

③如车门仍未关闭,司机将故障车门的位置立即通知随车机械师,随车机械师前往故障车门进行故障排查。

④如短时间内不能排除故障,执行如下操作。

a. 应用四角钥匙旋转内部操作面板上的四角锁,将风电供应切除。

b. 手动收回站台补偿器翻板,并将站台补偿器隔离。

c. 手动关闭车门,二级锁闭到位。

d. 应用四角钥匙旋转门扇上的四角锁,将车门隔离。

e. 通知司机行车,并将隔离车门位置告知列车长。

注意:执行手动关闭车门前一定要先将站台补偿器收回并隔离。

⑤司机接到随车机械师行车的指令后,在 HMI 上看到车门位置出现隔离显示“$\overline{\text{xy}}$”,满足行车条件后方可行车。

(5)库内检查处理

在库内对该车门 DCU 进行数据下载并对驱动电机进行了检查,该类故障的处理如下:

①对驱动电机供电线路进行了导通测量,对驱动电机供电的电压进行测量,如果结果异常进行更换或修复。

②检查连接插头有无松动、缩针等现象,如异常进行修复或更换。

③检查限位开关状态,如有异常进行更换或修复。

④检查防挤压胶条动作及反馈,如有异常进行更换或修复。

⑤检查站台补偿器是否存在卡滞现象，如有，进行修复或更换。

2. DCU 与 CCU 间的 MVB 通信故障

(1)案例概况

CRH380BL 型动车组担当运营交路，运行至枣庄站，1 车 HMI 车门状态界面上 4 车车门显示“?”，此时 4 车报故障代码 617D(自门控制器 4 的 MVB-PD-通信故障)，将四个车门隔离运行，未影响运行。

(2)原因分析

主门控器通过 CAN 总线连接其他各门本地门控器见图 6—12。

主门控器通过 CAN 总线贯穿连接其他各门本地门控器，同各门控器进行数据交换并下达指令，主门控器通过 MVB 总线与列车网络进行数据交换。

在 DCU 与 CCU 出现通信故障时，网络接收不到故障车车门状态信号，故 HMI 屏显示车门状态为“?”。

引起该故障可能的原因有：

①故障车主门控器损坏，造成通信紊乱或中断。

②故障车主门控器上的 MVB 线插松动，导致通信中断。

③网络线缆破损。

(3)注意事项

如果对外门复位无效，司机接到随车机械师行车的指令后，在 HMI 屏上看到该门位置出现隔离显示“$\overline{xy}$”，满足行车条件后方能行车。

(4)途中处理要点

①司机将故障车门的位置立即通知随车机械师，随车机械师前往故障车门进行故障排查。

②随车机械师必须立即查看相应车门的故障情况，并且根据情况立即处理。尝试用本地关门按钮关门。

③若不行，对 DCU 电源开关 S5 进行复位操作。

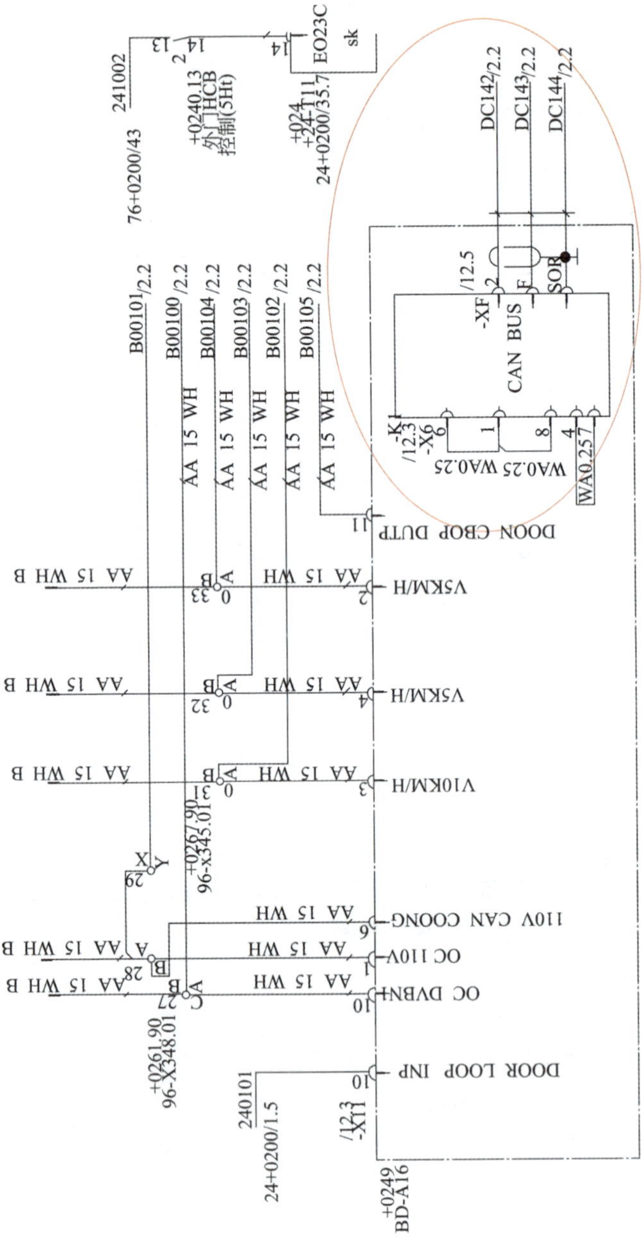

图 6—12　门控器连接

④检查DCU的MVB或CAN总线插头是否松动，插紧松动的插头。

⑤如果不能排除故障，断开DCU电源开关S5，用四角钥匙操作站台补偿器的隔离锁将站台补偿器隔离，手动关门并将车门隔离。

⑥闭合DCU开关S5；锁闭平顶板；通知司机开车。

⑦司机接到随车机械师行车的指令后，在HMI屏上看到该门位置出现隔离显示“$\overline{xy}$”，满足行车条件后行车。

(5)库内检查处理

下载故障车远程数据检查故障车显示617D代码，下载故障车主门控器DCU故障，通过以下步骤检查故障原因：

①对主门控器与其他本地门控器的CAN线连接和这门控器的MVB线连接进行检查，如果出现松脱或连接不良进行修复。

②对主门控器的工作状态及下载数据进行分析，如有异常进行更换。

3. 集控及本地开门失效

(1)案例概况

CRH380BL型动车组担当运营交路，运行途中1车HMI屏6车车门故障，司机及随车机械师尝试集控及本地开门，均无效，6车显示故障代码1C15(车门1右解锁机构故障)，未影响运行。

(2)原因分析

可能导致外门在集控及本地操作情况下无法打开的原因如下所示：

①外门解锁电机工况异常，电机故障。

②解锁电机连线存在虚接，断线。

③DCU故障，导致DCU对解锁电机输出的电压错误或无输出电压。

④解锁电机上的二极管模块出现异常，导致从DCU输出到解锁电机的电压变小，解锁电机在得到电流比原电流小的情况

下,使解锁速度减慢,在开门时不能和门电机同步,导致车门不能正常打开或者门在打开时会有停顿的现象。

(3)注意事项

如果对外门复位无效,司机接到随车机械师行车的指令后,在 HMI 屏上看到该门位置出现隔离显示“$\overline{xy}$”,满足行车条件后方能行车。

(4)途中处理要点

①集控开门过程中司机发现 HMI 屏某车门故障。

②通知随车机械师到故障车门处检查该车门是否正确打开,尝试本地开门开关是否可用。

③如本地开门开关无效,则采用操作内紧急装置,进行开门。再次检查本地关门按钮是否有效,如果无效,先将站台补偿器隔离。手动将车门关闭,再将车门隔离。

④隔离完成后,随车机械师通知司机开车。

(5)库内检查处理

回库对 6 车 DCU 数据进行了下载,数据显示故障代码 81(解锁机构故障),该类故障的处理方法:

①检查发现外门解锁电机工况异常,电机故障,对故障电机进行更换。

②检查发现 DCU 故障,对故障 DCU 进行更换。

③检查解锁电机上的二极管模块,如有异常进行修复或更换。

4. 车门不能集控关闭或报红故障

(1)案例概况

CRH_{380BL} 型动车组到站停车后,集控关门时 2 号车左 2 车门故障,经机械师隔离处理后正常开车。

(2)原因分析

车门故障主要原因有:

①外门门控器的接线松动或门控器本身故障。

②限位开关中辅助触点的接触电阻过大,导致接触不良,反馈信号状态异常,不能集控关门。

③限位开关位置错位。

④外门 MVB 通信故障。

⑤站台补偿器翻起时卡滞或被踩踏,无法回收到位。

⑥防挤压胶条破损或碰触异物。

(3)途中处理要点

①用四角钥匙操作门扇上的隔离锁将车门可靠隔离。

②闭合 DCU 开关。

③锁闭平顶检查门。

(4)注意事项

故障车门隔离到位与否是不能以隔离锁拧不动为判断标准的,应以隔离锁锁舌可靠的插入锁口板,并且隔离锁芯未隔离时,锁芯上的标记线应位于垂直方向。隔离好时,锁芯上的标记线应位于水平方向。

(5)库内检查处理

①检查发现门控器故障,对故障门控器进行了更换。

②更换完成后,对塞拉门进行 20 次开关门试验,动作正常。

五、空调系统

1. 司机室空调系统故障

(1)案例概况

CRH380BL 型动车组担当运营交路 EC16 车为主控端,运行途中司机反映司机室空调制冷效果不良。

(2)原因分析

①司机室空调控制板卡故障;

②司机室空调机组空开跳开、继电器故障等电源故障;

③司机室空调机组管路漏氟。

(3)注意事项

每次空调复位后须等待 5 min 观察空调是否启动,禁止短时间内频繁复位。

(4)途中处理要点

①在空调控制柜中通过切断供电开关复位。

②空调仍然无法启动(不制冷时),断开 F1,拔掉空调控制柜内的看门狗,合上空开 F1。

(5)库内检查处理

库内检查发现低压管漏氟,司机室车下冷凝单元外共有三根软管,高压避振软管、低压避振软管、旁通避振软管。这三根软管的作用是连接车上蒸发单元和车下冷凝单元,制冷剂通过三根软管进行输送,实现司机室的制冷功能,当软管破裂后,制冷剂通过漏点泄漏,时间越长,制冷剂剩余量越来越少,制冷效果越来越差。

2. 客室空调系统故障

(1)案例概况

CRH380BL 型动车组在担当运营交路时,12、13 车空调不制冷故障。

(2)原因分析

①空调未启动;车载电源箱供电未供给,会导致空调系统不启动,HMI 显示空调启动故障。

②空调控制板卡故障;导致系统持续自检,此时机组不工作,空调制冷失效。

③膨胀阀工作性能不佳,可能原因是膨胀阀堵塞或泄漏,导致冷却剂泄漏,压力不足,现象为空调制冷效果差,HMI 无故障显示。

(3)注意事项

每次空调复位后须等待 5 min 观察空调是否启动,禁止短时间内频繁复位。

(4)途中处理要点

①随车机械师通过 HMI 进行复位。

②在空调控制柜中通过切断供电开关复位。

③空调仍然无法启动(不制冷时),断开 F2,拔掉空调控制柜内的看门狗,合上空开 F2。

④如复位无效,需对故障车空调启动手动运行模式

(5)注意事项

每次空调复位后须等待 5 min 观察空调是否启动,禁止短时间内频繁复位。

(6)库内检查处理

①在库内检查是否为辅助供电设施故障,导致空调机组无电源输入。

②如为客室控制板卡故障,更换客室控制板卡,更换方法:打开空调控制柜,断开控制柜所有空气开关,顺着卡槽,拔出故障板卡,换上新卡,插进卡槽,锁紧四颗固定螺栓,合上所有空气开关,5 min 后在 MMI 上重新打开该车厢空调开关,检查空调启动情况

③检查是否为空调循环液管路泄漏导致漏氟引起。

④如检查为空调膨胀阀故障,需对膨胀阀进行更换或修复。

3. 空调无法制热

(1)案例概况

CRH380BL 型动车组,运行中 IC06 报空调不制热,检查发现空调控制控制柜内看门狗报红,HMI 屏报故障代码 6956:空调测试开关状态不可靠,随车机械师复位空调控制柜内空开 F1、F2、F4 后恢复正常。

(2)原因分析

①空调未启动;车载电源箱供电未供给,会导致空调系统不启动,HMI 显示空调启动故障。

②空调控制板卡故障;导致系统持续自检,此时机组不工作,空调制暖失效。

③空调制暖挡位加热元件失效。

(3)注意事项

每次空调复位后须等待 5 min 观察空调是否启动,禁止短时间内频繁复位。

(4)途中处理要点

①随车机械师通过 HMI 进行复位。

②在空调控制柜中通过切断供电开关复位。

③空调仍然无法启动(不制冷时),断开 F2,拔掉空调控制柜内的看门狗,合上空开 F2。

④如复位无效,需对故障车空调启动手动运行模式

(5)注意事项

每次空调复位后须等待 5 min 观察空调是否启动,禁止短时间内频繁复位。

(6)库内检查处理

①如为客室控制板卡故障,更换客室控制板卡,更换方法:打开空调控制柜,断开控制柜所有空气开关,顺着卡槽,拔出故障板卡,换上新卡,插进卡槽,锁紧四颗固定螺栓,合上所有空气开关,5 min 后在 MMI 上重新打开该车厢空调开关,检查空调启动情况

②在库内检查是否为辅助供电设施故障,导致空调机组无电源输入。

③检查是否为空调加热元件损换或不工作引起。

六、辅助供电系统

1. 辅助变流器不工作

(1)案例概况

CRH380BL 型动车组担当运营交路,运行期间添乘人员反馈 TC07 辅助变流器(ACU)不工作,HMI 屏无故障代码。远程数据分析人员反馈发现 TC07 车报故障代码:0536(主风扇 M30 故障)。

(2)原因分析

①内部 PWMI(辅助功率模块)故障;

②辅助变流器主风扇(M30)故障;

③高压接触器故障。

(3)注意事项

此故障只允许复位一次。

(4)途中处理要点

①首先在占用端司机室 HMI 屏上开启维护模式。

②使用 Monitor 软件连接锁闭的 ACU 所在牵引单元司机室或 CCU 柜的主控 CCU,显示正确连接。

③在 Maintain 下拉菜单中选择“UN UNlockACU”选项,回车对本牵引单元 ACU 进行复位。

④复位结束后,在 HMI 屏关闭维护模式。

⑤如果没有配备软件,可在故障 ACU 所在车辆电气控制柜中,断开相应 ACU 控制电源空气开关,等待 10 s,再合上空气开关复位来解决故障。ACU1 控制电源空气开关为 = 31-F01,ACU2 控制电源空气开关为 = 31-F02,ACU3 控制电源空气开关为 = 31-F03。

(5)库内检查处理(图 6—13)

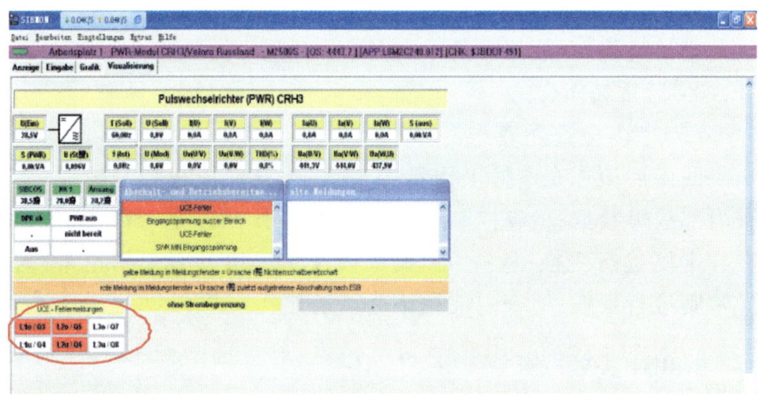

图 6—13　数据检查

①下载 ACU 数据,检查是否存在相应的故障代码;

②通过 ACU 软件检测 PWMI 模块,发现其内部模块工作是

否正常，红色圆圈所示 Q3、Q5、Q6 三个模块故障，正常情况下显示无色，若确认故障，则更换故障 PWMI 模块。

③若是由于主风扇 M30 故障致，则更换 M30 主风扇。

2. 充电机不工作（651D）

（1）案例概况

CRH_{380BL} 型动车组运行中反映过分相后 4 车报 651D（电池充电机无法正常启动）复位后故障消失。

（2）原因分析

充电机不工作的原因有：

①充电机控制模块 M1300 故障；

②充电机 TE 模块故障；

③充电机主风机故障；

④充电机内部线路故障。

（3）注意事项

重点监控相邻车充电机的状态，不能在 4 车、5 车（或 12、13 车）两个充电机都不工作的情况下正常运行。

（4）途中处理要点

维持运行，在故障车的电气柜，将正上方的 =32-F51 开关断开，10 s 后重新闭合。

（5）库内检查处理

回库后检查充电机工作是否正常，连接充电机控制模块，检查内部故障数据；检查控制模块 M1300 工作状态是否正常，若存在异常则进行更换；检查 TE 模块以及主风机是否工作正常，若异常则进行更换；检查内部线路是否正常。

3. BN1 失效

（1）案例概况

CRH_{380BL} 型动车组在库内进行检修，列车供电时，9 ~ 12 车无 BN1 供电，大复位后正常。

(2)原因分析

BN1 失效是由于充电机内部控制 BN1 线路输出 Q1 未能正常工作,或是控制 Q1 的继电器故障,导致故障车所在单元 BN1 供电的设备无法正常工作。

(3)途中处理要点

①首先在司机室占用情况下,将主控司机室右侧的故障开关面板上的“电池”开关打到“开”位,并保持 5 s 以上后松开(尝试重新激活 BN1 控制接触器,使其保持吸合状态),如果系统恢复正常,则恢复正常运行;

②如果不成功则在主控司机室右侧的故障开关面板上,将“紧急系统电源”开关打到“开”位,启用紧急供电。

③在 HMI 屏上切除故障单元的受电弓、主断路器及车顶隔离开关。

④司机升弓,闭合主断,继续运行。

(4)注意事项

①故障单元的牵引、辅助、电制动不能正常工作,且该单元的两个动车 TCU 也不能工作;但可维持运行。

②故障单元的所有塞拉门显示问号且无法正常工作;需对故障单元的所有塞拉门进行机械隔离;如有乘降旅客需到其他车门上下车。

(5)库内检查处理

动车组入库后下载故障数据,检查故障单元充电机内控制 Q1 的 K1、K2 工作是否正常,若工作不正常,则检查 K1、K2 供电线路是否正常,若供电线路正常,则更换 K1、K2;若 K1、K2 工作正常,则检查 Q1 是否工作正常,若不能正常吸合,则更换 Q1。

4. 230 V 逆变器失效

(1)案例概况

CRH380BL 型动车组,在运行过程中,报 9 车 230 V 逆变器失效,9 车插座无电,对 230 V 逆变器供电空开复位后正常。

(2)原因分析

①负载过大;

②软件故障;

③逆变器故障。

(3)注意事项

检查是否因配电盘上电源插座控制空开断开引起插座无电。

(4)途中处理要点

将故障车空开32-F06复位。

(5)库内检查处理

检查逆变器工作是否正常,重新上载逆变器软件。

七、转 向 架

1. 车轴温度传感器故障(68C4)

(1)案例概况

CRH380BL型动车组运行途中HMI屏上报故障代码:68C4(至少一个对轮轴承测量温度故障)、6888(1转向架2轴右侧轮对温度测量故障),车辆限速300 km/h运行。到达前方站后,机械师下车点温,01车转向架轴头温度均在35 ℃左右,温度显示正常。对01车CCU进行软件复位后,故障未能消除,维持运行。

(2)原因分析

①转向架上的每个轮对的轴承上都安装有轴承温度传感器,用于监控轮对上轴承的温度变化。其中车辆设置双通道用来监控温度值的变化。即为:SKSA、SKSB。当有一路通道发生故障时,车辆仍能正常运行。

a. 在车组运行时温度传感器监控温度值大于110 ℃小于119 ℃时为预报警阶段。

b. 在车组运行时温度传感器监控温度值大于等于120 ℃小于139 ℃时为暖轴报警阶段。此时HMI屏会显示车辆最高限速250 km/h运行。

c. 在车组运行时温度传感器监控温度值大于等于 140 ℃时为热轴报警阶段。此时 HMI 屏会显示车辆最高限速 40 km/h 运行。

d. 当车辆监控到传感器离线即温度值显示为 -40 ℃时,车辆会将限速 300 km/h 运行。

②通过分析能造成温度传感器离线即为 -40 ℃的原因有以下几点:

a. 温度传感器故障,导致内部阻值发生错误,测量温度值不准确。

b. PT100 模块故障,由于温度感器采取的为双通道设计,当发生一路故障或者所有通道都故障时,温度传感器会报出故障代码:6888(1 转向架 2 轴右侧轮对轴承温度测量故障)、6868(1 转向架 2 轴右侧温度测量故障)。

c. 传输线路故障,当测量线路短路或者接地,插头虚接等现象时会造成温度测量故障。

③由于车辆运行过程中出现的非正常高压接地导致轴温传感器烧损,引起轴温传感器故障。

(3)注意事项

①下车检查需要封锁邻线,向调度申请得到批准后方可下车;

②发生 68C4 故障时,必须在 5 min 之内降速至 220 km/h 以下。

(4)途中处理要点

①立即停车,报告列车调度员。根据故障提示,通知随车机械师按规定下车检查该故障点状况,并确认故障。

②下车检查转向架状态,确认转向架状态;

③用点温计测报故障轴的实际温度;

④若实际轴温正常,且确认为温度传感器故障,则上车将故障车电气柜内转向架监测故障开关 43-S12 置"关"位后,车辆限速 200 km/h 运行,且每至一停车站,需下车及时进行轴温监控。

(5)库内检查处理

①下载故障数据，并对故障代码 68C4 进行监控，用 Monitor 软件监控 EC01 车转向架轴温状态

②检查 01 车 PT100 模块 SKSA、SKSB 状态，工作指示灯显示正常。

③车辆断电后，对温度传感器到 PT100 模块的插头进行检查并测量，状态良好。

④下车检查温度传感器外观状态，检查结果正常。

⑤对车下温度传感器 97-X472.11 进行测量，确认轴温传感器故障。

通过数据分析和测量判断该故障是由于 01 车 1 转向架 2 轴右侧温度传感器故障，造成 PT100 模块监控到 A 通道和 B 通温度值为 -40 ℃。导致车辆报故障代码：68C4（至少一个对轮轴承测量温度故障）、6888（1 转向架 2 轴右侧轮对温度测量故障）。

如出现有高压接地引起的轴温传感器故障，需更换损坏轴温传感器，同时处理高压接地故障。

2. 轴温报警

（1）案例概况

CRH_{380BL} 型动车组在由长客回送济南站途中因 7 车轴温高，经随车机械师在捷地站下车检查后监控运行，轴温持续升高，在泊头站再次检查时，检测该轴头温度 95 ℃，随车技术人员经请示后做出不能继续运行，需进一步检查的结论，经检查表象无异常，转向架专家建议限速 40 km/h 回送，且该车需更换轮对处理。

（2）原因分析

引起车辆转向架实际轴温升高的可能原因有：

①故障车制动缓解出现异常，造成闸片抱轴现象，导致轴温升高

②检查轴端盖内侧，如出现部件脱落，轴损伤，异常的高磨耗，可能造成轴温升高。

③检查油脂是否变色，如油脂异常，可能造成轴温升高。

(3)注意事项

下车前必须办理邻线限速手续。

(4)途中处理要点

①立即停车,报告列车调度员。根据故障提示,通知随车机械师按规定下车检查该故障点状况,并确认故障。

②下车检查转向架状态,确认转向架状态。

③用点温计测报故障轴的实际温度。

④若实际轴温正常,且确认为温度传感器故障,则上车将故障车电气柜内转向架监测故障开关43-S12置“关”位后,车辆限速200 km/h运行,且每至一停车站,需下车及时进行轴温监控。

(5)库内检查处理

①检查制动的施加缓解状态,闸片对比非故障车是否存在大量磨耗,如存在,进行修复或更换。

②确认轴端各紧固件运用状态,有松动、异常、机械损伤的更换轮对

③开盖检查轴端状态

a. 检查轴承外观状态是否正常,轴端压板安装螺栓、测速齿轮安装螺栓、接地摩擦盘安装螺栓是否有松动(确认防松标记无错位),检查接地轴端盖碳刷是否断裂。

b. 轴承润滑脂可能存在从轴承密封罩处溢出的情况,检查润滑脂溢出状态,若轴端油脂中含有金属碎屑,则更换轮对。

c. 轴端端面可能存在空心轴探伤时遗留的探伤液,擦除后运行观察。

本次故障中故障轴经检查未见异常,回厂后分解进一步分析。

3. 转向架横向加速度第一次报警和转向架横向加速度监控报警(6B1A、68C9)

(1)案例概况

CRH380BL型动车组运行途中02、12、15车报故障代码

6B1A:转向架横向加速度第一次报警,EC01 车报故障代码 68C9:转向架横向加速度监控报警,限速 280 km/h。随后 HMI 屏故障代码自动消失,列车加速至 300 km/h 运行。

(2)原因分析

对动车组全列车轮踏面进行了测量并计算了轮对等效锥度,计算方法为谐波法,结果见图 6—14。

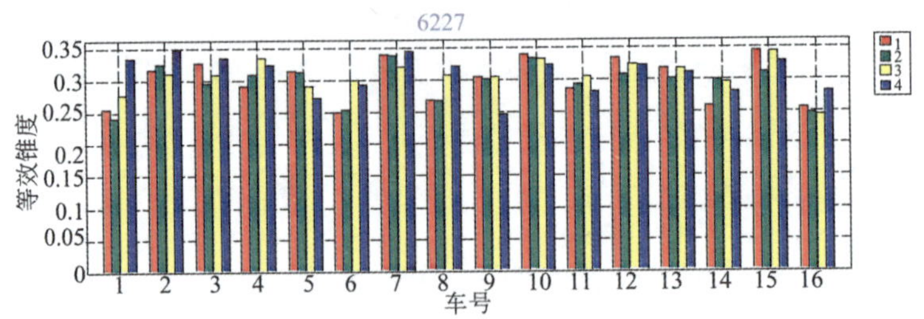

图 6—14 6227 列 18 万 km 各车等效锥度

通过测量计算显示 CRH380B-6227L 动车组 TC02、TC07、SC12、TC15 车轮对踏面等效锥度偏高(接近 0.35)。运行中会导致车辆瞬间摆动过大引起横向加速度报警,HIM 屏显示 68C9,触发车辆自动降速。

(3)库内检查处理

①发现 EC01 车报故障代码 68C9:列车自动停止整备操作监控。报出该故障原因为横向加速度传感器检测到转向架横向失稳。该故障共发生两次,每次持续时间约 90 s。同时,TC02、TC07、SC12、TC15 车报故障 6B1A:横向加速度第一次报警,该故障发生会引起车组限速 280 km/h。

②TC02 车报故障代码:173D;TC07、SC12、TC15 车报故障代码:173E,以上两种故障可触发司机室 HMI 屏报故障代码:68C9 及 6B1A。数据中横向加速度传感器电压信号值均在正常范围内,状态良好,排除是横向加速度传感器故障导致报故障代码 68C9 及 6B1A。

③对报故障车的横向加速度传感器进行检查,检查确认横向

加速度传感器外观良好,无紧固螺栓松动、外观破损等异常现象。

④对动车组轮对进行旋修处理。

4. 转向架横向加速度传感器故障(1735、68C5)

(1)案例概况

CRH380BL 型动车组担当运营交路,1 车 HMI 屏报 7 车至少一个转向架的横向加速度监控失效,故障代码为 68C5(运行稳定监控时,至少一个车轴故障)、1735[转向架 2 的传感器信号(G06/2)超出范围],限速 215 km/h,因在胶济线最高运行速度为 200 km/h,未影响运行。

(2)原因分析

转向架横向加速度传感器故障。

(3)注意事项

转向架横向加速度监控失效时,限速 220 km/h 运行。

(4)途中处理要点

①根据故障提示,通知随车机械师在 HMI 屏上确认故障。

②限速 220 km/h 运行。

③终到或入库后,更换故障传感器。

(5)库内检查处理

①转向架 2 的横向加速度传感器故障,导致 BCU 报故障代码 1735。1 车 HMI 屏报故障代码 68C5 的主要原因是由于 7 车转向架 2 的横向加速度传感器故障导致。

②入库后下载 BCU 数据并对横向加速度传感器变量进行监控,发现传感器数值不再规定范围内,随即对横向加速度传感器阻值进行测量,发现 2 针和 3 针阻值异常。

③处理该类故障时测量传感器状态,若状态异常进行更换。

5. 转向架速度监控失效(68C6)

(1)案例概况

CRH380BL 型动车组,在运行时 IC08 车报 68C6 故障(至少一个车轴的 DNRA 失效)，随车机械师切除 IC08 车制动，限速 200 km/h 运行。

(2)原因分析

①故障车轴端速度传感器故障，导致速度监控失效

②故障车轴端双通道速度传感器与车上 IDNRA 通信异常，导致速度监控失效

③BCU2.2 或 BCU4.2IDNRA 模块故障，导致速度监控失效。

(3)注意事项

当列车触发强制制动后，司机有 5 min 的时间将车速限制在 200 km/h 以下。

(4)途中处理要点

①故障出现后，如车速大于 200 km/h，列车触发强制制动，司机有 5 min 的时间将速度降至 200 km/h 以下。

②司机通知随车机械师，通过下载各车 BCU 数据确定故障 DNRA 传感器。

③通过 28-S12 切除故障车单车制动。

④按新的限速表运行。

(5)库内检查处理

①下载故障车 BCU 数据，检查故障 DNRA 速度传感器，如有异常进行修复或更换。

②检查 BCU2.2 或 BCU4.2 是否异常，如有异常进行修复或更换。

6. 轴不旋转故障(68C8、19D8、6B0C、6B0E)

(1)案例概况

CRH_{380BL} 型动车组运行时 4 车报 68C8 故障(列车自动停止 DNRA)，触发列车制动，同时出现 19D8(轴 4 不旋转 DNRA)、6B0C、6B0E 自动滚动试验运行，低速运行时故障消失；运行后续交路时，04 车有异响，下车查看 04 车 4 轴左侧，发现有明显的踏面磨损(直径大约 8 cm 圆形，深度 2 ~ 3 mm)。

(2)原因分析

可能造成上述

列车的防滑控制不同步或某个防滑阀动作不良,导致4车4轴抱死,4轴轮对踏面擦伤。

(3)注意事项

当车辆进行动态转向架检查时,车辆以5 km/h速度运行20 m,此时检查人员需注意与车体保持距离,防止意外发生。

(4)途中处理要点

①动车组HMI屏出现68C8故障代码时列车将自动施加最大常用制动,同时HMI屏报6B0E,列车进行自动滚动试验。此时司机禁止施加制动。司机通知随车机械师到故障车监控故障状况。

②当HMI屏上出现故障代码:6B12(自动滚动试验成功完成),则司机可以继续按照正常速度行车。

③如果滚动测试不成功,列车停车后按照HMI屏上故障代码6B0C(运行初动测试)提示执行如下测试:司机重新启动列车,加速至40 km/h开始第二次自动滚动试验测试。如果测试成功,HMI屏上出现故障代码:6B12(自动滚动试验成功完成),则司机可以继续按照正常速度行车。

④如果未出现滚动测试,或者HMI屏上出现故障代码:68C8,19D×(×代表1,2,3,4,5,6,7,8),2F8×(×代表1,2,3,4,)或294D、294E、294F、2950,列车会自动停车。报告列车调度员,按相关规定通知随车机械师下车检查。

⑤下车检查确认:

a. 静态检查并确认转向架状态:

ⓐ检查轮对踏面的状态。检查故障车、故障车轴的车轮踏面是否存在擦伤。

ⓑ检查故障车车轴电机端盖、联轴节及牵引电机吊装螺栓的状态是否存在异常。

b. 进行转向架状态的动态检查,检查项点如下:

车辆以 5 km/h 运行约 20 m，随车机械师在故障车轴处检查车轴的转动状态是否存在异常：若车轴旋转异常，则立即请求救援。

若是转向架机械故障引起轴不旋转，则按限速表要求，限速运行或请求救援；

⑥随车机械师上车将故障车电气柜内转向架监测故障开关 43-S12 置“关”位。随车机械师将故障车进行关门车操作。限速 200 km/h 运行。

(5)库内检查处理

发现踏面有磨损时，需要按照相关限度对车轮进行旋修处理。